Médecine légale, de P. A. O. Mahon ... Avec quelques noted du cit. Fautrel, ancien officier de santé des armées Volume v. 2

Mahon, P.-A.-O. (Paul-Augustin-Olivier), 1752-1801

ŒUVRES

POSTHUMES

DU DOCTEUR MAHON.

Transferred to Harvard Med. School

MÉDECINE
LÉGALE,
ET POLICE MÉDICALE,
DE P. A. O. MAHON,

PROFESSEUR DE MÉDECINE LÉGALE
ET DE L'HISTOIRE DE LA MÉDECINE A L'ÉCOLE DE
MÉDECINE DE PARIS; MÉDECIN EN CHEF DE L'HOSPICE
DES VÉNÉRIENS DE PARIS; MEMBRE DE LA SOCIÉTÉ DE
L'ÉCOLE DE MÉDECINE, DE LA SOCIÉTÉ MÉDICALE D'É-
MULATION; ET AUPARAVANT, DOCTEUR DE LA FACULTÉ
DE PARIS, MEMBRE DE LA SOCIÉTÉ ROYALE DE MÉDECINE,
etc. etc.

Avec quelques Notes du cit. FAUTREL, ancien Officier
de Santé des Armées.

TOME SECOND.

———

A PARIS,

Chez F. BUISSON, Imprimeur-Libraire, rue Hautefeuille, n°. 20.

ET A ROUEN,

Chez J. B. M. ROBERT, Imprimeur-Libraire, derrière les Murs-
Saint-Ouen, n°. 4.

———

AN X (1801)

DE LA MÉDECINE

LÉGALE.

DES BLESSURES

EN GÉNÉRAL.

Un homme pouvant mourir après avoir reçu une blessure, sans que cette blessure soit la cause de sa mort, il est évident que l'on ne doit appeler *blessures mortelles* que celles qui ont contribué à la mort du blessé. Ainsi, ce ne sont pas seulement les blessures qui en auront été la seule et unique cause, qui méritent cette dénomination, mais encore celles qui n'en sont que la cause partielle.

Par opposition, les blessures auxquelles le blessé aura survécu long-tems, et encore celles qui, quoique la mort les ait suivies de près, n'y auront contribué en rien, doivent être réputées non-mortelles. En effet, mille causes de mort ne peuvent-elles pas avoir lieu dans un espace de tems très-prolongé, et un homme, près de la fin de sa carrière, par une cause quelconque, ne peut-il pas recevoir une légère blessure?

C'est la fonction du médecin, interrogé par les ministres des lois, de décider dans quelle classe telle ou telle blessure doit être rangée: fonction importante et redoutable, puisque la décision qu'il portera apprendra si celui qui a blessé est coupable de meurtre, ou s'il en est innocent. Ce n'étoit point au médecin à faire la loi; ce n'est point à lui à la réformer : mais il devient son interprète, en déterminant la nature de l'espèce soumise à son examen; et, par une suite nécessaire, l'application de la loi.

Une blessure, suivie de la mort, ne pouvant pas toujours en être donnée comme l'unique cause, mais y ayant quelquefois un grand nombre de circonstances qui toutes concourent pour la produire, ensorte que, sans ce concours, il eût été possible qu'elle n'eût pas eu lieu, n'est-il pas essentiel de considérer, séparément, toutes ces circonstances avec la plus scrupuleuse attention, et de déterminer avec précision et exactitude quelle part dans l'accident on doit attribuer à chacune d'elles? La justice et la raison n'exigent-elles pas, aussi bien que l'humanité, que toutes ces causes partielles, quand elles se rencontrent, soient évaluées relativement à l'auteur de la blessure, ensorte que celles-là seules qui dériveront de lui, lui soient imputées, tandis que les autres seront à sa décharge? On obtiendra ainsi la solution du problême suivant : *En quoi l'auteur d'une blessure a-t-il contribué à la mort du blessé ? Ou bien cette mort doit-elle lui être imputée, et jusqu'à quel point ?*

Tel doit être, sans doute, le fondement de toute division et de toute distinction relativement à la mortalité des blessures; et, sans cette base stable, rien ne pourra jamais fixer l'opinion du magistrat : toute doctrine deviendra vague, confuse, et complètement inutile.

Une solution de continuité des parties molles, récente, faite par un instrument tranchant, voilà ce que les pathologistes appellent blessure. Mais, en *Médecine légale*, on donne à ce mot une acception bien plus étendue, et il signifie toute lésion externe, produite par une cause violente, que ce soit une contusion, une piqûre, une plaie, une fracture, une distorsion, ou enfin une luxation.

La *Médecine légale* ne considère jamais

non plus les blessures dans un sens abstrait,
et, pour employer le langage de l'école, *à
priori* : aussi une blessure n'est-elle réputée
mortelle, que quand elle a été suivie de la
mort. Autrement, presque toutes les blessures
pourroient être qualifiées telles, puisqu'il n'y
en a presque pas une dont on ne puisse mourir : et il s'ensuivroit, a dit Hippocrate, que
la même blessure seroit simultanément mortelle et non-mortelle, ce qui répugne.

Le père de la Médecine semble avoir voulu
établir différens degrés de mortalité des blessures, puisqu'il en appelle quelques-unes *plus
mortelles*, et d'autres *très-mortelles*. C'est,
peut-être, ce qui a fourni à Fortunatus Fidelis
l'idée de sa tripartition des blessures, les unes
mortelles, les autres non-mortelles, et enfin
une troisième classe mixte, qui renferme les
blessures *dangereuses*. Paul Zacchias l'a imi-
té, lorsqu'il dit qu'il y a des blessures *mortelles* et d'autres *indifférentes*, c'est-à-dire,
qui se terminent bien ou mal, selon l'habileté
de celui qui en prend soin, selon la constitution du blessé, son âge, sa vigueur, sa doci-
lité, la saison de l'année, la température du
climat, et d'autres circonstances. Il ajoute: Les
blessures mortelles le sont, les unes de nécessité, et les autres non; *et lethalium porro*

alia sunt de necessitate lethalia, quòd omni-
no naturaliter occidant, alia non necessario,
sed ut plurimùm occidunt. (L. 5, sect. 2,
quest. 2, n°. 5o.)

Il est aisé de voir qu'une pareille division
des blessures n'apprendra jamais au magistrat
à quelle classe appartient, dans une espèce
donnée, dans un cas particulier, la blessure
dite *le plus souvent mortelle, ut plurimum*
mortalis. L'étoit-elle de nécessité ? L'étoit-
elle accidentellement ? Doit-elle être imputée
à celui qui l'a faite ou non ? Le vice radical de
cette division consiste en ce que ses auteurs
ont voulu considérer toutes les blessures abstractivement.

Une autre division des blessures, admise
par quelques médecins-légistes, est celle qui
distingue, 1°. des blessures *absolument* mortelles; 2°. des blessures mortelles *par elles-*
mêmes, c'est-à-dire, qui font périr l'individu
s'il est abandonné et privé de tout secours ;
mais qui n'entraînent point sa perte si les secours de l'art lui sont administrés ; 3°. des
blessures qui, n'étant point mortelles par
elles-mêmes, le deviennent par négligence ou
par des fautes dans le traitement, et ainsi ne
sont mortelles *qu'accidentellement.* Cette division ne diffère point de la précédente dans

A 3

les points essentiels; et on peut lui reprocher
les mêmes défauts, c'est-à-dire, d'occasionner
dans la pratique beaucoup d'incertitude et de
confusion, et, par-là, d'être la source d'un
grand nombre d'erreurs et d'injustices.

Une troisième division, dans laquelle on
n'admet que des blessures *mortelles* et des
blessures *non-mortelles*, a encore été proposée. L'auteur rejete toutes blessures que nous
nommons *accidentellement mortelles*. Au
reste, son système renferme tant de contradictions, que nous croyons ne devoir que
l'indiquer; et même nous bornerons-là l'histo-
rique des divisions.

Voici celle que je préférerois à toutes les
autres, parce qu'elle me paroît plus conforme
à la raison et à l'équité, et plus médico-légale
que toutes les autres, principalement en ce
qu'elle n'impute aux auteurs des blessures,
que ce qui doit constituer leur délit.

Une blessure quelconque, à la suite de laquelle le blessé est mort, étoit mortelle ou ne
l'étoit pas. Dans le premier cas, elle étoit
mortelle *nécessairement*, ou elle ne l'étoit pas
nécessairement; et cette nécessité de mourir
exclud toute idée de possibilité du contraire,
c'est-à-dire, de guérir. Or, un blessé n'évite
de mourir que de deux manières, ou par les seu-

les forces de la nature, ou par le concours de ces
mêmes forces avec les secours de la Médecine.
Que les seules forces de la nature aient été insuf-
fisantes, l'événement seul, c'est-à-dire, la mort
du blessé, le démontre. Auroit-il échappé à
son funeste sort, si les secours de l'art lui
eussent été administrés? Voilà la question.
S'il les a reçus, rien ne pouvoit le sauver.

Mais, dira-t-on, si la supposition qu'une
blessure est incurable et que la mort est infaillible, est la seule et unique base sur laquelle nous établissions la mortalité absolue et
nécessaire de cette même blessure, n'ouvrons-
nous pas, par-là, un vaste champ aux défenseurs des accusés? Qui pourra, en effet, dans
aucun cas, leur soutenir que tous les secours
de l'art ont été employés, épuisés, en faveur
du malade? —Nous répondrons d'abord, que
ce n'est pas un mal que de favoriser la défense
d'un accusé; ensuite, qu'il faut convenir de
bonne foi, de part et d'autre, qu'une décision,
en pareil cas, ne peut être portée que par ceux
qui possèdent complètement les principes de
la physiologie et de la pathologie, et réunissent à toutes ces connoissances une expérience
consommée.

On objectera encore que, même en partant
de l'expérience, il n'existera pas un cas dans

A 4

lequel le blessé aura succombé, dont on ne
puisse citer le pareil, mais avec cette différence que l'évènement aura été heureux. Or,
si dans ce dernier cas on a réussi, pourquoi
n'a-t-on pas obtenu un succés égal dans le
premier, qui quelquefois même paroissoit
moins défavorable ?

Nous reconnoissons que de tems à autre
on observe de ces hasards heureux, où,
contre tout espoir, soit par les forces d'une
nature singulièrement efficace, soit par une
irrégularité peu commune qui se rencontre
dans la personne de l'individu, soit enfin par
d'autres circonstances particulières, la mort,
que rien d'ailleurs n'auroit pu détourner, se
trouve repoussée, et la blessure cesse *accidentellement* d'être mortelle. Tel est le cas
que Bohnius suppose, dans lequel une petite
portion de l'épiploon, ou bien un peu de
graisse, iroit se placer à l'ouverture d'un vaisseau qui verse du sang dans la capacité abdominale, et arrêteroit ainsi une hémorrhagie
mortelle par elle-même.

Mais de pareils exemples ne justifieront
point l'accusé, à moins qu'il ne parvienne à
prouver en même-tems que le traitement de
la blessure a été négligé en quelque point.
Par exemple, un homme blessé à la tête

étant mort, parce qu'une certaine quantité
de sang se sera épanchée sur la substance même
du cerveau, ou seulement sur la dure-mère,
et qu'il n'aura point été trépané, et mille
faits attestant d'ailleurs qu'en enlevant les
grumeaux de sang, à l'aide de cette opération, on parvient à conserver la vie aux blessés, l'accusé aura droit de conclure que, dans
le cas présent, on a omis des secours essentiels. Il peut aussi prétendre et prouver que
des accidens survenus étoient tout-à-fait indépendans de la blessure dont il est l'auteur.

D'ailleurs, toutes ces ressemblances de cas
ne sont qu'apparentes, et il ny en a pas un
seul qui soit parfaitement semblable à un
autre.

» Il n'est point démontré, et il ne sauroit
l'être, dit Bohnius, qu'une blessure guérie
soit exactement semblable à une autre qui ne
l'aura pas été; qu'elle soit la même dans l'espèce. Un observateur intelligent doutera toujours, si celle qu'il n'aura pu examiner complettement, puisque le blessé a survécu, de
la nature de laquelle il n'aura pu que conjecturer, qu'augurer, d'après des signes souvent
abusifs, doit faire loi, à raison de parité, pour
une autre dont la terminaison facheuse lui aura
permis de connoître, par la dissection du

blessé, toutes les dimensions, le délabrement des vaisseaux et des chairs, et mille autres circonstances particulières et même individuelles. »

» Deux exemples, ajoute Bohnius, feront sentir jusqu'à quel point cette disparité est possible. Voici le premier. Un homme reçoit une blessure légère qui perce le fond de l'estomac; il éprouve un hoquet très-douloureux, des défaillances, des efforts pour vomir ; les alimens, tels qu'il les a pris, ou à demi digérés, sortent par la plaie. Cependant cet homme est guéri dans le court intervalle d'un mois, tandis qu'un autre, dont la blessure présente les mêmes phénomènes, dans les mêmes circonstances, dont la situation paroît même moins désespérée, puisqu'il n'éprouve point de hoquet comme le premier, périt en trois jours. Dira-t-on qu'il n'étoit pas blessé mortellement, par la raison, que le premier, dont la blessure étoit même accompagnée d'un accident de plus, et d'un accident très-alarmant, n'en est pas mort ? Certes, on auroit le plus grand tort : en effet, l'ouverture du cadavre a fait voir, 1°. que la plaie étoit plus latérale qu'antérieure ; 2°. que l'artère gastrique gauche avoit été coupée. A raison de la première de ces deux circonstances, il s'échappe de l'estomac une plus grande quantité d'alimens ; et à raison de la seconde , le sang s'est répandu avec abondance dans la cavité abdominale. Rien ne faisoit soupçonner une différence dans le premier accident, ni l'existence du second : l'ouverture seule nous en a instruits. On est donc en droit de douter qu'elles aient eu lieu dans l'individu qui a guéri, jusqu'à ce qu'on démontre le contraire, ce qui ne sauroit avoir lieu. »

Je passe au second exemple.

» A la suite d'un coup violent sur la tête , il se fait une dépression énorme au crâne , une hémorrhagie considérable a lieu et par la plaie et par l'oreille droite , le blessé perd l'usage de tous ses sens et tout mouvement. Au bout de trois jours on parvient à relever la portion de la boete osseuse qui s'étoit enfoncée : alors la faculté de sentir reprend tous ses droits, le sang cesse de couler, et la guérison est complette après cinq semaines de traitement. Un autre, au contraire, dont la blessure présente absolument les mêmes symptômes, et est traitée de la même manière, meurt le septième jour sans être jamais sorti de son assoupissement ; et on trouve dans les ventricules du cerveau beaucoup de sang extravasé et corrompu, *fourni*

par un rameau brisé du plexus choroïde. Ou
il faudra prouver que l'effet interne de la contusion étoit le même dans le premier blessé
et dans le second , ou il faudra permettre de
croire qu'il y avoit quelque différence. »
Cette différence doit avoir bien plus lieu encore dans les plaies d'armes à feu, qui ont
cela de particulier , que souvent une balle
venant à rencontrer un os qui lui résiste, se
dévie, et évite ainsi, sans doute, dans ceux
qui survivent à de pareilles blessures, d'offenser un organe essentiel à la vie. A-t-on le
droit d'en conclure la possibilité de guérison
d'une autre plaie, dans laquelle l'ouverture
et l'examen du cadavre auront appris qu'une
partie nécessaire au jeu de la machine aura
été détruite ?

Une circonstance quelconque peut donc
changer toute la face des choses, et obliger
à porter un jugement tout-à-fait différent.

Cette distinction des blessures qui peuvent
être guéries d'avec celles qui ne peuvent pas
l'être, ce défaut de similitude que nous avons
assigné comme le fondement du meilleur système médico-légal sur la mortalité des blessures, est susceptible d'une troisième objection que l'on présente ainsi : une blessure n'é-
tant déclarée nécessairement mortelle, que

parce que tout l'art de la Médecine a été employé en vain en faveur du blessé, l'auteur
de cette blessure ne sera-t-il pas plutôt la
victime de l'imperfection de l'art que celle de
la justice ? La chirurgie n'est-elle pas, en
effet, plus perfectionnée aujourd'hui qu'autrefois ; et ne doit-elle pas même se perfectionner
encore de jour en jour ?

Nous convenons de bonne foi que dans
quelques pays où l'art de guérir n'a pas encore été aussi cultivé qu'il auroit dû l'être,
les auteurs de certaines blessures, qui ne deviennent mortelles que par un traitement mal
entendu, en sont souvent les victimes. Mais
que ceux qui ont l'humeur querelleuse, en-
visagent les suites terribles qu'elle entraîne
après elle, qu'ils profitent des exemples de
sévérité qu'ils ont sous leurs yeux, et qu'ils
s'étudient à réprimer leurs inclinations meurtrières. S'il arrivoit un jour (ce que nous
espérons) que l'art se perfectionnat au point
de guérir bien des blessures qui sont encore
au-dessus de ses efforts, certes, on n'en sauroit faire un sujet de reproche à la chirurgie
actuelle, qui ne cherche qu'à reculer ses limites : et je ne vois pas d'autre ressource
pour ceux dont nous parlons, si ce n'est de
bien mesurer leurs coups, ou plutôt d'attendre

qu'on ait trouvé des moyens de guérir un coup
d'épée qui auroit traversé le cœur , même de
remettre des têtes abbattues , en un mot ,
d'opérer les prodiges les plus éclatans.

En général , on suppose toujours dans un
blessé cette constitution naturelle que tout
homme est censé avoir apporté en naissant ,
c'est-à-dire , cette conformation des parties
solides , ces qualités des fluides , leurs propriétés , leurs fonctions ordinaires , telles que
la physiologie nous les présente. Ces forces
mécaniques , organiques , chymiques , vitales du corps humain sont limitées et ne
peuvent conséquemment offrir qu'un certain
degré de résistance à tout ce qui tend à les
anéantir. Si donc cette résistance a été trop
foible , la lésion produite étoit nécessairement
et généralement mortelle.

Mais il existe aussi des constitutions particulières qui s'éloignent de la loi commune , et
cet état hors de nature est quelquefois l'occasion de leur perte , à laquelle elles n'auroient pas été entraînées dans le cours ordinaire des choses. Les lésions qu'éprouvent des
hommes doués de ces constitutions sont aussi
nécessairement et inévitablement mortelles.
Mais , comme elles ne le sont pas *généralement* , c'est-à-dire , qu'elles ne l'auroient pas

été pour des individus conformés selon l'ordre ordinaire des choses , il convient de les caractériser *mortelles individuellement.*

Nous croyons devoir nous attacher à démontrer non-seulement l'utilité , mais même la nécessité de cette sous-division de la mortalité absolue : heureux si nous pouvons extirper du champ de la Médecine légale ces erreurs si fréquentes relativement à l'imputation de fait , et prévenir par là les arrêts barbares qu'elles motivent si souvent !

Tous les jurisconsultes ne mettent , il est vrai , aucune différence entre les blessures *mortelles individuellement* et celles qui le sont *généralement* : mais il y en a plusieurs dont la manière de s'exprimer prouve qu'ils ne sont nullement convaincus de l'équité d'une pareille décision, qu'ils sont entraînés par des autorités pour lesquelles ils ont trop de respect, et qu'ils ne savent comment, ou qu'ils n'osent, s'en débarrasser. Cependant cette distinction et les suites qu'elle entraîne , sont de la plus haute importance. Son emploi en jurisprudence est même d'une absolue nécessité , puisque ces différences individuelles de constitution dont nous avons parlé, sont le plus souvent inconnues dans leur caractère propre , qu'elles sont ignorées,

même de celui dans lequel elles se rencontrent ,
et ne peuvent être reconnues qu'après la mort.
Ainsi un homme animé du desir de faire seulement du mal à un autre, lui donnera quelques
coups , un souflet , et il aura le malheur de
le tuer , ce qui ne seroit pas arrivé à l'égard
d'une infinité d'autres , parce que le blessé
avoit le crâne très-aminci , ou une vomique
au poumon , ou un anévrisme. Les jurisconsultes condamneront cet homme comme homicide , quoiqu'il n'ait point eu l'intention de
tuer , sur le fondement que le malade est
mort par une suite nécessaire et inévitable du
coup qu'il a reçu. Cependant qui ne voit clairement que leur jugement seroit souveraine-
ment injuste ?

Je soutiens donc que l'auteur d'une blessure
n'est en aucune manière responsable des conséquences qu'a eues cette blessure , à raison
de la constitution individuelle du blessé , à
moins qu'il n'ait connu, ou qu'il n'ait pu connoître facilement cette constitution. Il seroit même aisé de prouver que, d'après les
principes du droit, la subdivision de la mortalité des blessures en *universelle* ou *générale*,
et en *individuelle*, devroit être admise ; et,
ce qui est encore plus, que les jurisconsultes
en matière criminelle n'y sont opposés que
dans

dans l'application; qu'ainsi leurs principes de théorie et leur pratique se contrarient.

Pour constituer un délit commis avec intention indirecte, ils exigent que l'auteur du délit n'ignore pas que son action peut avoir d'autres suites que celles qu'il se proposoit directement. S'il l'a ignoré, et que ces suites aient eu lieu, il n'en est pas responsable. S'il le savoit, elles doivent lui être imputées. Voici une application de ce principe. Un homme veut simplement en frapper un autre, mais il ne le veut pas tuer : s'il sait que le coup qu'il portera peut devenir mortel, il est homicide avec intention indirecte. Il ne doit pas être réputé tel, s'il a méconnu cette possibilité, soit qu'il ait pu ou dû la connoître facilement, soit qu'il ne l'ait pu ni dû : *sive facile scire potuit, sive non; et sive debuerit, sive non.* Ainsi quatre conditions sont nécessaires pour établir un homicide avec intention indirecte : 1°. que la lésion ait été suivie de la mort; 2°. que son auteur ait voulu faire du mal; 3°. qu'il n'ait pas cherché à tuer; 4°. qu'il n'ait pas ignoré que la mort pouvoit résulter de son acte de violence.

Je demande maintenant à ces jurisconsultes, qui sont d'accord avec moi, quant à l'homicide indirect, si les mêmes principes ne

peuvent pas s'étendre et s'appliquer à celui
qui aura été commis avec une intention direc-
te ? En effet, si l'homme qui attaque avec volonté de tuer, et qui ne tue pas, n'est pas puni
comme coupable d'homicide, attendu que
l'homicide n'a pas été consommé ; et, s'il peut,
même, n'être pas censé responsable de la perte
de celui qu'il a blessé, si la blessure n'est devenue mortelle qu'accidentellement : je crois
être en droit de soutenir qu'une blessure mortelle *nécessairement*, mais de nécessité individuelle, ne doit nullement être imputée à
son auteur, s'il est prouvé qu'il ignoroit l'irrégularité individuelle, cause de la mortalité.
De même qu'un homme qui tire sur un autre,
et qui le manque, ou qui le perce d'un coup
qui n'est pas mortel à raison d'une transposi-
tion de viscère, et qui l'auroit été dans l'ordre
ordinaire de la nature, trouve son excuse
dans son bonheur ; pourquoi, s'il n'est homicide, que parce que cet ordre de la nature a
été interverti dans l'individu qu'il a blessé, ne
seroit-il pas regardé également comme innocent de toutes les conséquences qui sortent de
cet ordre ?

Je suis même ici moins indulgent qu'un ju-
risconsulte, dont j'ai déjà cité les expressions,
lequel admet comme une défense, bonne et

valable de l'accusé, l'ignorance où celui-ci
étoit des suites que pouvoit avoir son acte de
violence : *sive facile scire potuit, sive non ;*
et sive debuerit, sive non. Cette défense auroit donc lieu, même dans les cas les plus
clairs. Ainsi, une mère, qui fait périr son enfant en ne faisant pas la ligature du cordon
ombilical , diroit qu'elle ignoroit les conséquences fâcheuses de cette omission, etc. Il
me semble, et je l'ai déjà dit, que l'accusé ne
peut se justifier qu'en prouvant qu'il n'a pu
connoître la constitution individuelle extraordinaire du blessé , et, par une conséquence
nécessaire, qu'il ne devoit ni ne pouvoit prévoir que les suites d'une telle lésion seroient
mortelles.

Cette doctrine, que je viens de présenter,
est, sans doute, la plus conforme aux principes d'humanité qui se trouvent dans le cœur
de tous les hommes, et qui doivent, sur-tout,
se réveiller avec plus de force lorsqu'il s'agit
de décider de la vie ou de la mort, et de pro-
téger l'innocence malheureuse contre toutes
les surprises qui pourroient la faire confondre avec le crime. Mais elle est encore, plus
qu'aucune autre, d'accord avec les principes
du droit naturel et avec ceux de la saine
médecine. Il me sera aisé d'en convaincre

B 2

de plus en plus, en offrant un tableau en raccourci des différentes espèces de ces lésions
qui ne sont mortelles que de nécessité individuelle. Nous n'en avons parlé jusqu'à présent qu'en général.

. Nous placerons, dans la classe de ces conformations individuelles extraordinaires, qui
peuvent facilement occasionner la mort, après
une lésion, les transpositions complètes des
viscères, ou au moins une différence de situation assez notable pour faire une exception à
l'ordre habituel de la nature. Ainsi, on a
trouvé le cœur absolument dans le côté droit
de la poitrine; le foie à la place de la rate qui
occupoit celle du foie; l'estomac descendant
jusqu'à la région ombilicale et même plus bas;
la vessie, au contraire, remontant à une hauteur considérable dans l'abdomen, et la rate
placée à la face antérieure de cette cavité,
immédiatement sous les tégumens. Il est clair
que l'auteur d'une blessure, que de pareilles
aberrations auront rendue mortelle, s'il n'a
pu en être instruit, ce qui est à présumer,
n'en doit pas être responsable.

. Un homme affligé d'une hernie quelconque
peut être blessé mortellement, à raison de
cette infirmité, non-seulement par un instrument tranchant, mais même par des coups

ordinaires, qui ne produiroient que des contusions : par exemple , s'il est 'foulé aux
pieds , etc

Des jeux de la nature dans la distribution
ou le cours de quelque vaisseau considérable;
des anévrismes ; des amincissemens des os du
crâne; une carie vénérienne de ces mêmes os,
ou toute autre ostéo-cachexie qui les rendroit
très-fragiles ; les vaisseaux ombilicaux encore
considérables et pleins de sang; une vomique
dans la poitrine, et autres dépôts purulens qui
sont quelquefois à peine sensibles à celui qui
les porte; des maladies chroniques, graves, qui
cependant ne retiennent point les malades au
lit ; un état de convalescence, et par conséquent
de foiblesse : toutes ces variétés méritent également, de la part du médecin et de cellé des
ministres de la loi, la plus grande considération, puisqu'étant ignorées de l'accusé, il ne
sauroit être rendu responsable des conséquences qu'elles ont entraînées, souvent après une
blessure très-légère, et qu'ainsi il lui étoit
impossible de prévoir.

Les différentes espèces de cacochymies ,
scorbutique, vénérienne, scrophuleuse, bi-
lieuse, cancereuse, doivent sans doute être
soumises aux mêmes principes, quant à leur
influence sur les suites des blessures , et à

B 3

l'ignorance dans laquelle étoit l'acusé de leur existence: Telle est l'opinion de Bohnius: et, ayant à combattre celle de Zacchias, nous ne saurions nous appuyer d'une autorité plus respectable.

Une excessive irritabilité de nerfs est capable aussi de rendre mortelle une blessure légère. Les spasmes de tout genre, dit Van-swieten, le tétanos, et autres accidens semblables, s'emparent, même pour des causes assez légères, de ceux qui ont le genre nerveux si irritable. Ne paroît-il pas probable qu'une blessure toute simple peut occasionner, chez de pareils individus, des accidens très-graves, et même la mort? Et doit-on alors attribuer cette terminaison funeste à la blessure, comme à sa seule et unique cause? *An non omninò probabile videtur, etiam à levi vulnere in talibus hominibus gravissima symptomata, imò mortem ipsam produci posse? An mors secuta tunc soli vulneri, ut causæ, adscribi potest?*

Le système de la circulation, précédemment dépourvu de sang par une cause quelconque, rend mortelle l'hémorrhagie qui survient à la suite d'une blessure. Un polype le deviendra par la fièvre d'inflammation qui accompagne si souvent les plaies. L'aveuglement, la surdité, la claudication, trop de pesanteur de corps, sont encore pour l'accusé des moyens de dé-, fense, s'il prouve qu'il ignoroit que celui qu'il a blessé avoit quelqu'une de ces infirmités.

Une grossesse, un âge tendre, la vieilles-se, doivent encore entraîner des différences quant à l'évènement des blessures. Mais ces différences peuvent-elles disculper leurs auteurs. Il est difficile, pour ne pas dire impossible, de le supposer.

Il existe quelquefois, dans l'athmosphère, une disposition, soit endémique, soit épidémique, qu'aucun secours de l'art ne peut ni changer, ni même seulement corriger en partie : et cette disposition est capable de rendre mortelles les blessures qui ne l'auroient pas été sous toute autre influence de l'athmosphère. Il semble même, au rapport de plusieurs auteurs dignes de foi, que certains climats soient plus contraires, ou plus favorables, que d'autres au traitement des blessures de telle ou, telle partie du corps. Ainsi, Sebizius atteste que les blessures de la tête sont moins dangereuses sous le climat d'Espagne ou d'Italie qu'en Allemagne. A. Paré dit qu'*au siège de Rouen il y avoit un air si malin, que plusieurs mouroient, voire de bien petites bles-*

B 4

sures, de façon qu'aucuns estimoient qu'ils avoient empoisonné leurs balles. Ceux de dedans disoient le semblable de nous : car, encore qu'ils fussent bien traités de leurs nécessités dedans la ville, ils ne laissoient point de mourir comme ceux de dehors. Selon Guy de Chauliac, la cure des plaies de la tête est plus longue et plus difficile à Paris qu'à Avignon, où, au contraire, celles des jambes ont plus de peine à guérir qu'à Paris. On voit dans les œuvres de Donat, que pendant quatre ou cinq ans à Mantoue, les moindres blessures de tête étoient mortelles, et qu'au bout de ce terme on les guérissoit presque toutes. *Jam agitur quartus aut quintus annus, quòd in civitate nostrâ Mantuanâ quicumque in capite vulnerabantur, licet leve admodùm vulnus ipsis inflictum esset, quovis administrato auxilio sanari minimè potuerant : qui tamen influxus post tertium vel quartum annum penitùs abolitus fuit, ità ut tunc ferè nullus in eâdem parte sauciatus moriatur.*

Il n'est aucun homme de l'art qui ne connoisse l'influence de l'air des hôpitaux, et sur-tout de l'air des grands hôpitaux, sur l'évènement des blessures. Il est constant, par exemple, qu'il meurt plus de blessés, à proportion, à l'hôtel-de-dieu de Paris que dans l'hôpital de la Charité.

Si donc il étoit constaté qu'il règne une disposition de l'athmosphère générale ou locale, de laquelle résulte une mortalité inévitable, et que d'ailleurs l'examen le plus scrupuleux du cadavre prouvât que la blessure n'a affecté aucun organe essentiel : l'accusé ne pourroit-il pas tirer de ces considérations un puissant moyen de défense? La loi sévira-t-elle contre l'auteur d'une blessure légère, qui n'est certainement pas mortelle par elle-même ; mais qui n'est devenue mortelle que par des circonstances au-dessus de tout pouvoir humain? Les gens de l'art ne sont-ils pas tenus alors de déclarer, dans leur rapport, que la mort du blessé n'est due qu'à une réunion de plusieurs causes, et que celle qui vient du coup porté est la moindre de toutes, quoiqu'elle ait mis les autres en jeu? N'est-ce pas, en quelque sorte, une mortalité individuelle, produite par une cause générale ?

Jusqu'ici nous n'avons présenté, en faveur du système que nous adoptons sur la mortalité des blessures, que des circonstances qui se rencontrent chez les blessés, contre le cours ordinaire de la nature, et qui y existent d'une manière permanente. Il en est encore d'au-

tres, qui, il est vrai, ne sortent point de cet
ordre, mais qui, n'étant point permanentes,
et n'ayant lieu qu'à l'instant où la blessure est
portée, la rendent mortelle, sans que cette
terminaison puisse être attribuée à l'accusé,
s'il les a ignorées. Telle est celle où le coup
porté n'a pénétré jusqu'à l'estomac, que parce
que ce viscère, étant rempli d'alimens, son
fond remonté s'appliquoit contre la face antérieure de l'abdomen. Tel est encore le cas où
nous supposons que le blessé étoit ivre, et que
cette circonstance aura augmenté l'hémorrhagie, accru la violence de la fièvre, rompu
quelque vaisseau dans le cerveau, etc. Tel est,
enfin, celui d'une colère excessive. Si la colère peut seule causer la mort, quelle terrible
influence ne doit-elle pas exercer sur une lésion ? Ne doit-on pas alors regarder la lésion
soumise au jugement des experts, comme
rentrant dans la classe de celles que nous nommons *mortelles individuellement ?*

Il est aisé de se convaincre, par tout ce que
nous avons dit jusqu'à présent, que la division que nous avons adoptée des blessures
mortelles de nécessité absolue, et de celles
qui le sont de nécessité individuelle, est la
plus simple de toutes, qu'elle est la seule à
l'aide de laquelle on puisse éviter cette confu-

sion d'idées et cette cacologie, dont les suites
sont quelquefois si déplorables dans les affaires
auxquelles ces blessures donnent lieu par-
devant les tribunaux. Elle seule pourra sauver,
et aux experts, et aux jurisconsultes, la honte
de ces contradictions perpétuelles dans lesquelles ils tombent. Des principes sûrs et in-
variables, des exceptions bien déterminées,
voilà ce qui doit faire la base de leur doctrine
et de leur conduite. Quand la raison et les autorités se trouvent en contradiction, il ne faut
pas hésiter : et bientôt il s'élèvera aussi des
autorités en faveur de la justice et de l'humanité, et les ames pusillanimes auront alors
des signes autour desquels on les verra se ral-
lier.

Outre les circonstances qui précèdent, et
celles qui accompagnent les différentes lésions,
et qui les unes et les autres les rendent nécessairement et inévitablement mortelles, parce
qu'elles se trouvent dans l'individu blessé, il
y en a d'autres qui sont postérieures à l'acte de
violence exercé sur lui, et ne surviennent
qu'accidentellement. Aussi la mortalité dont
elles sont cause n'est-elle réputée qu'accidentelle, et ces sortes de blessures sont dites *mortelles accidentellement*.

De ces circonstances, les unes sont dépendantes du blessé, les autres de ce qui l'entoure.

Parmi les premières, on compte, 1°. le refus opiniâtre qu'il fait de subir le traitement, soit interne, soit externe, par pusillanimité ou par toute autre cause; 2°. des erreurs considérables dans le régime, soit par intempérance, soit en s'exposant à une température ou trop chaude ou trop froide, soit en se livrant aux plaisirs de l'amour, ou à d'autres passions telles que la colère, le désespoir, la nostalgie, etc.; 3°. le peu d'exactitude à observer les ordres des médecins : tel seroit le cas d'un homme blessé à la poitrine d'un coup d'épée, qui parleroit, chanteroit, crieroit, etc.; 4°. des mouvemens de colère, d'impatience ou de pusillanimité, qui le porteroient à déranger ou à arracher l'appareil mis sur sa blessure.

Si la mort du blessé est occasionnée par ces circonstances dépendantes de lui, il est évident que bien loin d'en imputer l'effet à l'accusé, elles doivent plutôt servir à l'excuser.

Celles qui dépendent des choses qui entourent le blessé se divisent en deux classes. En effet, elles ont lieu ou au moment même de la blessure, ou pendant la durée du traitement.

Je place dans la première classe, 1°. le défaut de secours de quelqu'espèce qu'ils soient,

et de quelque cause que ce défaut provienne.
Cette circonstance, considérée comme ayant
contribué à la mort du blessé, peut, cependant, être soumise aux règles que nous avons
exposées touchant la mortalité individuelle.
Voici comment. Si l'auteur de la blessure a
cherché à mettre son ennemi dans le cas de ne
pouvoir être secouru, ou s'il a dû savoir qu'il
lui seroit impossible de l'être, il est responsable de la mort, comme si la blessure eût été
nécessairement et inévitablement mortelle par
elle-même. 2°. L'application de secours insuffisans ou contraires, dans le moment de l'accident, par l'impéritie, l'ignorance, la timidité de l'homme de l'art qui est appelé, doit
encore excuser l'auteur de la blessure. On peut
appliquer à ce second ordre de circonstances,
ce que nous avons ajouté en exposant le premier. 3°. La même application a lieu à l'égard
de ce troisième cas, savoir, si le blessé a été
affecté gravement à raison du tems et du lieu;
par exemple, si une pluie, de la grêle, de la
neige, un froid vif, une chaleur brûlante, etc.,
ont envenimé sa plaie.

La seconde classe des circonstances accidentelles, tendantes à disculper en partie ou
en totalité l'auteur d'une blessure, renferme
celles qui ont lieu durant le cours du traite-

ment. Tel seroit, 1°. un traitement défectueux
en lui-même, dû à l'ignorance, à la mal-
adresse, à la négligence, à la témérité, à la
timidité de l'officier de santé, au manque d'instrumens nécessaires, ou au mauvais état de
ces instrumens. 2°. Les obstacles que ceux
qui environneroient le blessé opposeroient aux
gens de l'art qui voudroient le secourir. 3°. Des
remèdes futiles ou nuisibles que le premier
venu ose souvent administrer. 4°. Un régime
pernicieux. 5°. Un grand froid ou une chaleur
excessive. 6°. Les qualités de l'air dépravées,
soit endémiquement, soit épidémiquement,
soit d'une manière qui tienne absolument au
local qu'occupe le blessé ; par exemple, s'il
étoit placé dans un hôpital trop resserré, ou
surchargé de malades. 7°. Une longue route
forcée. 8°. Le blessé tourmenté de toutes manières, son sommeil rendu impossible, de violentes émotions de l'ame excitées, au lieu du
calme qui lui seroit si nécessaire.

On ne sauroit disconvenir que toutes ces
circonstances, qui viennent à la suite de la
blessure pendant le traitement, ne doivent
être admises comme favorables à l'accusé, et
que même elles ne tendent à sa décharge d'une
manière plus spécieuse que celles que nous
avons présentées auparavant, comme ayant

lieu au moment même où l'acte de violence
vient d'être exercé. Mais si l'auteur de la blessure a pu les prévoir, ou s'il y a contribué,
elles ne peuvent, au contraire, qu'aggraver
son crime, puisque la trahison s'y trouve
jointe.

Il faut encore tirer, de tout ce que nous venons de dire jusqu'à présent, cet axiôme important en *Médecine légale*, que, si toutes
les lésions nécessairement mortelles, et où la
mauvaise intention est manifeste, ne doivent
pas être imputées directement, toutes celles
qui ne sont pas nécessairement mortelles ne
peuvent pas toujours non plus, par la raison
qu'elles ne le sont pas nécessairement, n'être
pas imputées directement : *Nec omnes necessariò lethales læsiones dolo inflictæ directè
damnant, nec omnes non necessariò lethales
directè absolvunt.*

Enfin, il n'est aucun point de la théorie que
je viens d'exposer, qu'il ne m'eût été facile
d'appuyer par de nombreuses observations,
tirées des auteurs les plus recommandables.
Elle n'est donc point le produit d'une imagination exaltée; et si l'amour de l'humanité
me fait préférer un corps de doctrine qui pourroit peut-être laisser quelquefois le crime im-

puni, il servira souvent, par une compensa-
tion bien désirable, à sauver l'innocent, ou
du moins à faire établir une plus juste proportion, dans tous les cas, entre la réparation et
l'injure.

Il n'y a qu'un très-petit nombre de blessures
que l'on puisse considérer abstractivement, et
les rapporter ainsi à la classe des blessures nécessairement mortelles, à laquelle elles appar-
tiendroient en toutes circonstances. Toutes
les autres doivent être considérées dans l'espèce où elles se présentent; et c'est le seul
moyen de juger en quoi et jusqu'à quel degré
elles ont contribué à la perte des individus
qui les ont reçues. Mais cette sorte d'évaluation ne sauroit se faire d'une manière bien
précise, à moins que d'avoir une idée juste de
ce que c'est que la vie, et des conditions qui
sont nécessaires pour qu'elle continue d'avoir
lieu.

La vie de l'homme, ou plutôt l'exercice de
la vie, consiste dans celui des fonctions de
l'ame, de celles des sens et des mouvemens
spontanés. Ce dernier suppose l'organisation
complète du cerveau et de tout le système
nerveux. Le jeu de ce système ne sauroit, à
son tour, exister sans une parfaite circulation

de

de toute la masse du sang, et cette liberté de circulation suppose nécessairement celle de la respiration.

Ces fonctions, soit vitales, soit animales, dépendent, en quelque sorte, d'autres fonctions que l'on a nommées naturelles, savoir, la digestion des alimens, la préparation du chyle, son mélange avec le sang, la sanguification, la nutrition; enfin, les différentes sécrétions et excrétions nécessaires.

Toutes les blessures qui troublent fortement l'exercice d'une ou de plusieurs fonctions, ou qui le suspendent trop long-tems, ou qui le suppriment, deviennent des causes certaines de mort. Selon la qualité de la fonction attaquée, la mort est ou lente, ou assez prompte, ou enfin subite : mais, de toutes les manières, elle est également certaine et inévitable.

Cependant, quand on considère les blessures à raison du détriment qui peut en résulter, ce seroit une division vicieuse que celle qui les classeroit en blessures de la tête, de la poitrine, de l'abdomen, etc. N'est-il pas, en effet, plus que certain que l'on reçoit à la tête, par exemple, tantôt des blessures qui n'ont aucunes suites fâcheuses, tantôt des blessures mortelles?

Il est encore inutile de prétendre établir des

degrés dans les blessures, puisque ces degrés ne sauroient être déterminés avec précision.

La nature de l'instrument dont s'est servi l'accusé ne doit physiquement rien faire conclure non plus ; puisque les moins redoutables ont quelquefois produit les effets les plus funestes, tandis que ceux qui l'étoient le plus n'ont occasionné que des lésions passagères.

Ce n'est pas que les magistrats doivent peu s'embarrasser quelle partie du corps a reçu le coup, et de quel instrument on s'est servi pour le porter. Car, si toutes ces considérations et d'autres pareilles ne démontrent pas le dessein criminel de l'accusé, elles servent du moins de base à de violentes présomptions : et, quand même une blessure n'est mortelle qu'individuellement, il devient alors difficile que cette disposition individuelle puisse servir de moyen de défense. Par exemple, si l'accusé a frappé son adversaire à la tête avec un fort marteau, et qu'il lui ait brisé le crâne, quoique l'examen du cadavre ait fait découvrir que la calote osseuse étoit naturellement très-amincie, il n'en sera pas moins responsable de toutes les suites de la blessure, puisqu'il ne pouvoit ignorer qu'en toutes circonstances elles seroient funestes.

Hippocrate plaçoit au nombre des blessures qu'il croyoit très-mortelles, celles qui pénétroient dans la substance du cerveau. Il portoit un pronostic aussi fâcheux des blessures de la moelle allongée, du cœur, du foie, du diaphragme, de la vessie, des intestins grêles. Celse a dit aussi : *Servari non potest, cui basis cerebri, cui cor, cui stomachus, cui jecinoris portæ, cui in spinâ medulla percussa est; cuique aut pulmo medius, aut jejunum aut tenuius intestinum, aut ventriculus, aut renes vulnerati sunt; cuive circa fauces, glandes, venæ vel arteriæ percussæ sunt.*

Mais ces décisions sont, pour la plupart, trop générales; elles souffrent un grand nombre d'exceptions; ensorte qu'il faut convenir, comme nous l'avons dit plus haut, que très-peu de blessures, considérées abstractivement, doivent être réputées mortelles de nécessité absolue.

Nous allons passer en revue la plupart de celles qui sont mortelles le plus ordinairement: ce sera au médecin à prononcer, d'après les principes de physiologie, de pathologie et de thérapeutique, si dans les cas particuliers, qui s'offriront a son examen, elles l'etoient inévitablement.

C 2

Le cerveau peut être blessé, et ses fonctions dérangées en totalité ou en partie. C'est
le plus souvent l'effet d'une action mécanique
qui fracasse la boîte osseuse dans laquelle il
est renfermé, soit qu'un corps dur vienne
frapper contre cette boîte, soit qu'elle même
vienne s'y briser. Il arrive alors que des sub-
tances étrangères très-dures, piquantes ou
obtuses, telles qu'une pointe d'épée, une
balle, un morceau de verre, une pierre,
quelquefois même une esquille d'un des os du
crâne pénètre jusques dans le viscère molasse
qui y est contenu, et l'altèrent au moins en
partie. Les symptômes qui suivent une semblable lésion sont la stupeur, la perte de tout
sentiment, le coma, l'aphonie, des vomissemens considérables, la diarrhée involontaire,
l'incontinence d'urine, la fièvre, les convulsions : la mort ne tarde guère à arriver.

On a, il est vrai, des exemples à peine
croyables de lésions énormes du cerveau qui
ont été guéries, quoique des portions considérables de la substance de ce viscère, eussent
été emportées ou détruites par la suppuration.
En voici quelques-uns. Nicolas Massa assure
avoir vu guérir une blessure qui pénétroit
jusqu'à l'os basilaire : on s'assuroit de cette
profondeur de la plaie par le moyen d'un

stilet d'argent qui alloit frapper contre cet os. Rhodius cite l'observation d'un soldat qui eut la tête fendue jusqu'à la racine du nez, et celle d'un autre soldat dont le cerveau fut traversé par une flèche, depuis le nez jusqu'au vertex. Petit a vu une balle se frayer la même route. Ces trois blessés guérirent. Schenkius, Fabrice de Hildan, A. Paré rapportent des faits de leur pratique aussi surprenans. On a même vu de ces substances séjourner long-tems dans l'intérieur de la tête. Zacutus Lusitanus nous fournit l'exemple d'une femme qui garda pendant cinq ans un morceau de stilet : elle n'en éprouvoit aucune incommodité, si ce n'est des douleurs de tête dans les tems humides.

Telle portion du cerveau et du cervelet est-elle plus que les autres nécessaire à la conservation de la vie, ensorte que sa destruction ou même son altération en entraîne la perte ?

Nous répondrons à cette question, que des faits multipliés ont appris qu'il n'en existe, peut-être, pas une qui n'ait été entamée, détruite, organisée, en quelque sorte, contre les lois ordinaires de la nature ; et que la mort n'a point été la suite de pareils accidens.

Tout ce que nous venons de dire ne doit pas empêcher de penser que les lésions du

C 3

cerveau, du cervelet et de la moelle allongée
ne puissent, en général, être déclarées mortelles, quand elles sont profondes, et même
lorsqu'elles ne le sont pas : ensorte que, si
telle blessure a été suivie de la perte du
blessé, sans que tous les secours de l'art
aient pu l'empêcher, cette perte doit être
considérée comme en étant l'effet nécessaire,
et la blessure déclarée mortelle, soit de
nécessité générale, soit, à raison de quelques
circonstances, de nécessité individuelle.

Les lésions de la substance cérébrale qui
ont lieu sans qu'aucun corps étranger pénètre
dans le crâne, et qui occasionnent une déperdition de cette substance que rien ne peut
arrêter, sont encore une cause de mort inévitable, quoique moins prompte.

Une troisième cause de lésions, dont la
terminaison est la même, est celle qui, sans
rien détruire, agit par compression. Si le
crâne et les membranes du cerveau pouvoient
être blessées seules, sans que le cerveau lui-
même le fut, la blessure seroit peu dangereuse. Mais une violence quelconque exercée
contre la boîte osseuse peut, sans même que
cette boîte en soit brisée, et, qui plus est,
sans qu'il existe aucunes traces extérieures du
coup porté, rompre dans sa capacité des vais-

seaux ou sanguins, ou lymphatiques. Il arrive souvent que la dure-mère se sépare de la face interne du crâne : alors, les vaisseaux qui servoient à l'y attacher étant rompus, le sang, la lymphe, ou tous les deux en même-tems, se répandent entre l'os et les membranes qui le tapissoient, ou entre ces deux membranes elles-mêmes, ou enfin par la rupture d'autres vaisseaux placés plus profondément dans les ventricules du cerveau, et quelquefois même à sa base. Il arrive aussi que des contusions et des inflammations de membranes produisent une certaine quantité de matière purulente, qui agit non-seulement en comprimant la substance du cerveau, mais même en l'irritant et en la corrodant. On doit regarder tous ces fluides extravasés comme autant de corps étrangers, qui, par la compression continuée ou par l'irritation qu'ils occasionnent, et aussi par leur dégénérescence, produisent infailliblement la mort.

Il est vrai que quelquefois il se fait une résorption du fluide épanché, et que le cerveau se trouve de nouveau libre d'exercer ses fonctions. Un grand nombre d'observations prouve aussi que le cerveau peut être débarrassé du fluide extravasé, soit par l'ouverture même de la plaie, soit par celle que l'art sait lui

C 4

ménager, et qui est connue sous le nom de trépan, soit par d'autres moyens que l'art sait employer à propos. D'où il suit que, si après la mort du blessé on trouve du sang dans la cavité du crâne, et qu'on n'ait pas employé les moyens indiqués pour lui procurer une issue, la blessure ne doit être déclarée *qu'accidentellement mortelle* ; mais si les secours de l'art ont été administrés infructueusement, alors il faut la juger *mortelle de nécessité*.

On rencontre quelquefois de ces cas douteux et compliqués, dans lesquels il seroit difficile de décider si le défaut d'activité et de soins ne pourroit pas être reproché aux officiers de santé, par exemple :

1°. Lorsque le blessé meurt avant que les premiers secours lui aient été administrés.

2°. Lorsqu'aucun signe n'indique l'opération du trépan ; ce qui a lieu, si le blessé ayant été attaqué hors de la portée de tous témoins, est tombé sans connoissance, et qu'aucune plaie, aucune tumeur, ni rien de semblable qui puisse produire des accidens mortels, n'en annonce la nécessité.

3°. Lorsque l'extravasation est la suite et l'effet d'une fracture légère ou d'une félure dans la direction des différentes sutures ; ce qui ne permet pas de les découvrir, et de

déterminer ainsi le lieu de nécessité ou d'é-
lection pour l'application de l'instrument.

4° On est également embarrassé, lorsqu'une contrefracture occasionne l'épanchement. Alors l'état du blessé est satisfaisant
en apparence ; rien ne fait soupçonner une
compression du cerveau ; ou bien l'instrument
de la blessure est regardé comme incapable
d'avoir produit une lésion alarmante. Dans un
cas pareil, en quoi les gens de l'art seroient-
ils répréhensibles de rester dans l'inaction ?
Si on ne remarque aucune lésion à l'extérieur,
et que rien ne désigne où l'on doit appliquer
le trépan, il convient, selon les plus experts,
de ne le point pratiquer. Mais, quand il y a
des signes d'extravasion, et que des symptômes d'abord legers s'aggravent de plus en
plus ; il faut ne pas hésiter, et, quoiqu'on
ne puisse déterminer absolument le lieu,
suivre le principe de Celse : *satius est anceps*
experiri remedium quam nullum.

Quoiqu'on ait déjà appliqué le trépan en
plusieurs endroits inutilement, on ne doit
point se décourager, mais, au contraire,
continuer les applications : autrement on pa-
roîtroit avoir tué celui qu'on n'auroit pas
sauvé. Scultet dit l'avoir fait jusqu'à sept fois,
Dionis jusqu'à douze, et enfin, un chirurgien

de Nimègue , au rapport de Solingen , appli-
qua vingt-sept couronnes de trépan au prince
Philippe de Nassau. Voici l'observation consi-
gnée dans le recueil de celles de Stalpart
Vander Viel, et dont Vanswieten, qui n'étoit
pas crédule , a profité dans son ouvrage.

Memorabilius est exemplum Philippi
Nassarii , qui equo exciderat obverso in pa-
lum capite : postquam terebratio aliquo-
ties in osse frontis , atq. alibi frustrà
facta fuisset , visum fuit trepanum etiam
posteriori capitis ossi admovere , si fortè
repulso vas quoddam sanguiferum ibidem
ruptum fuisset. Quod ità se habere comper-
tum : ac , post vigesimam septimam demùm
perforationem manifestari se in occipite
sanguis coagulatus. Dictus Dolnius ali-
quando acum comatoriam argenteam per
utramq. cranii partem transmittebat , vi-
dentibus idipsum amicis qui vulneris obliga-
tioni intererant. Ipse tamen satis feliciter
sanatus fuit , valetudinemq. ac ingenium
conservavit integrum , vixitq. multos annos
posteà , ità etiam ut vini haustum majorem ,
salvos mentis sanæ usu , ferre posset.

Lors donc que dans des cas pareils l'art a
employé toutes ses ressources inutilement,
tout doit être imputé à la nature même de la

blessure, et, toutes choses égales d'ailleurs, l'accusé est responsable de ses suites.

C'est le cas pareillement des blessures par lesquelles le sang s'extravase dans l'intérieur du cerveau, ou même à sa base, et ainsi ne peut être évacué par le secours d'aucune opération. Il arrive aussi quelquefois que la ténacité du sang s'oppose à son extraction, ou, ce qui est l'opposé, il devient impossible d'arrêter l'hémorrhagie, soit que les vaisseaux ouverts soient trop considérables, soit à raison de leur situation.

Pott a observé des écartemens de sutures mortels à la suite de blessures. Mais ces cas sont fort rares : et même plusieurs faits cités par des auteurs sont à peine dignes de foi. Hippocrate et Aétius pensoient que l'inflammation du cerveau pouvoit produire ce phénomène. Bootius atteste que la chose est assez fréquente en Irlande, et qu'elle vient d'une cause interne que l'on ne connoît point.

L'étranglement est encore une des causes qui excitent une compression sur le cerveau, en empêchant le retour du sang par les veines jugulaires. Le sang s'accumule alors dans les vaisseaux de cette partie, les distend, et les rompt même quelquefois. Les traces de l'étranglement se manifestent à l'extérieur du col, par des écorchures et des meurtrissures formées par l'impression des mains, ou de la corde qui a servi d'instrument ; les vaisseaux de la tête sont dans l'état que nous venons de décrire.

C'est ici le moment de parler des lésions de la moëlle épinière. Si ce prolongement du cer-veau, contenu dans les cavités des vertèbres, sur-tout des premières vertèbres ou vertèbres supérieures, se trouve endommagé d'une maniè-re quelconque, ou par un instrument pénétrant, ou par des esquilles d'os, ou par du sang extravasé, ou par une luxation des vertèbres elle-mêmes, ces accidens sont suivis le plus souvent d'une mort prompte et inévitable. Il est arrivé quelquefois, cependant, que les secours de l'art ont fait disparoître une luxa-tion, cesser la compression et la paraplégie, et que les blessés ont été ainsi rendus à la vie. On ne peut donc pas prononcer que ces bles-sures sont inévitablement mortelles. Si la moëlle épinière est blessée dans une autre partie de la colonne dorsale, et que plusieurs vertèbres soient en même tems brisées, la paraplégie qui survient est incurable, et amène une mort lente et certaine.

L'ébranlement seul du cerveau peut mettre

le trouble dans ses fonctions, sans qu'il existe de lésion manifeste. Une chute, un coup, un soufflet même peut l'occasionner. Hippocrate le connoissoit, puisqu'il met en opposition ses effets avec ceux qui résultent d'une blessure. S'ils sont rapides, il est probable que la mort n'arrive que par une sorte de spasme de la substance du cerveau, et par apoplexie; s'ils sont lents, c'est que cette même substance et ses vaisseaux tombent dans l'atonie qui est suivie d'une suppuration. En général des observations multipliées ont appris que les lésions de la tête, ou plutôt du cerveau sont toujours dangéreuses et insidieuses : les malades paroissent affectés légèrement, ils se rétablissent même complettement en apparence, vaquent à leurs affaires ordinaires, et au bout de quelques mois on les voit périr tout-à-coup. Cette terminaison fâcheuse ne sauroit être que l'effet des blessures qu'ils ont essuyées, puisqu'on trouve alors dans leur cerveau des esquilles, du sang, du pus, de la sanie, etc.

Ces observations, et d'autres encore, dans lesquelles on voit combien la mort vient quelquefois à pas lents à la suite des blessures, prouvent le peu de cas que l'on doit faire, en Médecine légale, de la doctrine des jours critiques, pour discerner les lésions mortelles par elle-mêmes des autres lésions. Elles démontrent, en effet, que souvent les premières n'enlèvent les malades qu'après une espace de tems assez considérable, tandis qu'une mort prompte suivra, aussi souvent, celles qui n'étoient mortelles qu'accidentellement.

Je remarquerai seulement ici, que cette mort tant retardée peut, cependant, fournir à l'accusé plus d'un moyen de défense, en ce qu'il est possible que, durant un tems si long, le blessé ou ceux qui en prennent soin, ou ceux qui l'entourent, aient contribué, pour quelque chose, à détériorer l'état de la blessure, conséquemment à la rendre, en quelque sorte, accidentellement mortelle, quoique, de fait, elle fut absolument mortelle.

Les blessures des nerfs peuvent aussi être des causes de mort : et quoique plusieurs gros nerfs n'appartiennent pas immédiatement à des organes vitaux, cependant, quand ils sont piqués ou à moitié coupés, il en résulte des spasmes violens, des convulsions, des défaillances, et enfin la perte du sujet. Tous ces accidens si terribles disparoissent, lorsqu'on coupe entièrement le nerf qui a été blessé.

Ainsi, s'il est constaté par l'ouverture que la situation du nerf entamé et l'organe auquel

il appartient , permettoient au chirurgien de
le couper entièrement, cette section complette
n'ayant pas été opérée , la blessure ne doit
être regardée que comme *mortelle accidentellement*. Mais si le nerf se trouve dans un
endroit inaccessible à l'instrument, ou que la
section en ait été faite , et les autres secours
de l'art administrés , alors la blessure sera
réputée *mortelle de nécessité*. Il faut observer cependant que, dans de pareils sujets , la
sensibilité nerveuse est extrème , et même
quelquefois susceptible de former un cas de
mortalité individuelle.

Selon Bohnius, la blessure d'un ganglion
ou plexus nerveux, lorsque l'officier de santé
n'a été coupable d'aucune négligence , sera
réputée mortelle de sa nature.

Les lésions des parties très-nerveuses, et
sur-tout de celles qui ont leurs nerfs communs avec les organes vitaux, peuvent, par
cette raison là même, causer une mort inévitable. Une blessure simple, une contusion,
une seule percussion suffit à l'égard de ces
parties. Telles sont ce que l'on appelle le
scrobicule du cœur, lorsque l'estomac et le
diaphragme sont intéressés , les testicules, la
matrice, le cœur, quoique la lésion n'ait point
interrompu la circulation. Les défaillances ,

les convulsions et la mort, en sont la suite malheureuse. Michaélis regarde ces accidens comme la cause de la mort si fréquente de ces amateurs du pugilat, connus en Angleterre, sous le nom de *boxers*.

Quoique les tendons des muscles ne soient doués d'aucune sensibilité, cependant leurs blessures produisent aussi des spasmes, des convulsions, et quelquefois la mort. Il faut donc suivre, dans les rapports qu'elles occasionneront, les mêmes règles que nous venons d'établir pour les blessures des nerfs.

L'inflammation et la fièvre, la suppuration, le sphacèle, la réunion de plusieurs blessures, dont chacune auroit pu n'être pas mortelle, toutes ces choses peuvent épuiser les forces de la vie, et rendre les lésions qu'elles accompagnent *mortelles de nécessité absolue*.

Les lésions des viscères en général, et surtout celles de l'estomac et des intestins, peuvent aussi être considérées comme mortelles, relativement aux troubles qu'elles causent dans tout le système nerveux, indépendamment de celui de leurs fonctions particulières.

Les observateurs nous fournissent quelques exemples remarquables de guérison de blessures faites à l'estomac. Galien dit en avoir été témoin. Beker rapporte l'histoire d'un homme

homme qui avala un couteau : on le retira de
son estomac, en pratiquant une incision à cet
organe membraneux, et il guérit. Fallope cite
une femme, dont une balle de calibre médio-
cre avoit percé l'estomac. Le paysan dont
parle Schenckius guérit par le bienfait de la
nature : car les secours de l'art n'auroient pu
consolider la blessure. Des chirurgiens fer-
mèrent par une suture la plaie de l'estomac
d'un soldat, comme ils auroient fait celle
de l'intestin. Schurigius, Sculter, Maurice
Hoffman, Vanswieten, et les Mémoires de
l'Académie de Chirurgie de Paris, nous ont
transmis des faits pareils. Les principes généraux, que nous avons présentés au commencement de cet article, sur la similitude apparente des blessures, et leur disparité réelle
prouvée par l'évènement; sur l'impossibilité de
conclure, avec une connoissance égale de part
et d'autre, d'une blessure qui a guéri à une
blessure qui a été suivie de la mort, sur la
nécessité de réputer *mortelles nécessairement* celles que ni la nature ni l'art n'ont pu
empêcher de devenir telles; enfin, sur les exceptions et les modifications qui naissent des
dispositions individuelles, dont nous avons
fait l'énumération détaillée : ces principes généraux, dis-je, trouvent leur application,

quand il s'agit de statuer sur la mortalité des
blessures faites à l'estomac. Celles des intestins doivent être soumises aux mêmes règles,
comme je vous le ferai voir également dans
un autre article.

Les lésions des autres viscères, du foie, de
la rate, des reins, de la matrice, si elles ont
causé la mort, ne seront point non plus susceptibles d'être excusées, sur ce que des observations attestent, que des abcès au foie
ont été ouverts et terminés heureusement ;
que l'on a emporté la rate à des chiens sans
que ces animaux périssent; que des reins ont
souffert une suppuration chronique ; que la
matrice a été ouverte dans l'opération césarienne; etc. En effet, la suppuration empêche l'hémorrhagie ; dans les expériences, on
fait la ligature des principaux troncs de vaisseaux ; l'utérus, en se contractant sur lui-
même, comprime les siens, qui auroient occasionné une perte de sang mortelle, s'ils
fussent restés ouverts; etc.

Le système des nerfs est encore susceptible d'éprouver les plus grands troubles à la
suite d'une blessure quelconque faite avec une
arme empoisonnée. Si cette cause particulière de la mortalité est ignorée de l'officier de
santé, ou si, quoiqu'elle soit connue de lui,

son influence rend inutiles tous les efforts de l'art, l'accusé ne sauroit se disculper d'avoir causé la mort du blessé.

Tel est, en raccourci, le tableau de cette première classe de blessures que le bouleversement du système des nerfs rend le plus souvent mortelles. Une autre classe renferme celles qui, en interrompant la circulation, sont pareillement des causes de mort; puisque, sans la circulation, la vie ne sauroit avoir lieu. De ces causes, les unes agissent en opérant une telle déperdition des humeurs qui circulent dans les vaisseaux, que le peu qui reste ne suffit plus pour l'entretenir; les autres, en anéantissant les forces mouvantes et les organes destinés à cette fonction vitale. Une solution quelconque de continuité des vaisseaux produit une hémorrhagie; et cette hémorrhagie, soit interne, soit externe, devient mortelle, lorsque rien ne peut l'arrêter: Telles sont celles de l'aorte, de l'artère pulmonaire, des carotides, et autres vaisseaux artériels que leur situation rend inaccessibles. Telles sont encore, par la même raison, celles de la veine cave, des veines pulmonaires, de la veine azygos, de la veine porte, etc. Si une hémorrhagie est arrêtée pendant quelque tems, et qu'elle revienne, sans qu'aucun cifort de l'art puisse prévenir ou arrêter son retour, elle doit aussi alors être censée nécessairement et inévitablement mortelle. On en a des exemples très-fréquens. Ce que nous venons de dire des blessures des gros vaisseaux artériels et veineux, s'applique, avec encore plus de force, à celles du cœur, dont le mouvement continuel et violent de contraction et de dilatation, exclut toute possibilité de suspendre l'effusion du sang.

La destruction des organes de la circulation et des forces qui les mettent en action, arrive lorsque le cœur se trouve déchiré, brisé, arraché hors de la cavité dans laquelle il est contenu, et lorsque les nerfs qui y distribuent les esprits animaux sont coupés; il est évident que de pareilles blessures deviennent absolument mortelles. Si différens auteurs citent des exemples d'animaux qui ont survécu à des blessures au cœur, on doit croire que ces blessures n'ont pas produit d'hémorrhagie, c'est-à-dire, qu'elles n'ont affecté que la partie extérieure des parois des ventricules sans pénétrer plus profondément.

Lorsque la respiration se trouve interrompue de manière à causer la mort, cela a lieu, ou par la destruction des organes qui lui sont consacrés, ou par la suspension trop long-tems

continuée de leurs fonctions. Ainsi, la trachée
artère étant coupée entièrement, les deux
portions séparées ne pourront plus se réunir.
Il faut, cependant, dans toutes ces circonstances, examiner avec soin si tous les secours
possibles ont été examinés. En effet, des
exemples mémorables de guérison de pareilles plaies nous apprennent avec quelle circonspection les experts doivent prononcer sur
leur mortalité ou leur non-mortalité. A. Paré,
Tulpius, Bartholin, Vanswieten, Garengeot,
Poncenard, et d'autres praticiens, en ont consigné un grand nombre dans leurs ouvrages.
Les muscles pectoraux, et principalement le
diaphragme, servent à la respiration en dilatant la poitrine. Si donc ces muscles sont
détruits, ou affectés de toute autre manière,
ou si le nerf, qui se distribue au diaphragme,
est coupé, elle ne peut plus avoir lieu. La
fracture de plusieurs côtes, et même, selon
M. de la Martinière, celle du sternum, sont
capables de produire une mort prompte. Il
arrive quelquefois que le diaphragme étant
percé, les parties contenues dans l'abdomen
pénétrant dans la cavité du thorax, compri-
ment les poumons, et font périr les blessés
en les empêchant de respirer. Les grandes
plaies, dans la substance même des poumons,

D 3.

excitent le plus *ordinairement*, ou de violentes hémorrhagies, ou une suffocation par le sang qui s'amasse dans la cavité, ou la destruction d'une portion majeure de l'organe par le travail de la suppuration : et alors elles sont *nécessairement* mortelles. J'ai dit *ordinairement*, parce qu'il y a des exemples de plaies considérables guéries, sans doute, parce qu'aucun de ces accidens n'a rendu, dans ces cas, la blessure compliquée. C'est donc ici le lieu de faire l'application des règles générales que nous avons exposées en commençant. Lorsque le poids de l'air athmosphérique, qui pénètre par une blessure dans la poitrine, empêche la dilatation du poumon, l'inspiration devient impossible, et le blessé est bientôt étouffé. Mais cela n'a lieu que lorsque les plaies sont considérables; et d'après les expériences de Vanswieten, il faut, pour produire cet effet, qu'elles aient plus de largeur que n'en a l'ouverture de la glotte. Si un seul côté de la poitrine a été percé, il n'y a que le poumon de ce même côté dont les fonctions cessent, à moins que l'air ne passe dans l'autre côté par une plaie au médiastin. Les mêmes accidens sont la suite d'une lésion, avec rupture, d'une des grandes divisions de la trachée-artère.

La cessation des fonctions de la respiration peut aussi avoir lieu et occasionner la mort, sans que les organes qui les exécutent éprouvent une lésion sensible. Par exemple, si on comprimoit le thorax de manière à en empêcher toute dilatation ; si, par un cha- touillement trop long-tems prolongé des hypo- condres et des côtés dans les individus très- sensibles on interrompoit le double mouve- ment des parois de cette cavité ; si on rete- noit sa respiration, au point de se donner la mort ; si on fermoit tout accès à l'air par la bouche et par les narines, avec les mains, avec des coussins, ou tout autre moyen sem- blable, si, comme on le rapporte des nègres esclaves, on s'obstruoit avec sa propre langue le canal de la trachée-artère, par la suffoca- tion dans l'eau, ou dans tout autre liquide, ou dans un fluide ou gaz méphytique ; par étranglement, en forçant à un exercice vio- lent quelqu'il puisse être.

Il est très-important de savoir distinguer les signes des différentes espèces de suffocation, parce qu'il y a des cas dans lesquels il est né cessaire de prononcer, si un homme a été pendu lorsqu'il étoit déja mort, ou avant qu'il le fût ; s'il a été jeté à l'eau avant ou après avoir été tué, etc.

D. 4

Tant que la respiration a lieu, les poumons se dilatant et se contractant alternativement, le sang est poussé dans leurs vaisseaux par l'action du ventricule droit du cœur. Mais, si e'le cesse, il se fait un affaissement, un col apsus de tout ce viscère, et le sang ne trouve plus sa route accoutumée. Cependant le ventricule pulmonaire continue toujours de chasser le sang de sa cavité. La force avec laquelle il agit, étant moindre que la résistance qu'il a à vaincre, les vaisseaux artériels du poumon se distendent, et le sang y séjourne. Alors, le cœur lui-même, qui ne peut plus se débarrasser du sang qu'il reçoit des veines caves, se dilate à son tour; les veines qui y aboutissent et les autres veines, en font autant et se gorgent de sang. Cette accumulation du sang, et cette expansion du système veineux sont sur-tout sensibles dans les parties de la tête tant internes qu'externes, parce que les jugulaires ne peuvent plus rendre à la veine cave supérieure le sang que les carotides continuent toujours de charrier. De-là naissent la rougeur et la lividité de la face; les yeux deviennent gros; la langue s'enfle et sort de la bouche, et tous ces phénomènes, qui ont lieu au moment de la suffocation, subsistent encore après la mort.

C'est par cette raison qu'à l'ouverture des
cadavres on trouve le ventricule droit , la
veine cave , les vaisseaux du poumon et ceux
du cerveau très-dilatés , gorgés de sang , et
quelquefois rompus : ce que l'on regarde
comme autant de signes de suffocation. L'é-
tranglement se manifeste , en outre , par des
traces au col de la violence qu'on a exercée ,
telles que des échymoses, des écorchures, des
empreintes d'ongles , de corde , ou d'autres
instrumens quelconques.

Quand la suffocation a lieu dans l'eau ou
dans tout autre liquide , outre ces signes ordinaires, on observe encore les suivans : les
yeux sont ouverts ; le visage est pale (sans
doute par l'impression de froid causée par le
contact du liquide) ; on trouve quelquefois
dans la trachée artère de l'écume , de l'eau ,
de la boue , ou d'autres substances liquides
colorées. Remarquons seulement qu'on ne
trouve ces signes, que lorsqu'on n'a pas tardé
à faire l'examen du cadavre , et que la présence de l'écume n'en est pas un bien décisif,
puisqu'il manque quelquefois dans les noyés,
et qu'au contraire il se rencontre chez ceux
qui ont péri d'un autre genre de mort. Car
cette écume peut être formée par des humeurs
du corps , et venir d'une cause interne.

La contraction spasmodique de la glotte
n'a pas non plus toujours lieu : on doit donc
la regarder comme une base trop incertaine
pour y poser un jugement sage et assuré.

Jusqu'à présent nous n'avons parlé que des
lésions des organes consacrés aux fonctions
vitales. Mais il n'est personne qui ne sache
que ces fonctions ne sauroient continuer long-
tems, si elles ne sont, pour ainsi dire, soutenues et alimentées par d'autres que l'on a dé-
signées sous le nom de fonctions naturelles.
Telles sont la digestion, la sanguification, la
nutrition, les sécrétions et excrétions nécessaires au jeu de l'économie animale. De-là
vient que, lorsque ces fonctions cessent, ou
quelques-unes d'entr'elles, ou même une seule,
tôt ou tard, mais inévitablement et nécessairement, une telle interruption devient une
cause de mort. Il est rare, à la vérité, que de
tels dérangemens ne soient pas accompagnés
d'hémorrhagies, d'inflammation, de suppuration, de troubles du système nerveux, qui
sans doute contribuent à leur issue funeste :
mais nous les considérons ici séparément de
ces symptômes, et en tant que la mort n'est
produite que par l'interruption ou la cessation
totale des fonctions dites naturelles. Par exemple, pour que le chyle, qui est le produit de la

première digestion, passe dans le sang, où il
en doit subir une seconde, il faut que les vaisseaux lactés, le réservoir de l'œcquet et le canal thorachique, soient dans leur entier. S'ils
sont ouverts par une cause quelconque, la nutrition ne se fera point, parce que le chyle se
répandra dans la cavité abdominale, ou dans
celle de la poitrine, et y formera une hydropisie laiteuse. Tous les secours de l'art doivent
être regardés comme inutiles ; et ces blessures,
quoique la mort ne survienne qu'après un espace de tems assez long, sont *nécessairement
mortelles*. Elles prouvent donc, pour le dire
encore en passant, de même que plusieurs
d'une autre espèce, combien, en *Médecine
légale*, la doctrine des jours critiques est
vaine et illusoire.

Les conduits de la bile, soit le canal cystique,
soit le canal hépatique, soit le canal cholédoque, de même que la vésicule du fiel, s'ils
sont entamés, laisseront la bile se répandre
dans la cavité abdominale ; et non-seulement
il en résultera des inflammations et la putréfaction, mais encore un défaut de digestion,
qui seul, à la longue, seroit capable d'entraîner infailliblement la perte du blessé.

Les blessures des bassinets des reins, des
uretères, de la vessie, sont toujours mortelles.

à moins qu'on n'empêche l'urine de s'épancher
dans la cavité du ventre, où elle causeroit,
par son stimulus, l'inflammation et le sphacèle.
Nous examinerons, au reste, ce point de
doctrine, plus particulièrement dans un autre
article.

Enfin, pour paroître ne rien omettre des
maux que la méchanceté humaine a su inven-
ter, et dont le jugement est soumis par les
ministres des lois à ceux de l'art de guérir,
nous dirons que des êtres infortunés ont été
brisés contre des corps durs, foulés aux pieds
par des animaux féroces ou irrités, dévorés
par eux, précipités d'un lieu élevé, écrasés
sous des chars, sous d'énormes quartiers de
pierre, etc.

Il existe encore d'autres lésions, dont l'effet
ne sauroit être apprécié d'après ceux produits
ordinairement par des causes mécaniques.
Cette dernière classe, dont nous n'avons point
encore parlé, semble agir sur le corps humain
par une combinaison vraiment chymique, en
vertu de ses parties constituantes, et de leurs
affinités avec celles de notre machine. On la
connoît sous le nom de *poisons*. Nous en parlerons ailleurs.

Après avoir présenté, dans leur ensemble,
tous les principes généraux que nous croyons

devoir guider le médecin-légiste dans ses décisions sur la mortalité des blessures, nous en-
trerons dans un plus grand détail sur un grand
nombre d'entr'elles, qui, par leur importance
ou leurs variétés très-multipliées, méritent
que nous fixions sur elles plus spécialement
notre attention.

BLESSURES DU COU.

Les Anatomistes entendent, par *cou* ou *col,* cette région du corps qui est située entre la tête et le thorax. Sa partie postérieure (*cervix*), de même que l'antérieure (*jugulum, la gorge*), sont susceptibles d'éprouver des lésions capables de causer la mort. Le cou n'est, en quelque sorte, qu'un composé de vaisseaux ou de conduits, dont les uns vont de la tête à la poitrine, et les autres de la poitrine à la tête: Ces derniers sont des vaisseaux sanguins. Les premiers sont, 1°. la trachée-artère, dont la portion supérieure se nomme *larynx*, et qui donne passage à l'air, pour pénétrer dans la poitrine; 2°. l'œsophage (*stomachus*), dont la partie supérieure est le *pharynx*, et qui descend jusqu'à l'orifice de l'estomac, accompagné des nerfs de la paire vague ou moyens symphathiques de Winslow. Le grand intercostal, prenant aussi sa route près les vertèbres cervicales, va ensuite former ses grandes distributions dans la poitrine et dans le bas-ventre.

Les blessures de tous ces divers organes
sont, en général, de très-difficile guérison.
Vulnera magis lethalia sunt venarum crassarum in collo, disoit Hippocrate. Il suffit,
pour se convaincre de cette vérité, de considérer leur nature et leurs usages. En effet, la
carotide gauche partant de la crosse de l'aorte,
et la droite de l'artère souclavière du même
côté, montent vers la tête ; leur situation dans
ce trajet est telle, qu'il est facile de sentir leur
pulsation : conséquemment elles peuvent aisément être blessées. Chaque tronc, étant parvenu à la partie supérieure de la trachée-artère, se partage alors en deux branches principales, l'externe et l'interne. La première,
après avoir fourni la thyroïdienne, la sublinguale, les maxillaires, la palatine et l'épineuse,
se distribue aux parties extérieures de la tête.
La seconde branche entre toute entière dans la
tête, et donne seulement quelques rameaux
pour l'os sphénoïde et l'os temporal. Ces artères, comme toutes les autres qui arrosent le
corps humain, ont leurs veines correspondantes. Ce sont les jugulaires, tant externes
qu'internes, qui vont se rendre et à la veine
cave supérieure, et aux souclavières. Les jugulaires externes sont très-superficielles, et
faciles à offenser, soit accidentellement, soit

dans certains cas de maladie, où on pratique
la saignée qui porte leur nom. Les internes
sont voisines des vertèbres, et par conséquent
elles ne peuvent être atteintes que par des
blessures profondes.

On sent de quelle nécessité il est, pour bien
faire un rapport sur les blessures du *cou*, de
ne pas ig orer l'ordre dans lequel sont placés
les différens vaisseaux qui le parcourent. Les
plus extérieurement placés sont les jugulaires
externes; viennent ensuite les carotides; et,
plus profondément encore, les jugulaires internes. Il faudroit donc, pour que les jugulaires internes, par exemple, fussent blessées,
que les carotides le fussent aussi, ou au moins
qu'on eut porté latéralement un coup de pointe.
Il y a des exemples assez nombreux de jugulaires externes guéries parfaitement. (A. Paré,
l. 10, c. 31.) Hebenstreit cite le fait d'un
chasseur chez lequel la jugulaire externe avoit
souffert un tel délabrement, ainsi qu'une portion du muscle sterno-cleido-mastoidien, que
l'on appercevoit distinctement le tronc de la
carotide. Ce chasseur fut très-bien guéri. Les
divisions même de la carotide, selon le même
auteur, c'est-à-dire, les artères maxillaires et
thyroidiennes, peuvent être blessées, sans que
la mort qui s'ensuit puisse être imputée à l'accusé,

tué, si la ligature, qui est une opération praticable, a été omise ou faite trop tard, et qu'il
n'en soit pas la cause. Quelques expériences
frites sur des animaux vivans, dit M. Sabba-
thier (d'après Van-Swieten), et desquelles il
résulte que l'une des deux carotides peut être
liée impunément, parce que celle du côté opposé et les vertébrales suppléent à son défaut,
ont aussi fait croire qu'on pouvoit remédier,
au moyen de la ligature, aux plaies qui intéressent ces artères. Mais, pour que les blessés
pussent être sauvés, il faudroit qu'il se trouvàt
à l'instant même un habile chirurgien, qui
comprimàt les deux bouts ouverts de l'artère,
et qui fit appliquer des liens sur les quatre extrémités du corps, pour empêcher le retour
du sang vers le cœur. On feroit ensuite une
ligature à chacun des bouts de l'artère, car
une seule ne pourroit suffire, attendu les communications réciproques des vertébrales et des
carotides. Ces ligatures ne pourroient se faire
sans aggrandir la plaie des tégumens, etc. Cependant on pourroit tenter ce procédé, si les
circonstances étoient heureuses, et sur-tout
si le blessé étoit tombé en syncope, et que la
violence de l'hémorrhagie fut un peu diminuée.
Mais, il n'arrive presque jamais que l'on sur-
vive assez long-tems à ces sortes de plaies pour

pouvoir être secouru, parce que les carotides
sont si grosses et si voisines du cœur, qu'elles
fournissent en peu de tems une quantité prodigieuse de sang.

Il est encore possible de porter secours à la
lésion de l'artère occipitale, ainsi qu'à celle
de la temporale; mais la main ne sauroit en
faire parvenir aux sublinguales ni aux palati-
nes, dont les blessures sont suivies d'une mort
certaine.

On ne doit pas attendre une autre terminaison des plaies faites aux artères vertébrales
qui entrent dans le crâne par le grand trou
occipital, pour se distribuer au cervelet et à
une partie du cerveau. Ces vaisseaux, en effet,
qui naissent des souclavières, montent vers la
tête, renfermées dans un canal osseux, formé
dans les apophyses transverses des vertèbres
cervicales; ils ont des veines correspondantes
du même nom. Aucune compression n'est donc
praticable, en pareil cas, non plus que la ligature; et la blessure est mortelle, quand même
tout autre organe seroit resté intact : ce qui
seroit une circonstance bien remarquable, si
on considère la situation respective de toutes
ces parties.

La mortalité des blessures faites à la trachée-
artère dépend des circonstances qui accompa-

gnent ces blessures. En effet, ou la trachée-
artère a été seule affectée, ou bien les vaisseaux
qui l'avoisinent l'ont été conjointement avec
elle. Dans le premier cas, il faudroit, pour que
la blessure fut mortelle malgré le traitement
le mieux entendu, que le délabrement eût été
extrême. Il n'est pas certain qu'Hippocrate ait
jamais pratiqué la bronchotomie. On peut tout
au plus soupçonner qu'il la croyoit possible :
et quand même cet aphorisme *quæcumque
cartilago dissecta fuerit neque augetur neque
coalescit* (S. 7, aph. 28) seroit vrai, il ne prou-
veroit nullement le contraire, puisque l'incision peut se faire entre deux anneaux. Mais un
très-grand nombre d'observations a démontré
que même les anneaux de la trachée-artère
peuvent être coupés impunément, et que leurs
portions, ainsi divisées, se rejoignent parfaitement (*a*). Je ne citerai pas seulement les observations dans lesquelles un chirurgien habile
effectue cette division : il y a des faits où il est
évident que l'on a voulu rendre la blessure
grave et même mortelle ; et, malgré ces efforts,
les blessés ont été rendus à la vie. Tel est celui qui fait partie de la collection de Tulpius,

_____

(*a*) V. Mémoires de l'Acad. de Chirur. de Paris,
tom. I, p. 576 et suiv.

E 2

l. r, ch. 50; tel est encore celui rapporté par
Thomas Bartholin (Hist. Méd., cent. V, hist.
89.) Van-Swieten dit aussi avoir vu un soldat
qui demandoit l'aumône, et qui, pour exciter
la commisération, montroit un grand trou à
la trachée-artère, qui provenoit de ce qu'une
portion de cet organe avoit été emportée par
un coup de feu: il tenoit ce trou fermé à l'aide
d'une éponge; et, quand cette éponge étoit
ôtée, il lui étoit impossible de faire entendre
aucun son. Le fait dont Pierre Pigray fut témoin est également singulier : voici comment
il le raconte. » La roine, dit-il, étant un jour
» à Bourbon-Lencin pour prendre les bains,
» il y eut en un bois, environ une lieue delà,
» des voleurs qui coupèrent la gorge à deux
» jeunes hommes, dont l'un mourut sur la
» place ; l'autre fit le mort quelque tems,
» ayant la gorge coupée d'une grande plaie
» fort longue, prenant depuis l'une des jugu-
» laires externes d'un côté, et finissant à l'au-
» tre de l'autre côté, sans toutefois les offenser;
» la roine, en étant avertie, m'y envoia; et
» là, je trouvai ce pauvre blessé qui parloit,
» quand il avoit la tête baissée; mais, quand
» il la haussoit, l'air sortoit par la plaie, et il
» ne pouvoit parler. Je trouvai ce fait bien fort
» douteux et difficile, et, pour mieux cognoi-

» tre le mal, je lui baillai à boire un verre
» plein de lait, lequel en le prenant sortoit
» tout par la plaie, qui me faisoit perdre l'es-
» pérance de sa guérison; je m'avisai de le
» faire coucher à la renverse, et lui faire pren-
» dre le lait tout couché, lors il passa, et en-
» tra dedans l'estomac sans sortir par la plaie,
» qui me fit penser que l'œsophage n'étoit
» pas coupé du tout; voiant cela, ne le voulant
» laisser sans remède, je lui fis une couture
» bonne et forte, en rejoignant la plaie ferme-
» ment, et le fis nourrir l'espace de vingt et
» deux jours, de lait seulement, le faisant
» toujours boire à la renverse, comme j'ai
» dit; au bout des vingt et deux jours, il com-
» mença à manger et guérir, excepté un petit
» trou qui lui demeura à l'endroit de la tra-
» chée-artère, qui a été cause qu'il est mort
» tabide deux ans après; mais il étoit pauvre
» et mal nourri, qui fut cause de lui advancer
» ses jours (a). »

Ces exemples frappans démontrent la vérité
de la proposition que nous avons énoncée;
savoir, que les blessures de la trachée-artère
seule ne sont mortelles que lorsque le délabrement a été extrême.

_____

(a) Chir. de P. Pigray, L. 4, ch. 12.

E 3

Mais il est on ne peut pas plus rare, pour
ne pas dire impossible, qu'un pareil délabrement ait lieu, sans que les organes voisins ne
soient aussi lésés ; et même dans ce dernier
cas, les blessures ne sont pas toujours mortelles de leur nature et malgré tous les secours
de l'art. Hebenstreit pense, comme nous l'a-
vons déjà fait remarquer, que les artères
thyroïdienne et maxillaire peuvent être blessées, sans que la perte du blessé soit inévitable. A. Paré rapporte une observation dans
laquelle on voit que le blessé fut guéri, quoique la veine jugulaire externe eut été coupée.
Si la lésion des deux jugulaires externes accompagne celle de la trachée-artère, cette
circonstance rend évidemment le sort du
blessé encore plus fâcheux et plus incertain.
A plus forte raison, si les carotides et les
jugulaires internes ont été offensées.

Lorsque la plaie faite à la trachée-artère est
tellement considérable, que le mouvement
de la déglutition la fasse bâiller nécessairement, la réunion des deux bords présente encore plus de difficulté. Quelquefois aussi il
survient un emphysème général qui complique
le traitement, et en rend la terminaison heureuse impossible.

Il y a donc dans les circonstances une variété

qui ne nous permet pas d'entrer dans un plus
grand détail. C'est aux experts à les apprécier
dans chacun des cas qui sont soumis à leur
jugement, afin de n'attribuer à l'accusé que
la part qu'il peut avoir dans la mortalité d'une
blessure, et de ne lui pas faire imputer en
entier la perte du blessé, si elle est due en
partie à des circonstances indépendantes de
son action.

Nous avons rapporté des faits qui prouvent
que toutes les blessures de l'œsophage ne
sont pas mortelles de leur nature. Elles ne
deviennent telles que par leur grandeur dé-
mésurée, ou par des circonstances étrangères,
c'est-à-dire, qui intéressent les organes qui
avoisinent ce conduit. Ce dernier cas est le plus
ordinaire, et paroîtra presqu'inévitable à
quiconque connoît la situation respective du
canal alimentaire et des parties environnantes.

Le *cou* donne passage à la paire vague et au
grand intercostal. Ce seroit un cas infiniment
rare que celui où ces organes seroient blessés
seuls. Au reste, leur lésion, même partielle
et d'un seul côté, est déclarée mortelle de
nécessité par tous les médecins légistes. Ils
fondent leur opinion, sur ce que ces nerfs
principalement forment les plexus cardiaque
et pulmonaire, et que, si leur section com-

plette anéantit le principe d'action dans les
viscères de première nécessité pour la conservation de la vie, leur délabrement partiel
excite des convulsions avec la violence desquelles la vie est également incompatible.

Les blessures des muscles releveurs de l'o-
moplate et des côtes et celles des scalènes
sont regardées avec fondement comme mortelles, si elles intéressent les nerfs qui sortant
de la moelle épinière passent entre leurs divisions, et sur-tout le nerf phrénique qui se distribue au diaphragme. On peut donc dire, avec
Bohnius, que toutes les blessures des nerfs
du cou sont mortelles, parce qu'elles sont nécessairement suivies ou de la paralysie d'organes essentiels à la vie, ou de mouvemens
convulsifs que rien ne peut calmer.

. Enfin, la terminaison et le jugement à
porter des blessures du cou par contusion
doivent varier, selon que les circonstances
elles-mêmes varient. La partie supérieure de
la trachée-artère et les cartilages peuvent être
lésés de manière, que la glotte ne puisse plus
ni se fermer ni s'ouvrir : le sang peut s'être
extravasé entre les muscles, au point que ce
mouvement devienne impossible, lors même
qu'il n'y auroit point d'autre lésion. C'est par
l'examen du cadavre que l'on constatera et la

quantité du sang sorti des vaisseaux , et l'impossibilité d'opérer sa résorption. On constatera pareillement , si la bronchotomie auroit
pu, en facilitant au malade la liberté de respirer , donner à la nature , ou à l'art , le délai nécessaire pour réparer la dégradation
causée par la lésion , ou si cette lésion étoit
mortelle de sa nature , c'est-à-dire , malgré
tous les efforts possibles réunis.

Les blessures qui affectent la partie postérieure du cou sont des délabremens de muscles,
que leur intensité seule peut rendre très-dangereux , mais rarement mortels , ou des fractures, ou des distorsions de vertèbres, enfin,
la désorganisation de la moëlle épinière. Nous
aurons occasion de revenir sur ce sujet, en
parlant de l'infanticide.

BLESSURES DES EXTRÉMITÉS.

S'IL y a des parties du corps humain à l'égard desquelles la doctrine de la mortalité absolue soit particulièrement insoutenable, ce sont les extrémités. En effet, non-seulement la vie peut exister sans elles, et sans les fonctions qu'elles ont à remplir ; mais encore ces parties se prêtent à presque tous les secours possibles que l'art a imaginés pour réparer les délabremens qui leur surviennent. Cependant une mort inévitable est quelquefois l'effet de ces délabremens, parce que, si leur siége est dans la portion du membre qui avoisine le tronc, il en résulte alors ou des hémorrhagies énormes, ou des convulsions de toute la machine, contre lesquelles l'art devient insuffisant, c'est-à-dire, qu'il ne peut employer assez promptement ses ressources. Nous ne parlerons point, dans ce moment, de ces divers accidens.

Ainsi, lorsque l'hémorrhagie et les convulsions n'ont pas lieu, je ne vois pas, dit Bohnius, comment on peut prononcer qu'une blessure des extrémités est mortelle ; et telle

fut la décision portée, en 1705, par la Faculté
de Médecine de Léipsick, à l'occasion d'une
blessure de la cuisse, quoique cette blessure
fut très-considérable. Elle étoit à la partie
supérieure et interne; l'hémorrhagie avoit
duré plusieurs jours; de fréquentes défaillances en avoient été l'effet; le mouvement du
membre étoit perdu entièrement; une fièvre
violente, accompagnée de vomissemens bilieux, s'étoit manifestée. Quoique la douleur,
l'inflammation et l'hémorrhagie eussent cessé,
et que la plaie parut vouloir se consolider, la
malade succomba au bout d'un mois de traitement. L'ouverture du cadavre fit voir que la
plaie n'étoit point consolidée, et qu'au contraire elle receloit une grande quantité de pus;
elle se prolongeoit sous les tégumens communs jusques aux muscles fessiers, et un très-
gros tronc veineux, ainsi qu'une branche considérable du second nerf crural (c'est-à-dire
d'une des divisions du nerf crural après sa sortie du ventre), avoient été coupés. Ces circonstances n'empêchèrent pas, comme nous
l'avons déjà dit, le Collége des Médecins de
Léipsick de prononcer la non-mortalité de la
blessure, parce que l'hémorrhagie avoit été
réprimée; que la lésion du nerf n'avoit produit
ni convulsions ni une paralysie générale; que

la plaie commençoit à se consolider, et que
d'autres symptômes très-graves n'avoient pas
eu lieu chez la blessée.

· Bohnius cite, comme un fait mémorable,
que le choc d'une voiture et les pieds des che-
veaux ayant brisé le ligament propre de la
rotule d'un des genoux d'une femme, il ne
s'ensuivit ni hémorrhagie notable, ni inflammation ; mais que, dès la nuit suivante, le
sphacèle se manifesta à la partie interne de la
, cuisse, attaqua les tégumens communs et les
muscles de l'abdomen, et même une grande
portion du tube intestinal. On recourut en
vain aux moyens les plus appropriés. La perte
de la blessée est attribuée, par l'auteur que
nous citons, à ce que la nature ne seconda
pas les efforts de l'art, et que la blessure fit
naître la gangrene par une action que l'on ne
sauroit expliquer, et qu'aucun remede ne
put réprimer. Il pense que cette terminaison,
aussi subite qu'extraordinaire, est principalement due à l'état cachectique des sujets,
auxquels les lésions des tendons majeurs occasionnent alors des convulsions mortelles. Il
rapporte un autre fait qui semble appuyer son
opinion.

On peut ranger, très-naturellement, dans
la classe des blessures, qui font le sujet de

notre discussion actuelle, les lésions sans effusion de sang qui s'opèrent, soit en foulant un
homme aux pieds, soit en le frappant avec un
bâton ou tout autre instrument contondant.
Lorsque ces lésions sont considérables, il y
a toujours rupture et solution de continuité,
au moins sous les tégumens; et même, quoiqu'elles ne paroissent affecter le corps qu'à sa
superficie, on a remarqué qu'elles occasion-
noient quelquefois une mort inattendue, si
elles étoient multipliées, larges, dures et
profondes, et sur-tout si elles affectoient les
parties internes. Les lésions qui ne sont, au
contraire, que superficielles, légères, non
multipliées, ne deviennent point une cause de
mort : et, si les efforts de la nature sont se-
condés à propos par les ressources de l'art, le
sang extravasé ne tarde guères à être résorbé.

En effet, lorsque ces sortes d'accidens ont
lieu, l'union des parties que l'on nomme, en
général, chairs, se rompt; les fibres et les
vaisseaux dont elles sont composées se brisent; et, selon la quantité et la qualité du sang
sorti des canaux qui le contenoient, il y a rougeur, ou lividité, ou noirceur; la circulation
de ce fluide et de la lymphe est plus ou moins
troublée, pervertie; et quelquefois même les
humeurs extravasées, se corrompant, devien-

nent sanieuses. Quelquefois l'effet des contusions se propage jusqu'aux parties situées
dans les cavités ; et on a observé la plevre,
les poumons, le foie, la rate, etc., non-seulement échymosés, mais même offrant des so-
lutions de continuité bien caractérisées. Les
hernies de tout genre peuvent ne pas avoir
d'autre cause, ainsi que la descente de matrice, soit que ces accidens aient lieu sur le
champ par la rupture des ligamens, soit qu'ils
ne se manifestent qu'au bout d'un certain tems
par leur simple relâchement. C'est ce que
prouve une observation rapportée par Bohnius.
Dans un autre fait, dont il fut lui-même témoin, la femme, qui fait le sujet de l'observation, succomba au bout de trois jours, après
avoir éprouvé les douleurs les plus atroces,
de la fièvre , l'impuissance de tout mouvement, l'anxiété précordiale , une grande difficulté de respirer, et des convulsions. On
trouva, en examinant le cadavre, l'habitude
du corps livide et d'un rouge noirâtre; elle
étoit bouffie dans différens endroits. On observa ces phénomènes , principalement vers
les épaules, les côtés de la poitrine, la région
lombaire, celle des aines, et enfin la cuisse
gauche. Quand on entamoit, avec le scapel,
la peau dans certains endroits , elle laissoit

écouler un sang en partie fluide, et en partie grumelée; et les chairs, placées sous les tégumens, étoient brisées et meurtries. Du sang, dissous dans de la sérosité, s'étoit épanché dans la cavité du thorax et du bas-ventre. La portion gauche de la plevre et du péritoine; ainsi que celle du tube intestinal qui avoisine le péritoine, et la face de la rate qui s'appuie sur les fausses côtes, étoient gorgées de sang, comme si elles eussent été gangrenées. Bohnius pense que ces phénomènes ont une connexion nécessaire avec la mortalité de la blessure, en ce qu'ils prouvent évidemment que l'ordre dans lequel les humeurs circuloient a été perverti, que les vaisseaux qui les contenoient ont été brisés, que le sang et la lymphe se sont épanchés, et que ces différentes fonctions ont été dérangées. Le mouvement des fluides s'est vu troublé, non-seulement par la rupture et la compression des vaisseaux, mais encore par l'affoiblissement du ton de leurs parois : et ces mêmes fluides, jadis nouriciers, devenus libres, se sont détériorés, et convertis en une matière sanieuse très-nuisible aux parties solides.

La question médicale qui se présente à résoudre dans ces sortes de cas est celle-ci : La mort a-t-elle eu lieu par l'effet unique et immédiat des coups qui ont été portés ; ou bien une autre cause morbifique quelconque, soit antérieure, soit postérieure à l'événement, l'a-t-elle déterminé ? La décision que le ministre de la loi attend alors du médecin est le plus souvent très-difficile à former : à moins que les circonstances qui ont précédé ou celles qui ont suivi, ainsi que l'examen du cadavre, ne fournissent les lumières propres à diriger la marche et à fixer l'opinion incertaine. On s'informera donc exactement si le blessé étoit valétudinaire, ou s'il jouissoit d'une santé complètement bonne. Dans la seconde supposition, il est à présumer que la violence des coups est la cause de la mort, sur-tout si dès le premier moment le blessé a été mal, ou si son état a empiré graduellement. Dans la première supposition, le médecin légiste sera forcé de demeurer plus ou moins dans l'incertitude, si la terminaison fatale est due à la blessure ou à quelque maladie cachée, et cette incertitude ne peut être dissipée que par le rapport de celui qui a traité le blessé, de ses parens, de ses amis, et, enfin, par l'examen attentif du cadavre. Le plus ordinairement, on est dans la nécessité de comparer et de combiner toutes ces différentes causes de mort, et d'en tirer une conclusion que l'humanité et la justice ordonnent

ordonnent de mitiger autant qu'il est possible. Voici un exemple, de la conduite à suivre en pareille circonstance : il est tiré de Bohnius. Une servante étoit alitée depuis un mois pour une douleur à la poitrine et au côté gauche, qui provenoit, ainsi que le prouva l'examen du cadavre, d'une vomique au poumon. Le 12 mars (1695.), elle fut violemment frappée avec un bâton; et étant tombée sous les coups, elle ne cessa d'éprouver de très-grandes douleurs au dos, aux hypocondres, et aux cuisses, jusqu'au 27 avril, qu'elle mourut. La faculté de médecine de Léipsick décida que les coups que cette femme avoit reçus et la forte commotion de l'ame, avoient bien augmenté et accéléré la stagnation du sang dans le poumon, et par une suite nécessaire la suppuration de ce viscère, mais que l'imprudence qu'elle avoit eue de s'exposer, après son accident, à la neige et à l'humidité, et sa négligence à ne faire aucun remède pendant les quatorze premiers jours, avoient beaucoup contribué à sa perte.

BLESSURES DES ARTÈRES.

Je crois que c'est ici le moment de présenter quelques considérations sur les blessures des arteres, en faisant passer en revue les principales d'entr'elles.

Les blessures des artères ne sont pas toutes mortelles, parce qu'il y en a plusieurs dont il est facile de prévenir les suites fâcheuses par un traitement bien entendu. Lorsqu'une artère se trouve, par exemple, tellement située, que sa partie supérieure est susceptible d'être comprimée, ce ne sera que par l'impéritie ou la négligence de l'officier de santé chargé du traitement, que le blessé périra d'hémorrhagie. Van-Swieten cite le cas d'une blessure de l'artère, qui va se continuer le long de l'avant-bras, sous le nom d'inter-osseuse interne. L'hémorrhagie qui survint auroit pu être arrêtée, si on eut comprimé l'artère humérale, dont elle est un rameau, vers la partie supérieure du bras, où elle est placée le long de l'os et presque sous les tégumens.

En général, plus une artère située extérieu-

rement est considérable, plus elle est voisine
de son origine; c'est-à-dire, du cœur, moins
on a de moyens assez puissans pour arrêter
l'hémorrhagie. En effet, la force de la contraction du cœur et de la dilatation du vaisseau
surmonte tous les obstacles que l'art peut opposer. On a vu cependant, après une perte de
sang énorme, de pareilles blessures se consolider, au grand étonnement des gens de l'art.
Ainsi Boerrhaave se plaisoit à citer à ses élèves
le fait d'un paysan, qui eut l'artère axillaire
coupée d'un coup de couteau : le sang coula
avec tant d'abondance, que le blessé tomba
bientôt dans une syncope que tous les assistans crurent mortelle. Le lendemain, ceux qui
devoient, en vertu de l'ordonnance du magistrat, constater juridiquement la mort du blessé,
et la mortalité de la plaie, lui ayant trouvé
encore un peu de chaleur à la région de la
poitrine, différèrent l'examen de quelques
heures, quoiqu'il n'existât plus aucun indice
de vie. Pendant cet intervalle, le blessé se ra-
nima insensiblement, et, contre l'attente universelle, après avoir été long-tems dans un
état de très-grande foiblesse, il recouvra la
santé. Son bras, qui ne recevoit plus de sang,
se dessécha entièrement.

Le collapsus des parois d'une artère, qui

F 2

n'a lieu que par un effet de la syncope, arrive
·bien plutôt lorsque c'est une petite artère qui
a été coupée.

Les blessures des artères un peu considérables de l'intérieur du corps sont une cause de
mort inévitable, parce que ces vaisseaux sont
plus voisins du cœur; parce que le sang, qui
·le plus souvent ne peut être enlevé de la cavité où il s'épanche, ni être repompé par le
travail de la nature, occasionne un délabrement dans les parties solides; parce que la
main·du chirurgien ne sauroit parvenir jusqu'à
eux, pour leur appliquer le pansement qui
réussit dans les blessures qui ont leur siége à
l'extérieur du corps. Tels sont, 1°. l'aorte
ascendante et descendante, qui reçoit le sang
du cœur avec toute la force d'impulsion dont
cet organe musculaire est susceptible. 2°. Les
artères coronaires, qui naissent de l'origine
de l'aorte. 5°. Les souclavières, qui partent
de sa crosse. 4°. Les carotides, pour la compression desquelles la trachée-artère ne peut
fournir un point d'appui suffisant (1), et qui,

---

(1) On a lié cette artère sur des chiens, et ils ont vécu;
je ne crois pas qu'on ait fait cette expérience sur des
hommes, mais on pourroit l'essayer si l'on en trouvoit
l'occasion.

d'ailleurs, communiquent soit entr'elles, soit
avec les vertébrales, par des rameaux très-
forts. 5°. Les vertébrales, qui sont renfermées,
pendant une partie de leur cours, dans une
sorte de canal osseux. 6°. Les vaisseaux placés
avec les lobes antérieurs du cerveau au-dessus
de la paroi supérieure de l'orbite, qui, étant
extrêmement mince, peut être percée avec
une très-grande facilité, comme le prouve,
entr'autres, une observation de Ruisch (a).
7°. L'artère épineuse, dont le sang épanché
ne peut avoir une issue artificielle, à raison
de l'épaisseur des muscles temporaux qui rendent l'application du trépan très-difficile, pour
ne pas dire impossible. 8°. Tous les vaisseaux
qui sont à la base du crâne. La rupture de ces
vaisseaux est mortelle, et par la même raison,
et par la compression que l'amas du sang occasionne. 9°. L'artère pulmonaire, qui reçoit
le sang immédiatement du ventricule droit,
comme l'aorte du ventricule gauche. 10°. Les
artères diaphragmatiques, et autres qui viennent immédiatement, ou presqu'immédiatement de l'aorte. 11°. Le tronc cœliaque, et
ses trois grandes divisions : l'artère coronaire

(a) *Fred. Ruisch.*, *Observ. Anat. Chi.*, *cent.*
Observ. 54.

F 3

stomachique, l'artère hépatique et l'artère
splénique. 12°. Les deux mésentériques, les
capsulaires, les rénales, les spermatiques, les
lombaires, la sacrée antérieure ; enfin, les
iliaques communes et primitives, et leurs premières ramifications.

Lorsqu'une artère, ou à raison de sa petitesse, ou par l'effet d'autres circonstances, ne
laisse épancher qu'une très-petite quantité de
sang dans une des cavités, ce fluide alors n'in-
terrompt point l'ordre des fonctions ; il est
rendu plus fluide par la lymphe qui y afflue,
et plus susceptible ainsi d'être résorbé. Mais
si des circonstances contraires, en augmentant
la vivacité de la circulation, donnent lieu à
une hémorrhagie considérable, la blessure de
cette même artère peut devenir une cause de
mort, par les raisons que nous avons exposées
ailleurs.

MUTILATION.

Les blessures ne sont pas toujours suivies ou de la mort, ou d'un rétablissement parfait. Souvent même les blessés se trouvent mutilés, soit par leur effet immédiat, soit à la suite des opérations qu'elles auraient nécessitées. Cette perte totale, ou au moins une lésion quelconque d'organes, donnant lieu ordinairement à une demande en indemnités, c'est aux médecins qu'il appartient, dans ces cas, de déterminer jusqu'à quel point celui qui la fait est devenu incapable d'exercer la profession qu'il avoit embrassée, ou d'en embrasser une : de même que ce sont eux qui doivent décider si l'impuissance à laquelle le sujet est réduit provient de la blessure elle-même, ou de quelque faute dans le traitement.

Il y a cependant des suites de blessures pour lesquelles on est réputé en droit d'obtenir des dédommagemens, quoiqu'elles ne mettent point obstacle à l'exercice d'aucune faculté. Telles sont des cicatrices ineffaçables à la figure, sur-tout si elles la déforment et la déshonorent. Telle est aussi la perte d'une des parties qui la composent, par exemple, d'une oreille, du nez, etc. Ces accidens sont sans doute encore plus sensibles pour des femmes dont la beauté fait quelquefois tout le mérite et toute la fortune. Et même, disoit un ancien philosophe, quoique la forme régulière de la figure doive seulement orner, embellir un homme, ne présente-t-elle pas chez lui comme quelque chose de divin, duquel semblent dépendre la considération, l'amitié, et les secours qu'il a à espérer et à prétendre de la part de ses semblables ?

Très-souvent les blessures des trois cavités principales laissent après elles les organes qui y sont contenus dans un état de foiblesse et en quelque sorte de nullité. Ainsi celles de la tête produisent la surdité, la mutité, l'épilepsie, la paralysie, la stupidité, la perte de la mémoire : celles des mammelles, le squirrhe, et après le squirrhe le cancer; celles des poumons, le crachement de sang, la phthisie, l'asthme; celles des intestins des rétrécissemens du canal alimentaire, et quelquefois la nécessité d'un anus artificiel.

Quant aux membres, et en particulier ceux dont l'action est indispensable pour l'exercice de toutes les professions, il est évident que si une blessure prive de s'en servir ou en restreint l'usage, l'auteur du délit est tenu à une indemnité proportionnée. Voici avec quelle force et quelle éloquence Cicéron expose les avantages que l'homme retire de l'organe de la main : nous citerons son texte, dans la crainte de l'affoiblir en le traduisant. *Quam aptas, quam multarum artium ministras manus natura homini dedit ; digitorum enim contractio, facilis facilisque porrectio propter molles commissuras et artus nullo in motu laborat ; itaque ad pingendum, ad sculpendum ad nervorum eliciendos sonos ac tibiarum, apta manus est admotione digitorum. Atque hæc oblectationis, illa nécessitatis ; cultus dico agrorum et tectorum extructiones, tegumenta corporum vel texta velsuta, omnemque fabricam æris et ferri. Ex quo intelligitur ad inventa animo, percepta sensibus, adhibitis opificum manibus, omnia nos consecutos; ut tecti, ut vestiti, ut salvi esse possemus, urbes, muros, domicilia, delubra haberemus* (de nat. deorum). *N'est-ce pas avec le secours des mains*, disoit aussi Galien, *que les savans conversent avec Platon, avec Aristote, avec Hippocrate ?* Tout ce qui est capable de faire le sort de l'homme étant donc subordonné à l'usage

qu'il peut faire de sa main, il est évident qu'on
ne sauroit trop estimer la perte d'un instrument
si précieux. Les extrémités inférieures sont
également d'une importance qu'il est sans
doute inutile de faire valoir ici; et leur lésion
fournira un droit incontestable aux indemnités
les plus fortes.

Mais dans tous ces cas, les médecins doivent
tacher de se garantir des surprises qu'on cher-
cheroit à leur faire, afin d'obtenir, d'après
leur décision des dédommagemens qui ne seroient pas dus. Par exemple, si une extrémité
inférieure semble se refuser en totalité ou en
partie au service pour lequel la nature l'a destinée, on examinera soigneusement, s'il y a
paralysie, ou bien s'il y a anchylose dans
quelqu'une de ses articulations, ou fracture
du col du fémur, laquelle se consolide si difficilement, ou rupture d'un tendon dans un
point vers lequel la réunion est impraticable.
On examinera pareillement si le traitement a
été parfait ou s'il a été négligé, et jusqu'à
quel point; afin de déterminer si la dépravation du membre est réellement l'effet immédiat
et unique d'une blessure au-dessus des ressources de la médecine, ou si l'ignorance de
l'homme de l'art aura contribué à la rendre
incurable.

Ce n'est que d'après une décision médico-légale ainsi motivée, que les magistrats peuvent prononcer qu'il y a lieu à indemnité, et quelle est sa quotité, soit relativement à la profession qu'exerçoit le blessé, et dont les suites de sa blessure l'ont rendu désormais incapable, soit à raison d'autres circonstances.

BLESSURES DE LA POITRINE.

LA circulation du sang et des autres humeurs étant essentielle à la conservation de
la vie, les lésions qui suspendent trop long-
tems ou qui suppriment totalement l'action
des organes par lesquels s'opère cette circulation occasionnent inévitablement la mort : et
de même que nous avons vu celles qui arrêtent
la marche des esprits animaux, qui sont censés
les moteurs de toute la machine, produire la
mort de nécessité absolue, de même aussi
celles qui brisent, pour ainsi dire, la machine
composée des poumons et du cœur doivent
être regardées comme des causes de mort nécessaires et que rien ne peut corriger. Les
lésions provenant de causes externes, et qui
subvertissent les lois de la vie, fondées sur
l'influence que l'auteur de la nature a voulu
que l'air eut sur notre conservation, sont celles
qui affectent la partie de notre corps que l'on
a nommée poitrine, et qui non-seulement
contient les viscères qui servent à la circulation des humeurs et à l'usage de l'air, mais

qui est formée de divers autres organes nécessaires pour que le mouvement alternatif de
contraction et de dilatation, duquel dépend
l'exercice de ces deux fonctions, ait lieu.
En effet, la poitrine ou thorax renferme des
organes que l'on doit considérer en quelque
sorte comme les causes prochaines de l'existence de la vie. Ces organes sont le cœur et
les poumons : et l'action de l'un et de l'autre
de ces organes, relativement à la circulation,
est telle, que dans tout individu vivant d'une
vie qui lui est propre (ce qui n'exclud que le
fœtus renfermé dans le sein de sa mère) l'un
ne sauroit être oisif qu'il ne réduise aussi-tôt
l'autre à une égale inaction, c'est-à-dire, que
le mouvement du cœur seulement, ou celui
des poumons sans l'action du cœur, ne peut
suffire pour la conservation de la vie. Cette
loi est commune à tous les animaux qui vivent
dans l'air, et tous les organes de la poitrine
sont chez eux tellement liés les uns aux autres
par la nature de leurs fonctions, que, quoiqu'à la vérité toutes les parties et tous les vaisseaux du corps de l'homme concourent à maintenir la vie, puisqu'elle n'est dans sa plénitude
que le résultat et l'effet de toutes les fonctions
réunies, cependant le cœur et les poumons
affectuent principalement cette vie par leur

fonction essentielle de recevoir et de distribuer à toutes les parties du corps sans exception les humeurs qui les vivifient continuellement. Si donc les lésions qui affectent ces deux
organes sont si considérables, que leur action
se trouve supprimée, elles doivent être réputées
avec fondement mortelles de nécessité absolue.

Le thorax est susceptible d'autres lésions
qui n'affectent point les fonctions vitales proprement dites qu'exécutent les poumons et le
cœur, mais qui altèrent plus ou moins ses
parois, savoir, les côtes, le sternum et les
muscles qui y ont leurs attaches, ainsi que les
vaisseaux et autres conduits qui traversent sa
cavité, soit en allant de haut en bas, soit en
allant de bas en haut. Par exemple, le canal
thorachique qui n'est que la continuation
d'une espèce de réservoir qui reçoit le chyle et
la lymphe qui y affluent des différens viscères
de l'abdomen, s'élève de la partie supérieure
de ce réservoir, traverse le diaphragme, et
monte le long de la partie postérieure de la
poitrine, au-devant des vertèbres du dos, entre l'aorte et l'azygos. Quand il est parvenu,
par une marche flexueuse, vers la sixième ou
cinquième vertèbre, toujours couché sur la
partie droite des vertèbres, alors il se détourne

à gauche, et passant derrière l'œsophage et la
crosse de l'aorte, il continue de monter jusqu'à la partie inférieure du col, où il se divise
en deux branches, qui viennent s'ouvrir à la
partie externe et postérieure de l'union de la
veine jugulaire interne et de la souclavière.
Tel est le chemin que fait le chyle, cette matière sans cesse renouvellée, que fournissent
les alimens pour réparer les pertes continuelles
qu'éprouvent le sang et toutes les autres humeurs. Une blessure qui ouvre ce canal devient donc une cause de mort nécessaire et
inévitable, puisque cette réparation n'a plus
lieu, le chyle se répandant dans la cavité de la
poitrine, où il se forme une hydropisie laiteuse au-dessus de toutes les ressources de
l'art. Les expériences de Lowerus ont prouvé
cette vérité. Ayant coupé le canal thorachique
d'un chien, sans altérer aucun autre vaisseau,
le chyle se répandit dans la poitrine, et l'animal mourut de cette blessure. Mais il doit être
infiniment rare que le canal thorachique soit
offensé, sans que l'aorte ne le soit en même-
tems, à raison de la position respective de ces
deux organes. Il faudroit, pour que cela arrivât,
qu'une blessure faite dans l'intervalle de deux
côtes pénétrât jusqu'au canal, en ne faisant

que toucher l'aorte. Thomas Bartholin (a) dit
avoir observé une humeur laiteuse sortant par
une blessure au dos : ce qui provenoit vraisemblablement de ce que le canal thorachique
avoit été coupé.

Par des raisons aussi fortes, et également
fondées sur les notions précises d'anatomie,
nous devons penser que l'œsophage, qui descend au travers de la poitrine postérieurement,
et sur l'aorte, pour gagner l'orifice supérieur
de l'estomac, ne peut guères être blessé que
d'autres parties ne le soient avec lui. Héberis-
treit pense que les blessures transversales de
cette portion de l'œsophage, contenues dans
le thorax, sont incurables; mais que celles qui
seroient longitudinales, seroient susceptibles
de guérison. Je ne connois point d'observations qui puissent étayer cette dernière partie
du sentiment d'Hébenstreit.

Un instrument tranchant ou piquant, qui
pénétreroit entre les côtes gauches, pourroit
offenser la veine azygos. Cette veine, qui
continue quelquefois d'être aussi grosse à sa
dernière extrémité qu'à son insertion dans la
veine cave, semble destinée principalement à

(a) Epist., c. 3, l. 37.

recevoir

recevoir le sang des veines intercostales. Sa blessure occasionnant une très-forte hémorrhagie, je ne vois pas quelles ressources l'art peut employer pour empêcher cet accident d'être mortel.

Les artères intercostales naissent toutes de l'aorte, à l'exception de la première et de la seconde, qui sont fournies par les souclavières. Ces vaisseaux donnent lieu, par leur rupture, à une hémorrhagie très-considérable et susceptible aisément de devenir mortelle, soit parce que tout le sang qui circule dans nos vaisseaux peut s'échapper du corps par un seul de ces vaisseaux, quand même il ne seroit pas considérable, soit parce que le sang épanché dans la cavité de la poitrine, y produiroit, en s'altérant, un empyème auquel le blessé succomberoit tôt ou tard. Mais dans l'un et l'autre cas la blessure ne doit pas être déclarée mortelle de nécessité absolue; puisque dans le premier on peut, au moyen de la ligature, contenir l'hémorrhagie, et dans le second, en pratiquant la paracenthèse de la poitrine, évacuer le sang épanché dans sa cavité.

Lorsque par des coups, et autres mauvais traitemens du même genre, il est survenu une extravasion de sang dans le corps des muscles

intercostaux et autres muscles qui servent à
la respiration, de même que dans la plèvre ou
membrane qui revêt les côtes, que ce sang est
resté en stagnation, et que l'inflammation, la
gangréne, et enfin la mort ont eu lieu à la
suite de ces accidens, il est possible que cette
terminaison funeste soit due aussi en partie à
un traitement négligé ou mal entendu. Mais,
si les divers moyens de curation ont été employés inutilement, et que l'examen du cadavre fasse découvrir des échymoses profondes
avec des signes de gangrene dans les parties
offensées, et une effusion de sang entre les
muscles et la plèvre, on ne peut guères douter
que la mort ne soit l'effet de la lésion. Au reste,
ces sortes de lésions du thorax ne lui sont
point particulières, mais bien plutôt communes à toutes les autres parties du corps.

Les lésions propres et particulières de la
poitrine qui causent la mort de ceux qu'elles
affectent, sont celles qui mettent obstacle à
l'action du cœur et à celle des poumons.

Bohnius cite des auteurs qui assurent que
la mort n'a eu lieu que quelques jours après
des blessures faites au cœur. Ces observations
ne détruiroient point la doctrine de la mortalité absolue des blessures que le cœur reçoit.
Mais, il est bien difficile, d'ailleurs, d'y ajou-

ter foi. En effet, quand même une blessure ne pénétreroit pas jusques dans les cavités de cet organe, et qu'elle n'affecteroit que les plans extérieurs de sa substance, sans même inté-resser aucunement les poumons; quand même cette blessure seroit fort légère, et que les vaisseaux coronaires, restés intacts, ne per-mettroient à aucune portion du sang de s'ex-travaser et de s'épancher dans la cavité du péricarde, la moindre lésion du cœur excite des convulsions qui ne se terminent que par la mort, ainsi qu'on s'en est assuré par des expériences multipliées, faites sur un grand nombre d'animaux. L'auteur de la nature a voulu que le cœur fut le plus fort de tous les muscles de notre corps, parce qu'il lui a donné à remplir une fonction pénible, et qui, depuis le premier moment de l'existence jusqu'à ce-lui de la mort, doit s'exercer sans aucune in-terruption; il l'a muni en outre d'une quantité considérable de nerfs, ensorte que toutes ses fibres sont, pour ainsi dire, chargées et satu-rées d'un fluide vital qui se renouvelle perpé-tuellement. Aussi cet organe jouit-il de la sen-sibilité la plus exquise; il se convulse comme tous les organes qui sont plus particulièrement que les autres de nature nerveuse, et d'ailleurs on doit d'autant moins espérer la consolidation

G 2

de ses blessures, que le mouvement perpétuel de contraction et de dilatation, s'y oppo-
seroit. Au surplus, les parois du ventricule
gauche étant plus épaisses que celles du droit,
leur lésion a besoin d'être plus profonde pour
que la mort en soit une suite plus prompte.

Le cœur est renfermé dans un sac membraneux qui est une production du médiastin.
C'est le péricarde, qui adhère, par sa partie
supérieure, à la base du cœur et aux gros
vaisseaux qui en sortent, et par la partie inférieure au cercle tendineux du diaphragme.
Ce sac est mince : mais il est parsemé d'artères et de veines très-nombreuses, dont la
rupture occasionneroit une hémorrhagie considérable et mortelle, sur-tout si ce sont leurs
troncs, provenant des mammaires internes et
des phréniques, qui auroient éprouvé cette
lésion. Il reçoit aussi beaucoup de nerfs, et le
nerf phrénique ou diaphragmatique lui est
très-adhérent. Mais, en supposant même que
la seule substance du péricarde eut été percée,
si le blessé succomboit, on seroit autorisé à
croire que l'humeur contenue dans sa cavité
s'épanchant dans celle de la poitrine, le cœur
n'auroit pu continuer également son mouvement de contraction et de dilatation, d'où auroit résulté la perte de l'individu. A plus forte

raison déclareroit-on mortelles de nécessité les blessures du péricarde, si des vaisseaux avoient été coupés, et qu'une hémorrhagie considérable s'en fut ensuivie.

Les blessures de l'aorte, qui est comme le tronc de toutes les artères du corps humain, celles de la veine cave, soit ascendante et inférieure, soit descendante et supérieure, celles de l'oreillette droite du cœur, vers laquelle revient le sang de tout le corps, excepté celui qui circule dans le poumon, celles de l'oreillette gauche qui reçoit le sang du poumon par les veines pulmonaires, sont si évidemment mortelles de nécessité absolue, sur-tout lorsque les poumons eux-mêmes ont été lésés, que je crois inutile de m'appesantir plus long-tems sur cette proposition.

Tout le monde sait que lorsque l'action des poumons est interrompue, la mort ne tarde guères à s'ensuivre. Les lésions qui donnent lieu à cette interruption doivent donc être regardées comme mortelles par elles-mêmes. De même qu'il n'existe point de mouvement sans un moteur quelconque, de même la circulation des humeurs ne peut avoir lieu sans l'impulsion que les humeurs reçoivent par le moyen de l'air, qui, après le fluide nerveux dont les plexus cardiaques sont les canaux où

les conducteurs, en est un des principaux
agens. Lorsque la cavité du thorax se dilate
par l'action des muscles, l'air attiré comme
dans un soufflet que l'on soulève, se précipite
dans la trachée-artère comme un torrent aérien,
qui se subdivise ensuite pour pénétrer dans
les bronches et dans leurs rameaux jusques
dans leurs plus fines divisions : il se répand
alors dans les cellules pulmonaires, dont les
parois sont tapissées, en quelque sorte, par
les vaisseaux sanguins artériels et veineux. La
contexture des poumons étant lâche, souple
et dilatable, leur volume augmente à un tel
point qu'ils remplissent complètement toute la
cavité thorachique. Il semble que l'air con-
tienne un principe (1) nourricier de la vie,
que nous absorbons par le moyen d'une respiration facile et libre : et nous sentons nos forces s'accroître, lorsque cette partie subtile et
éthérée de l'air pénètre dans la masse du sang
en s'insinuant par les anastomoses des dernières divisions des bronches avec les dernières
ramifications des veines pulmonaires. Il semble encore qu'en exerçant une sorte de pres-

(1) D'après les expériences de nos chymistes,
l'air athmosphérique est décomposé dans nos poumons,
et c'est l'oxigène qui y est retenu pour être mêlé avec le
sang.

sion sur toutes les parties de la masse du sang
contenue dans les vaisseaux pulmonaires, elle
le mêle plus complètement et plus intimement
avec le nouveau chyle, qui arrive à chaque
instant, pour réparer les pertès que nous ne
cessons de faire par les lois même de l'économie animale.

Quoi qu'il en soit de ces divers usages pré-
sumés de la respiration, soit que tous aient
réellement lieu, soit que un ou plusieurs
seulement soient réels, il n'est pas moins
constant que l'inspiration de l'air est une condition sans laquelle la vie ne sauroit exister,
et que par une conséquence nécessaire elle
en est une des premières causes. Ainsi, plus
les fonctions des poumons sont nécessaires à
la vie, au point que, si elles ne se font pas,
celles du cœur cessent elles-mêmes bientôt,
moins nous pouvons douter de la mortalité
des différentes lésions par lesquelles, ou la
communication du sang avec l'air se trouve
interrompue, ou le thorax ne peut plus se dilater pour que ce fluide s'y précipite, où enfin
les poumons sont tellement altérés, qu'ils deviennent hors d'état de recevoir et l'air et le
sang; car, c'est à cette division que se rapportent toutes les lésions dont les poumons
sont susceptibles.

G 4

La communication de l'air avec les poumons
est interceptée lorsqu'il y a des obstacles dans
la bouche ou dans le col ; lorsque le thorax est
privé des forces ou puissances par le moyen
desquelles il se dilate ; lorsque les poumons
souffrent, dans leur substance, une altération
qui rompt la continuité de leurs vaisseaux,
soit sanguins, soit aériens, et, par une suite
nécessaire, celle du cours du sang ou de l'air.
Les lésions des poumons ont donc lieu de deux
manières ; ou sans effusion de sang, et telles
sont les suffocations ; ou avec effusion, et ce
sont toutes celles qui détruisent la continuité
et l'intégrité de leurs différentes parties, et
aussi des parties soit musculeuses, soit osseu-
ses qui forment le thorax.

L'air ne peut pénétrer dans les poumons,
lorsque, par des manœuvres quelconques, on
ferme les voies par lesquelles il doit nécessairement passer ; et c'est ce qu'on appelle
étouffer. Ces manœuvres peuvent être très-
variées ; mais il est facile de confondre leurs
effets avec ceux qui viennent de causes fort
naturelles, je veux dire de certaines maladies.
Telle est, par exemple, la suffocation hystérique dans laquelle, par la sympathie qui
existe entre la matrice, d'une part, et les nerfs
du poumon, la trachée-artère et le larynx, de
l'autre, une femme périt avec les mêmes si-

gnes ou symptômes que produiroit une suffocation factice et opérée par violence. De même,
lorsque des enfans meurent dans les convulsions à l'époque de la dentition, et sur-tout à
la sortie des dents incisives, leur visage se
gonfle, leur corps devient livide : et on a vu
quelquefois des nourrices soupçonnées, avec
d'autant plus de vraisemblance, de les avoir
étouffés pendant leur sommeil, que très-souvent on trouvoit de l'écume dans la bouche des
enfans; ce qui, comme on sait, est un des signes de la suffocation. Il est donc très-important de savoir discerner les signes caractéris-
tiques de la vraie suffocation, c'est-à-dire, de
celle qui est due à des manœuvres criminelles.

Ces signes, pris en général, et qui conviennent à toute espèce de strangulation ou étouf-
fement, sont de nulle valeur en *Médecine légale*, puisque plusieurs genres de mort naturelle laissent après eux les mêmes traces dans
le cadavre. Ceux qui meurent dans les convulsions ou dans une attaque d'apoplexie, ont,
en effet, comme ceux dont la mort seroit de
cause violente, les ventricules et les oreillettes
du cœur, ainsi que les grands vaisseaux, gorgés de sang, les veines du front et celles de la
pie-mère, très-apparentes par la même raison,
le visage très-rouge : ensorte qu'il n'est pas

toujours aisé de déterminer par quels signes
propres on reconnoîtra l'espèce de suffocation
qui fait la matière d'une décision médico-légale, et on la distinguera des autres espèces.
Pour éclaircir cette question, on doit donc
la restreindre à certains cas ou espèces particulières.

Les deux principales espèces de suffocation
ont lieu, l'une dans l'eau, et l'autre par étranglement.

Ceux que leur propre détermination, ou
un état d'ivresse, ou un accident a fait tomber
dans l'eau et qui y périssent sans avoir résisté
à leur sort, présentent les signes qui annoncent ce genre de mort, sans aucun de
ceux qui sont les effets d'un autre genre. Mais,
ceux qui y auront été précipités malgré toute
leur résistance auront sans doute fait tous
leurs efforts pour éviter de périr dans cet élément. Comment les distinguer les uns des
autres ? Bohnius regarde comme un signe
qu'un homme trouvé mort dans l'eau y a été
jeté vivant, s'il a le bout des doigts déchiré
et sanglant. En outre, quand un individu
lutte un certain tems contre un pareil genre
de mort, il est presqu'impossible qu'avant de
succomber il n'avale pas une quantité de liquide plus ou moins considérable. Si donc on

trouve dans l'estomac un liquide semblable à celui dans lequel on soupçonne que le sujet que l'on examine a perdu la vie, on doit regarder ce signe comme une preuve. Ayant ouvert, dit Hébenstreit, le cadavre d'un enfant nouveau né, que sa mère avoit jeté dans un vase à moitié plein de matières fécales et d'un liquide, je trouvai des signes qui prouvoient que cet enfant avoit vecu après sa sortie du ventre de sa mère, tels que le développement des poumons par l'air, et des échymoses en divers endroits, l'estomac rempli et distendu par un fluide ; et je m'assurai que ce liquide étoit semblable absolument à celui dans lequel on avoit fait périr l'enfant. Il est vraisemblable, cependant, que ceux qui meurent noyés, n'avalent pas de l'eau, lorsqu'ils sont tout de suite entraînés au fond de cette eau, comme dans un fleuve ou dans un lac qui a beaucoup de profondeur ; mais seulement ceux qui seront restés à la surface de l'eau et s'y seront débattus pendant un certain tems. Si un pareil signe n'est jamais à négliger, il ne faut donc pas non plus l'admettre sans distinction, comme s'il ne manquoit jamais. D'ailleurs, chez ceux qui meurent dans l'eau, le dernier tems ou mouvement de la respiration est l'inspiration.

Par conséquent, le diaphragme étant abaissé, repousse les intestins, et fait paroître le ventre plus gros : l'estomac se dégage aussi de dessous le globe gauche du foie. On pourra donc reconnoître qu'un individu a été jeté dans l'eau après sa mort, pour dérober la connoissance du genre de celle qu'il a endurée, si la poitrine est abaissée. Car il aura fini par une expiration, si l'abdomen n'est pas élevé et si les intestins sont dans la place qu'ils occupent après une mort ordinaire. On doit excepter de cette règle les cas où la putréfaction commenceroit à se manifester. Par les mêmes raisons, les poumons de ceux qui sont morts en inspirant seront plus développés et plus fournis d'air, que si la mort eut eu lieu immédiatement après la dernière expiration : et l'on distinguera encore par ce signe, si l'individu a été jeté à l'eau encore vivant et respirant, ou déjà mort.

Il y a des signes particuliers de l'espèce de suffocation par étranglement. C'est moins en effet le défaut d'air qui fait périr ceux qui meurent ainsi que la compression des vaisseaux sanguins, c'est-à-dire des artères carotides et des veines jugulaires, et l'interception de la circulation du sang, du cœur à la tête et de la tête au cœur. Si donc on a trouvé un

homme pendu par le moyen d'une corde, et
que l'on doute s'il a péri de cette manière ; et
si on ne l'a point attaché pour déguiser le
genre de sa mort : on reconnoîtra qu'il a été
étranglé vivant par les extravasations sanguines qui se trouveront au cou, aux endroits
où la corde a fait son impression. Car la peau
doit être contuse et brisée par la violence
qu'on aura employée ; et les muscles même,
ainsi que les cartilages de la trachée-artère
receleront des échymoses. Le visage sera
gonflé et livide, la langue et les lèvres noirâtres, les yeux hors de tête, la bouche plus
ou moins pleine d'écume, et cette écume
sera quelquefois sanguinolente, parce que le
sujet aura pu en mourant et en se débattant
se mordre la langue. Toutes les veines au-
dessus de la corde, tant celles de la face ainsi
que les internes qui rampent sur la pie-mère,
seront gorgées de sang ; effet de l'arrêt de ce
fluide qui ne pouvoit plus retourner au cœur.
On trouvera le thorax élevé, la langue pro-
minente, les omoplates avec l'humerus portés
en haut : ce sont les mouvemens qu'exécutent
les muscles qui s'attachent à la clavicule et à
l'omoplate dans tous les cas où l'inspiration
se fait difficilement, comme on l'observe, par
exemple, chez les asthmatiques. Les vais-

seaux sanguins du poumon sont plus gorgés :
et attendu que le sang ne trouve pas un passage libre par ce viscère, le ventricule droit
du cœur, d'où part l'artère pulmonaire, est
très-plein, tandis que le gauche est vuide, ou
plutôt moins fourni, d'autant plus que le dernier mouvement de cet organe musculaire est
celui de systole. Au reste, tous ces signes qui
sont pris de la plénitude des veines et du ventricule droit ou antérieur du cœur, de même
que l'érection de la verge et la sortie des matières fécales et de l'urine qui ont lieu, selon
quelques-uns, au moment de la mort chez ceux
qui sont étranglés, ne sont point des motifs
suffisans pour conclure absolument qu'il y a
eu étranglement, à moins qu'il n'y ait en même
tems au cou des signes de la violence exercée
sur l'individu que l'on examine. La raison en
est claire, c'est que ces signes s'observent tout
aussi souvent chez ceux qui périssent subitement au milieu des convulsions ou d'une attaque d'apoplexie. Jamais donc, pour résumer, les signes d'une mort violente ne sont
plus douteux que chez ceux que l'on soupçonne
avoir péri par suffocation. On est obligé, par
conséquent, de peser scrupuleusement toutes
les circonstances du lieu, du tems, etc., pour
en tirer la conclusion au moins probable qu'un

individu, sur le cou duquel on ne rencontre aucun indice de violence exercée, est cependant mort ayant été suffoqué ou étouffé de toute autre manière.

Un enfant aura été trouvé mort dans le lit de sa mère, placé entre ses cuisses, dans une situation renversée, la mère est suspectée d'infanticide. Cependant, n'est-il pas plus probable que son enfant a péri étouffé par un effet de sa négligence que par une manœuvre criminelle ? Si on trouve un homme mort dans un cellier où il y a du moût en fermentation, et que l'on ne trouve sur lui aucun indice de traitement violent, on doit croire qu'il a été suffoqué par le gaz qui s'exhale de la cuve. On aura fermé le passage à l'air par la bouche et par les narines, sans qu'il en reste de vestige : on aura exposé un enfant à la vapeur du souffre, qui, comme on sait, détruit la qualité respirable de l'air. Or, dans tous ces cas, y aura-t-il des signes certains qu'un délit a été commis, et de la manière dont il l'aura été ?

L'action des poumons cesse encore d'avoir lieu, lorsque le thorax éprouve une lésion quelconque qui l'empêche de se dilater. Car le thorax doit être considéré ici comme l'ensemble et la réunion des forces motrices qui,

appliquées aux poumons, opèrent leur expansion. En effet, quoique les poumons soient
isolés et indépendans l'un de l'autre, chacun
d'eux étant placé dans une enveloppe particulière, formée par le médiastin antérieur et
postérieur ; quoiqu'ils n'adhèrent à aucun
point de la plèvre ou du diaphragme , tenant
uniquement aux deux branches dans lesquelles se divise la trachée-artère, et auxquelles
ils sont comme suspendus (je ne parle ici
que de l'état de santé : cependant, le thorax,
formant une cavité vuide de l'air , les poumons touchent immédiatement à la plèvre ,
s'y appliquent même fortement, et suivent
les mouvemens de dilatation du thorax , dans
les mêmes proportions qu'il se dilate lui-même
dans les differens points de son étendue. Si
donc cette contiguité de la membrane qui revêt les poumons avec la plèvre cesse d'avoir
lieu par l'entrée de l'air dans la cavité du thorax , le mouvement des poumons se trouve
par cela même interrompu. Galien (a) avoit
observé ce phénomène : il avoit vu que l'air
ne pénétroit point dans le poumon du côté
blessé, tandis que l'autre continuoit encore
ses fonctions; et que si les deux côtés se trou-

_____

(a) *De usu partium*, L. 6, cap. 3.

voient

voient percés , l'animal mouroit , parce que
les deux poumons cessoient d'agir. Bohnius
regardoit en conséquence comme mortelles
les grandes blessures faites au thorax dans les
intervalles des côtes, lorsqu'elles avoient lieu
en même-tems à droite et à gauche : et cette
opinion semble confirmée par les expériences
de Vanswieten, qui croyoit, au reste, que cela
ne provenoit que de ce que l'ouverture de la
plaie étoit dans ces cas plus considérable que
celle de la glotte. Bohnius les jugeoit mortelles, quand même, ni les poumons, ni les vaisseaux, auroient été lésés. Il résulte, de ce
que nous venons de dire, qu'une blessure
qui pénètre entre les côtes, d'un côté seulement, n'est point dangereuse, et que quand
elle a été suivie de la mort, elle ne doit pas
pour cela être réputée mortelle par elle-même,
ou de sa nature. Ce qui occasionneroit la mort
seroit, par exemple, un épanchement de sang
qui dégénéreroit et produiroit une maladie de
consomption. C'est par cette raison qu'Hippocrate ne vouloit pas que l'on tînt fermées
ces sortes de blessures , afin de laisser toujours une issue à l'humeur épanchée (1). Le

_____

(1) Les modernes ont beaucoup perfectionné le traitement de ces maladies.

mouvement de la respiration qui continue d'a-
voir lieu par le poumon du côté non affecté,
suffit pour la conservation de la vie, qui, à la
vérité, devient languissante, parce qu'une
moindre quantité d'air s'applique alors au sang
pour lui faire éprouver les modifications nécessaires à l'activité de la vie. Si donc il s'est
formé un amas dans la cavité du thorax, ou un
empyeme, et qu'on n'ait pas employé les secours que l'art prescrit, la mort du blessé ne
sauroit être attribuée à l'accusé.

Les côtes sont des leviers destinés à mou-
voir le thorax, et mus eux-mêmes par les
puissances musculaires qui y ont leurs attaches. Elles ont, avec les corps des vertèbres,
une articulation mobile par ginglyme. L'autre
extrémité est cartilagineuse. Les vraies côtes
sont adhérentes au sternum, et elles l'élèvent
à l'aide de leurs muscles intercostaux ; et
lorsque, dans l'expiration, le thorax vient à
s'abaisser, elles s'abaissent par un autre mécanisme. Elles trouvent une sorte de point
d'appui dans les clavicules qui forment, par
une articulation que l'on nomme arthrodie,
l'union de l'angle supérieur de l'omoplate avec
la portion supérieure du sternum, et, dans les
cas de respiration difficile et laborieuse, elles
s'élèvent aussi par l'action de quelques mus-

cles auxquels elles fournissent des attaches. Mais les fausses côtes, (ainsi nommées parce qu'elles ne tiennent pas immédiatement au sternum) fournissant les points d'attache à la partie antérieure et supérieure du diaphragme, semblent destinées à faciliter, par l'action de leurs muscles, son abaissement, d'où résulte en partie le mécanisme par lequel s'opère l'inspiration, c'est-à-dire, un vuide dans la cavité du thorax. En effet, l'air entre dans les poumons comme dans un soufflet : ce n'est point une puissance qui le force à y entrer, c'est une *non-résistance* qui l'y attire. Lorsqu'il en sort, c'est spontanément, ou par l'effet d'une douce pression qu'exercent sur lui le sternum et les côtes. Les effets extraordinaires de l'expiration, tels que les cris, l'éternuement, le rire, le vomissement, les déjections, etc., sont aidés par l'action des muscles abdominaux. Mais il n'est pas moins certain que, quoiqu'en général un très-grand nombre de muscles, soit ceux propres au thorax, soit d'autres qui ont leurs attaches à d'autres parties du corps, contribuent à la respiration; le principal moteur du thorax est le diaphragme, dont la portion tendineuse est le centre de tout ce mouvement si essentiel à la conservation de la machine.

H 2

Plus l'action de ces divers instrumens, par lesquels s'opère la respiration, est nécessaire; moins il est facile de remédier aux lésions qu'ils éprouvent. Hippocrate avoit déjà dit que, quand il y avoit fracture des côtes, l'événement étoit fort incertain; et que, si plusieurs étoient brisées, leurs esquilles piquant et irritant continuellement la plèvre, à raison du mouvement non interrompu auquel toutes ces parties sont assujèties, comme d'ailleurs ces esquilles ne peuvent plus se rejoindre au corps de l'os et qu'il devient quelquefois impossible de les retirer, il en résultoit une inflammation incurable et mortelle. Quant aux fractures transversales qui ne sont point compliquées d'aspérités, si elles ne se consolident pas parfaitement, la nature du moins produit une espèce de cal mobile; ensorte que la fonction vitale de la respiration peut se continuer, quoiqu'avec beaucoup moins d'énergie, et pour un tems moins long : car, le plus ordinairement, le poumon contracte des adhérences avec les côtes qui ont été fracturées; et le sang épanché dans la cavité du thorax y occasionne un ulcère. La luxation et la désarticulation complète d'une côte et même de deux, quand même on ne pourroit pas rétablir les parties dans leur première position,

ne devient une cause de mort que lorsque les
organes contenus dans la cavité du thorax
sont eux-mêmes affectés gravement, ou bien
lorsque la moelle épinière a été lèsée. Les
blessures du diaphragme, à raison du grand
nombre de ses vaisseaux, soit artériels, soit
veineux, et de ses nerfs, à raison de la tension
continuelle qu'il éprouve, et de son mouvement perpétuel, sont toujours très-dangereu-
ses et presque toujours mortelles de nécessité
absolue. En effet, qu'une blessure portée entre les dernières côtes, pénètre jusqu'aux
poumons, en perçant la portion charnue ou
musculeuse de cette cloison, si elle n'est compliquée d'aucun accident, le blessé pourra en
relever, parce qu'il n'y a à craindre alors que
l'inflammation, contre laquelle on emploiera
des moyens très-souvent efficaces. Mais si
c'est la portion tendineuse qui se trouve affectée, et que ou l'œsophage, ou la veine cave,
ou l'aorte, ou les nerfs phréniques, ou enfin
des organes voisins se trouvent participer à la
lésion de la portion musculeuse, la mort a
toujours été la suite de pareilles blessures.
L'événement est le même si le coup a été porté
vers le scrobicule du cœur ou région épigastrique, quoiqu'aucun vaisseau sanguin n'ait été
ouvert, le blessé périt dans les convulsions,

H 5

Enfin, le poumon lui-même, que l'on peut considérer comme un double soufflet suspendu dans la cavité du thorax, qui se divise et se subdivise en une infinité d'autres qui vont toujours en décroissant, présente un grand nombre de vaisseaux, les uns destinés à la fonction que la nature lui a confiée, les autres à le nourrir lui-même. Les premiers sont la trachée-artère avec toutes ses branches, l'artère et la veine pulmonaires : nous pourrions y joindre le plexus nerveux, formé par le concours du grand intercostal et de la paire-vague. Les seconds sont l'artère et la veine bronchiques. Les blessures du poumon doivent donc être toujours dangereuses, mais non pas toujours mortelles, ainsi qu'une heureuse expérience l'a souvent prouvé. Cette différence provient de ce que, soit les vaisseaux sanguins, soit les nerfs, ne sont pas par-tout d'une égale grosseur : ensorte que certaines blessures n'ouvrant que de très-petits vaisseaux, l'hémorrhagie ne sera pas considérable, et le peu de sang épanché sera bientôt résorbé (1). Les blessures faites à la superficie des poumons se trouvent

---

(1) D'ailleurs la substance propre de l'organe pulmonaire n'est pas douée d'un grand degré de sensibilité : ce qui prévient l'inflammation.

principalement être dans ce cas. Lors donc qu'un homme a succombé après une telle blessure, et que l'on ne trouve point une grande quantité de sang épanché dans la cavité du thorax, mais qu'il est constant, ou qu'il a été affecté de la fièvre, ou qu'il s'est formé un empyème, comme ces accidens sont plus ou moins susceptibles de curation, on ne doit point regarder sa perte comme occasionnée nécessairement par cette blessure. Hippocrate a dit, dans une de ses Coaques : *Ceux-là meurent qui ont reçu dans la trachée-artère, et dans les poumons, une blessure si considérable, qu'il sort plus d'air par la plaie qu'il n'en entre par la bouche.* Ainsi on voit périr ceux chez lesquels l'air sort avec sifflement et accompagné d'une grande hémorrhagie, de même que ceux qui rendent par la bouche un sang écumeux et très-abondant. Quand le poumon est ulcéré ou squirrheux, ses blessures sont aussi mortelles. Enfin, l'échymose et un épanchement de sang dans les cellules propres du poumon, sont, selon l'observation d'Alberti, plus pernicieuses que les blessures mêmes de cet organe.

H 4

BLESSURES DU BAS-VENTRE.

Les blessures du bas-ventre sont celles qui se rencontrent le plus fréquemment dans l'exercice de la *Médecine légale*. Le grand nombre de viscères contenus dans cette cavité, l'importance de leurs fonctions, relativement à la conservation de la vie; la position de chacun d'eux, la mobilité de quelques-uns et la propriété qu'ils ont de recevoir et de contenir, dans certaines circonstances, des substances étrangères, pour les assimiler au corps de l'homme, ou du moins pour les disposer à cette assimilation; enfin, les manières plus variées dont ils peuvent être lésés, multiplient aussi infiniment les diverses considérations qui doivent servir de base aux décisions des experts.

Nous croyons donc nécessaire d'entrer ici dans quelques détails, qui feront connoître comment les meilleurs auteurs de *Médecine légale* ont envisagé les plaies des différens organes contenus dans l'abdomen. Nous commencerons par l'estomac.

Cet organe est certainement un de ceux dont les blessures présentent le plus de difficultés, lorsqu'il s'agit de porter un jugement solide et motivé sur leur nature mortelle ou non-mortelle. En effet, elles sont toutes extrêmement dangereuses. Pour être convaincu de la vérité de cette assertion, il suffit de considérer un moment le nombre de vaisseaux sanguins, et de nerfs dont la nature a muni cet organe, le principal de ceux qu'elle a consacrés à la fonction de la digestion, ainsi que le peu de facilité que sa position donne aux gens de l'art pour appliquer les secours que les différentes lésions, dont il est susceptible, rendent nécessaires. On ne doit donc pas être étonné de trouver plus de diversité, et même plus d'opposition manifeste dans les opinions des Auteurs de *Médecine légale* les plus estimables et les plus accrédités, sur la nature des plaies faites à l'estomac, que sur toute autre question relative à d'autres blessures. Les uns, tels que Bohnius et Teichmeyer, les rangent toutes indifféremment dans la classe des blessures dont la mortalité est absolue, et regardent celles qui n'ont pas été suivies de la mort comme autant de cas fortuits qui tiennent presque au miracle; d'autres, parmi lesquels on compte Alberti et Boerrhaave, ne déclarent mortelles *absolument* que celles qui affectent fortement le fonds et les deux orifices de ce sac membraneux; mais ils permettent d'espérer la guérison des blessures légères des mêmes régions de cet organe : quelques-uns, enfin, soutiennent que même des blessures considérables ne sont pas mortelles, lorsqu'elles ont lieu à sa partie latérale. Valentini et Van-Swieten sont du nombre de ces derniers; et, en effet, beaucoup de faits viennent à l'appui de leur sentiment. Cette opposition entre les opinions n'existe pas seulement parmi les gens de l'art pris séparément, mais même parmi les différens Colléges et Facultés de Médecine. On trouve dans Zittmann qu'une plaie de l'estomac fut jugée mortelle de sa nature par la Faculté de Léipsick, et non-mortelle par celles d'Helmstadt et de Wirtemberg. Valentini rapporte aussi qu'une autre blessure de la même partie fut déclarée *accidentellement* mortelle par la Faculté de Giessen, et mortelle *absolument* par le Collége des Médecins de Francfort.

Pour éclaircir complètement, autant qu'il dépend de nous, ce point important de Médecine légale, nous devons examiner, 1°. les différentes manières dont l'estomac peut être blessé; 2". les accidens qui surviennent le plus ordinairement à ces blessures, et leur œtiologie; 5°. le traitement qu'elles exigent; 4° enfin, leur terminaison,-selon la région du viscère qui a été affectée, la manière dont elle l'a été, et l'état de la plaie elle-même, ce qui nous conduira à assigner à chacune d'elles le degré de mortalité qui lui est propre, èn le déterminant d'après les principes fournis par le méca isme du corps humain et par l'expérience.

La figure de l'estomac, sa situation précise, soit absolue, soit relative aux autres viscères de l'abdomen, sa structure, ses fonctions sont si connues de tout le monde, et ont été décrites avec une telle exactitude par les premiers anatomistes de notre siècle, que nous croyons inutile de nous arrêter sur cet objet. Il résulte de ces travaux anatomiques, que cet organe est formé de membranes ou tuniques, douées d'une force tonique particulière; qu'il reçoit des nerfs et des vaisseaux considérables; que chacune de ses membranes est capable de mouvement et de sentiment; mais que la membrane musculeuse opère spécialement le mouvement appelé péristaltique, et l'expulsion de la substance alimentaire dans le duodenum, tandis que la membrane nerveuse est le siége principal de la sensibilité du viscère, et doit

attirer, à cet égard, notre plus grande attention dans le cas de blessures. Les nerfs de
l'estomac sont ceux de la huitième paire, qui
s'y distribuent en entier par des ramifications
innombrables, et principalement à l'orifice
gauche ou cardia, et à la partie supérieure du
sac entre les deux orifices. Les vaisseaux sanguins artériels viennent du tronc de la cœliaque, et les veineux vont se rendre à la veine
porte. Ces vaisseaux communiquent entre eux
par des anastomoses très-multipliées; ils se
distribuent sur-tout à l'une et à l'autre courbure, qui s'envoient réciproquement des rameaux le long des deux faces latérales antérieure et postérieure. Outre leur fonction ordinaire, les artères font pleuvoir dans la capacité du sac le suc gastrique, et les veines
repompent une partie du fluide subtil qui se
dégage des alimens, pour le porter au cœur
par une voie plus expéditive. Quand l'estomac
est plein, les plis de sa tunique veloutée disparoissent, sa substance semble devenir moins
épaisse, son fond se tourne vers la région antérieure épigastrique, et sa face latérale antérieure en avant et en haut, tandis que l'opposée regarde en arrière et en bas. Lorsqu'il est
vuide, au contraire, il occupe un moindre
espace; et ses parois étant comme froncées,

parce que leurs fibres sont moins tendues, elles paroissent avoir acquis un surcroît d'épaisseur.

Un corps étranger quelconque, porté avec violence vers la région de l'abdomen où est situé l'estomac, attaquera ce viscère le plus souvent par sa face antérieure : mais il peut aussi parvenir jusqu'à lui par d'autres endroits. Il faut, dans tous ces cas, qu'il perce les tégumens communs, les muscles du bas-ventre, le péritoine, et quelquefois certains organes qui avoisinent l'estomac, tels que l'épiploon, le foie, la rate, le diaphragme. Il entame alors la propre substance du sac membraneux, ou par une piqûre, ou par un déchirement plus ou moins considérable ; il s'arrête lorsqu'il est arrivé dans sa capacité, ou bien il la traverse pour entamer pareillement la paroi opposée. Il peut n'affecter seulement que quelques-unes des membranes de la manière que nous venons de le dire ; il peut aussi ne leur occasionner que des contusions. Enfin, il arrive quelquefois que, sans diviser ni écarter les parties sous lesquelles la nature a placé l'estomac, sans occasionner de blessure visible proprement dite, un instrument contondant affecte fortement l'estomac et même produise la rupture de ses parois. Fabricius cite le fait d'un homme qui fut foulé aux pieds si cruellement, que l'estomac s'étant rompu ainsi que le diaphragme, les substances alimentaires avoient passé dans la cavité du thorax ; et cependant, à l'exception de quelques élevures de l'épiderme, en forme de vessies, les tégumens et les muscles abdominaux ne paroissoient point avoir été affectés, *in tegumentis et abdominis musculis, si cuticulam hinc inde in vesicas elevatam excipias, illœsis.*

Il est facile maintenant de se faire une juste idée des effets de ces diverses lésions. Ils dérivent nécessairement de la structure et du mécanisme de la partie. Lorsque les fibres, les nerfs et les vaisseaux sanguins ont éprouvé seulement une forte contusion, ils perdent leurs ressorts, et retiennent le fluide qu'ils ont reçu, parce qu'ils ne peuvent plus le transmettre. Mais, si les fibres ont été coupées entièrement, les deux portions divisées s'éloignent l'une de l'autre, et, en se contractant, elles aggrandissent la blessure. Cependant, celles qui n'ont pas été entamées éprouvent une tension violente, qui va quelquefois jusqu'à les faire rompre aussi, et elles communiquent de proche en proche, aux parties voisines, cette disposition. De-là une irritation très-nuisible, et une cardialgie épouvantable,

qui trouble et même qui bouleverse totalement
le mouvement péristaltique de l'estomac et
des parties qui communiquent avec lui. Par
les communications de la huitième paire de
nerfs avec le cerveau et les autres paires, et
sur-tout avec le grand intercostal, tout le sys-
tême nerveux éprouve les plus grands tiraille-
mens. Les substances contenues dans l'estomac, et le sang des vaisseaux ouverts, se répandent dans la cavité abdominale, compri-
ment les parties voisines, et augmentent
l'irritation nerveuse, ainsi que l'afflux des humeurs vers l'organe blessé. Le chymus ne
passe donc plus en même quantité dans le
duodenum, ou même sa source tarit tout-à-fait.
La perte abondante du sang diminue considérablement la force du cœur et celle des autres
organes de la machine. Celui qui reste dans
les vaisseaux de l'estomac, ou parce qu'ils
ont été contus, ou parce que le spasme les
empêche de le verser, devient stagnant, et
produit une inflammation qui est bientôt suivie de la gangrène, si cette dernière terminaison n'est prévenue par une prompte résolution;
et même alors le blessé est toujours exposé
aux accidens graves et au péril imminent
qu'entraîne la fièvre aigue en pareilles circonstances.

Tous ces symptômes ont une marche d'autant plus rapide et plus redoutable, qu'un plus grand nombre de vaisseaux sanguins, de nerfs, et de faisceaux de fibres se trouve affecté ; que la lésion des viscères voisins est plus considérable ; que les forces du blessé sont moindres, la diathèse des humeurs moins propre à favoriser les efforts combinés de la nature et de l'art.

Les signes extérieurs qui peuvent nous faire connoître l'existence et la nature d'une blessure à l'estomac sont : 1°. la chûte des alimens dans la cavité abdominale, soit qu'ils n'aient encore éprouvé aucun changement, soit qu'ils soient déjà en partie convertis en chymus ; 2°. les lipothymies qui proviennent et de la douleur excessive, et de l'abondance de l'hémorrhagie ; 3°. la foiblesse et la fréquence des pulsations des artères, l'abattement subit et presque total des forces, la sueur froide, le froid des extrémités, tous accidens qui reconnoissent les mêmes causes ; 4°. le vomissement, qui est bilieux si la partie de l'estomac blessée avoisine le pylore, ou si le foie lui-même a été touché, et éprouve, ainsi que la vésicule du fiel, une contraction spasmodique ; mais, si des vaisseaux considérables ont été ouverts, le blessé vomit du sang, et il en

rend

rend également par les selles ; 5°. des mouvemens convulsifs de tout le corps, et des
vacillations dans les idées que l'on explique
principalement par la lésion partielle ou totale
des gros troncs nerveux de l'orifice gauche du
ventricule ; 6°. le hoquet, soit par la communication des nerfs de la huitième paire avec les
nerfs phréniques, soit parce que la membrane
externe de l'estomac et celle qui revêt la face
inférieure et concave du diaphragme sont, l'une
et l'autre, des prolongemens du péritoine.

Nous ne devons pas oublier, cependant,
qu'il y a des individus doués naturellement
d'une telle insensibilité d'estomac, que des
blessures à ce viscère leur occasionnent à
peine quelques douleurs : le traitement paroit
réussir, leur appétit augmente, lorsque tout-
à-coup ils succombent. Est-ce une sorte de
callosité naturelle qui produit un pareil engourdissement, ou bien le hasard n'a-t-il
dirigé l'instrument meurtrier que sur des endroits où la nature n'avoit placé qu'une très-
petite quantité de filets nerveux ?

Les phénomènes que présente l'ouverture
des cadavres de ceux qui périssent d'une blessure à l'estomac, soit que la mort ait eu lieu
promptement, soit qu'elle ait été retardée,
sont les suivans : 1°. si la plaie étoit considé-

rable, le sac est affaisé sur lui-même et vuide :
dans l'autre cas, on trouve dans la cavité du
sang ou du pus; 2°. si les gros vaisseaux ont
été coupés, non-seulement ils sont eux-mêmes
dépourvus de sang, mais encore les viscères
voisins, qui tirent la portion du même fluide
que la nature leur a destinée des mêmes troncs
artériels, tels que le foie et la rate; quelquefois tout le système vasculaire et le cœur lui-
même ont répandu le leur presqu'en totalité
par les anastomoses, 3°. tout ce sang est épanché dans la cavité abdominale, où il agit plus
ou moins au détriment des viscères qui y sont
contenus; 4°. dans les lésions d'estomac, par
contusion et sans ouverture du sac, les vaisseaux sanguins sont distendus et gorgés de
sang, et les viscères qui le touchent, tels que
le foie, la rate, le pancreas, l'épiploon et le
diaphragme, participent aux effets de l'instrument contondant, et présentent des signes
d'inflammation ou de gangrène, des taches livides, des échymoses, du sang dans un état
de putréfaction : quelquefois aussi l'estomac
blessé a été trouvé adhérent aux viscères voisins blessés comme lui, et il offre alors à l'observateur des singularités étonnantes.

Le traitement employé, par les gens de l'art
les plus recommandables, se divisent en deux

parties, en traitement interne et en traitement externe.

Le traitement interne consiste à faire observer au blessé le régime le plus exact, et à le préserver avec le plus grand soin de toute agitation du corps et de l'esprit. Il ne doit prendre qu'une nourriture légère et en très-petite quantité, des bouillons faits avec la chair de jeunes animaux, des gelées, des émulsions tempérantes où la substance nutritive soit peu abondante, des œufs molets, des jus de plantes apéritives et vulnéraires : il évitera tous les alimens plus solides de consistance, et les amples boissons, qui tiennent l'estomac développé et empêchent le rapprochement des bords de la plaie. Pour prévenir l'inflammation et détourner les humeurs qui se porteroient, à cause de l'irritation, vers l'organe affecté, principalement si le sujet est pléthorique, les saignées, les potions nitrées et tempérantes, les diaphorétiques légers et les doux astringens sont de précepte. On leur associe les balsamiques. On administre aussi fréquemment des lavemens adoucissans, toniques, et même nourrissans, dans la vue de diminuer les spasmes du canal intestinal, de porter des fomentations sur l'estomac à la faveur de la juxta-position de l'arc du colon, et de réparer le

I 2

manque du chyle qui , comme nous l'avons
dit , s'échappe quelquefois par l'ouverture de
la plaie.

Une partie essentielle du traitement externe
est d'évacuer , avec soin, tout ce qui peut se
répandre, par la plaie, dans la cavité de l'abdomen. Pour cet effet , on fait coucher fréquemment le malade sur la région du corps
par laquelle le coup a été porté , et même , en
cas de necessité, on aggrandit, par une incision, l'ouverture déjà faite. Si l'hémorrhagie
est assez forte pour occasionner des foiblesses
ou des anxiétés , on essaye de resserrer les
bouches des vaisseaux coupés, en y portant
ou de l'esprit de vin rectifié, ou toute autre
liqueur styptique. Cependant, on ne néglige
point l'usage des autres injections, détersives,
vulnéraires , employées chaudes à raison des
parties nerveuses auxquelles l'impression du
froid seroit très-préjudiciable, ainsi que de
celui des beaumes et des balsamiques spiritueux. Si la main trouve un accès assez facile
jusqu'à la plaie elle-même, on peut en rap-
procher les bords et les unir par une suture.

Quant à celle du bas-ventre, on la tient ouverte jusqu'à ce que l'on soit assuré que rien
ne passe plus de l'estomac dans la cavité abdominale, et jusqu'à la disparition de tout autre

symptôme inquiétant. Alors on laisse fermer
cette ouverture comme dans tout autre cas de
blessure au bas-ventre.

Une blessure, en général, ne devant être
déclarée mortelle, qu'autant que les efforts
réunis de la nature et de l'art ont été tentés
inutilement, nous pouvons maintenant déterminer le dégré de mortalité des différentes
lésions de l'estomac, puisque nous avons exposé comment la nature de chacune d'elles
la rend susceptible de profiter de ces efforts
combinés.

Pour remédier à une lésion qui provient d'un
instrument contondant, et qui consiste (au
moins le plus ordinairement) dans une contusion, soit que cette contusion n'ait attaqué
que la simple substance de l'estomac, soit
qu'elle ait offensé en outre les nerfs et les vaisseaux qui sont placés à ses deux orifices et à la
région intermédiaire, il est d'une nécessité
urgente de dissiper promptement la stase du
sang dans les vaisseaux froissés; ou, si on ne
peut y parvenir, d'amener, par les secours de
l'art, une supuration qui seule alors pourroit
prévenir la gangrène. Mais l'expérience nous
apprenant que ceux qui sont attaqués d'une
inflammation à l'estomac, par l'effet d'une
cause interne, y succombent le plus ordinai-

I 3

rement: il est aisé de juger combien l'art doit
être également insuffisant, lorsque la même
maladie doit son origine à une cause externe.
Si les tégumens de l'abdomen n'ont point été
ouverts par l'instrument meurtrier, les discus-
sifs parviennent bien difficilement jusqu'au
siège du mal, dont la nature ne peut guères
d'ailleurs être connue d'une manière certaine
et précise pendant la vie du blessé.

Tenter la voie de la suppuration et provo-
quer l'épanchement du pus et des autres matières dans la cavité abdominale, est une voie
bien plus dangereuse, et qui permet encore
moins d'espérer une heureuse issue. En effet,
comment parvenir, dans ce cas, à déterger la
plaie, à procurer la sortie de la matière purulente et autres matières, et, enfin, à former
une bonne cicatrice. Aussi les seuls remèdes
que l'on puisse employer, parmi tous ceux que
nous avons recommandés plus haut, consistent-
ils à faire assez à tems de fortes saignées, à
prescrire un régime sévère, une diète aqueuse,
tempérante, anti-spasmodique et résolutive,
et quelques topiques extérieurs d'après les
mêmes indications, quelque foible et incertain que puisse être leur effet.

Il suit, de tout ce que nous venons d'exposer, que l'on ne peut pas regarder comme

mortelles de légères lésions par contusions de
l'estomac, lorsqu'elles n'intéressent que sa
substance propre. Mais, d'après le raisonne-
ment et l'observation, il est impossible de ne
pas juger telles les contusions majeures, qui
sont suivies de la gangrène ou d'une suppuration, dont l'effet est de perforer le sac membraneux, qui alors laisse épancher le pus et
ce qu'il contient dans la cavité abdominale.
S'il est arrivé que ces matières se sont quelquefois procuré une issue, en corrodant les
muscles et les tégumens communs du bas-
ventre, et que le blessé ait ainsi survécu, en
gardant un ulcère fistuleux: ces cas, si rares,
ne sauroient faire loi pour les rapports de Médecine légale, et la corruption des viscères que
la mort suit nécessairement, doit faire déclarer ces blessures mortelles de nécessité absolue.

Lorsque les lésions ou blessures de l'estomac sont accompagnées de solution de continuité, il est aisé de voir qu'on n'en peut espérer la guérison complette, qu'autant que
les extrémités des fibres musculeuses, vas-
culeuses et nerveuses se rapprocheront, et que
le suc nourricier que séparent les artères
lymphatiques les réunira. Ici, les auteurs les
plus opposés au sentiment qui établit la cura-

bilité des plaies de l'estomac , entr'autres Bohnius , conviennent cependant que quel- quefois elles sont susceptibles d'être guéries incomplettement ou palliativement , soit que leurs bords s'agglutinent , pour ainsi dire , aux parties voisines , soit que ces mêmes bords s'attachent à ceux de la plaie de l'ab- domen , qui demeure fistuleuse, et calleuse , ou qu'y étant unis par une suture artificielle , une partie des alimens ou du chymus sorte par cette ouverture , tandis que l'autre va se rendre dans le duodenum par le pylore. Lors donc que l'on a à prononcer sur la mortalité de ces sortes de blessures , il me semble que si elles n'entâment qu'une des couches ou mem- branes du sac alimentaire , ou même si elles le percent tout-à-fait, pourvu que ce soit dans une région éloignée des deux orifices et dé- pourvue de gros vaisseaux et de troncs de nerfs principaux , et qu'il n'y ait aucune com- plication de contusion , rien ne sauroit em- pêcher de soutenir la possibilité de leur con- solidation. La force tonique des fibres de l'es- tomac , qui fait qu'elles s'écartent lorsqu'elles ont été coupées , le mouvement perpétuel de cet organe par l'action du diaphragme et des muscles du bas-ventre qui nécessite la sortie d'une partie des alimens , attendu qu'on n'en peut priver totalement le blessé, infirment, il est vrai, les espérances que l'on pourroit concevoir. Mais, comme nous ne parlons ici que des cas où très-peu de fibres ont été coupées, que l'on peut ne donner qu'une quantité très-bornée de nourriture, et que le sac, étant presque vuide, se contracte naturellement sur lui-même, ensorte que les bords de la plaie se rapprochent les uns des autres et se touchent, pourquoi la réunion de ces bords ne s'opéreroit-elle pas? D'ailleurs, ce qui tombe par une petite plaie dans la cavité de l'abdomen est très-peu considérable, et facile à évacuer soit par des injections, soit même par une bonne position du malade. Il n'y a aussi alors qu'une très-foible hémorrhagie, et le blessé n'éprouve point de convulsions, parce que les principaux troncs nerveux sont intacts.

Il n'est donc pas étonnant que presque tous les auteurs de Médecine légale, excepté Bohnius, aient pensé favorablement de ces sortes de blessures, quoique d'ailleurs ils s'accordent tous à dire que plusieurs petites plaies réunies, ou une lesion grave simultanée des parties voisines, sont très-capables de produire un cas de mortalité absolue.

Telles sont les notions que je crois pouvoir servir de règle aux experts, lorsqu'après l'exa-

men d'un cadavre, ils ont à décider si une blessure faite à l'estomac étoit mortelle de sa nature, ou si la mort n'est arrivée qu'accidentellement, par exemple, par un traitement
mal entendu.

Les sentimens des auteurs de Médecine légale ont principalement été partagés jusqu'ici
par rapport aux grandes blessures de l'estomac, qui cependant n'intéressent que sa
substance propre. Ces blessures ont lieu seulement aux régions latérales de cet organe,
l'antérieure et la postérieure. En effet, par-
tout ailleurs les nerfs et les vaisseaux sanguins seront toujours nécessairement offensés :
aussi n'y a-t-il aucun doute touchant la mortalité absolue de ces dernières. C'est la région
latérale antérieure qui, à raison de sa position,
est le plus fréquemment exposée à être blessée.
D'ailleurs celle qui lui est opposée, ou la
postérieure, ne peut guères l'être, sans que
d'autres parties de l'abdomen ne le soient en
même tems, et à un degré qui ne permette pas
de douter de la mortalité absolue, d'autant plus
que le lieu qu'occupe cette région rend tous
les efforts de l'art manifestement impuissans.

Nous exposerons d'abord les motifs qui ont
déterminé les médecins qui ne rangent pas ces
blessures dans la classe des blessures mortelles

absolument, mais qui croient qu'elles peuvent avoir aussi quelquefois une terminaison favorable ; ensuite nous examinerons à leur tour ceux de leurs adversaires.

Le premier argument des auteurs de Médecine légale qui inclinent pour l'opinion la plus douce, consiste à mettre en avant un assez grand nombre de faits incontestables de blessures majeures de l'estomac, dont les unes ont été guéries parfaitement, et les autres ont laissé, il est vrai, une ouverture dans la cavité abdominale, avec laquelle cependant les blessés ont vécu pendant plusieurs années. On ne peut donc pas, disent-ils, soutenir la mortalité absolue de ces grandes blessures, puisqu'il répugne aux règles de la saine logique de faire d'une proposition qui souffre tant d'exceptions, une proposition universelle.

Secondement, ces auteurs décrivent le traitement que l'on doit employer, si l'on veut réussir. Ils veulent que, lorsque la plaie des tégumens est suffisamment large, après avoir détergé complettement la cavité abdominale des substances que l'estomac y a laissées s'épancher, on réunisse, par une suture, les lèvres de la plaie, soit avec elle-même, soit avec celles de la plaie du bas-ventre. Selon eux, cette manœuvre ne sauroit être taxée de

témérité, puisque le succès l'a justifiée plusieurs fois. Si l'ouverture des tégumens est
trop étroite, ils l'aggrandissent en pratiquant
une incision.

Troisièmement , l'application des balsamiques externes , dont l'utilité est si reconnue
pour la consolidation des plaies , est praticable
dans les blessures de la région latérale de
l'estomac.

Quatrièmement , les blessures des gros intestins , et même quelquefois des intestins
grêles, ont été guéries, avec, ou sans le secours
de la suture , quoique l'accès en soit presque
également difficile aux manœuvres des gens
de l'art. Les parois de l'estomac étant naturellement plus épaisses, pour quelle raison leur
consolidation seroit-elle plus difficile que celle
de ces parties ?

Cinquièmement , d'autres organes membraneux se guérissent facilement, après de très-
larges blessures. Telle est la vessie , dont les
parois se réunissent parfaitement après l'opération de la taille, soit par l'appareil latéral, soit
par le haut appareil. Cependant elle a à vaincre
les mêmes obstacles, puisque les uretères cha-
rient continuellement l'urine dans sa cavité ,
et qu'elle est formée, comme l'estomac, de
couches membraneuses.

Sixièmement, on a droit de conclure en faveur de la non-mortalité des plaies de la région latérale antérieure de l'estomac, de ce que parmi le grand nombre de faits recueillis par les auteurs les plus recommandables de Médecine légale, tels que Amman, Zittman, Bohnius lui-même, Valentini, Alberti, Hoffman, Richter, etc., à peine s'en trouve-t-il un où on ne puisse attribuer la perte du blessé, soit à un abus quelconque des six choses dites non-naturelles, soit à des fautes dans le traitement ; tandis qu'au contraire, des faits multipliés attestent la possibilité de la guérison.

Le résultat de toutes ces raisons est que l'opinion la moins sévère doit toujours être préférée en Médecine légale, lorsqu'il y a du doute, et encore plus si des faits positifs, tels que ceux que nous avons indiqués, la favorisent d'une manière si marquée.

Mais les adversaires de ceux dont nous venons de présenter la cause, leur opposent à leur tour des argumens très-redoutables.

Ils soutiennent, 1°. que ces exemples qu'on allègue avec tant d'emphase doivent être considérés comme des espèces de prodiges ; et qu'on n'est pas plus autorisé à conclure de ces faits rares, à ce qui a lieu communément à l'égard du genre de blessures qui fait le sujet de la discussion, que s'il s'agissoit d'autres parties du corps, sur la mortalité desquelles on n'a jamais élevé le moindre doute.

2°. Que l'estomac, affecté d'une plaie pénétrante, s'affaisse sur lui-même et se cache si profondément dans la cavité abdominale, que quand même les tégumens communs, les muscles et le péritoine présenteroient une ouverture très-dilatée, ou que l'instrument la rendroit telle, il seroit presque inouï qu'on put faire parvenir jusqu'à lui des secours externes, ou l'attirer vers l'extérieur, comme on le pratique à l'égard des intestins.

3°. Qu'à la vérité dans les blessures de la paroi latérale antérieure, il n'y a pas de gros troncs de vaisseaux sanguins et de nerfs coupés ; mais que les vaisseaux qui le sont suffisent pour produire une hémorrhagie considérable, et que l'irritation qui naît de la lésion des petites branches nerveuses peut être tout aussi funeste dans ses conséquences que celles des rameaux les plus considérables.

4°. Que si une plaie de l'estomac est majeure, la pression alternative du diaphragme et des muscles abdominaux doit en séparer les lèvres l'une de l'autre à chaque moment, et conséquemment en empêcher la consolidation.

5°. Que la suture de la plaie est un moyen spécieux, mais d'une pratique très-dangereuse. Qu'en effet, la plaie de l'abdomen est rarement assez grande ou trop difficile à élargir, pour exécuter cette suture, qui, d'ailleurs, occasionneroit des tourmens affreux au blessé, irriteroit les nerfs de l'organe, et y attireroit ainsi une abondance d'humeurs, qui deviendroit la source d'accidens très-redoutables.

6°. Que tous les individus dont en rapporte la guérison étoient des hommes endurcis et bien constitués, du sort desquels on ne peut pas inférer avec certitude ce qui arriveroit à ceux d'un ordre différent.

7°. Que dans plusieurs de ces individus privilégiés, par exemple, dans celui qui avala un couteau, l'instrument de la blessure avoit été porté du dedans au-dehors, par l'action de la nature, action qui avoit été lentement successive ou graduée, et qui est bien différente dans ses effets de celle d'un instrument qui agit avec une violence prompte et rapide.

Nous ne pouvons dissimuler que les partisans de la mortalité absolue des blessures faites à la paroi antérieure de l'estomac, s'étayent de raisons moins fortes que celles de leurs adversaires, et sur-tout moins appuyées sur les faits; qu'ainsi, puisque des auteurs très-dignes

de foi en rapportent plusieurs qui prouvent ou
une guérison complète, ou au moins la conservation telle quelle des individus blessés, on
ne doit pas prononcer que ces plaies sont d'une
mortalité aussi généralement absolue que celles
du cœur, par exemple, ou celles des gros
troncs vasculaires de l'intérieur du corps. Cependant, comme les moindres blessures de
l'estomac présentent des difficultés très-grandes
dans leur traitement, ainsi que nous croyons
l'avoir démontré dans le cours de cette discussion, les blessures majeures, sur-tout s'il
y a déchirement, ou si les tégumens communs
n'ont pas été entamés (ce qui dénote la contusion) doivent être, en général, rangées dans
la classe de celles d'une mortalité absolue,
lorsqu'il n'existe aucune cause étrangère à la
maladie, ou cause accidentelle, comme des
fautes dans le traitement, des erreurs dans le
régime, etc., à laquelle cause on puisse attribuer la mort. J'ai dit, *en général* : en
effet, une lésion quelconque n'est mortelle, médico-légalement, que lorsque tous
les efforts réunis de la nature et de l'art ont
été employés vainement; et on ne doit porter
un jugement sur aucune, d'après les règles générales seules, mais aussi d'après les lumières
que fournissent l'ouverture du cadavre et l'examen

men individuel. Nous avons présenté le développement de cette vérité si précieuse en
Médecine légale, dans les articles précé-
dens.

Si, au contraire, une blessure de la partie
antérieure de l'estomac n'a été accompagnée
d'aucun symptôme dangereux, que la mort
ne l'ait suivie que très-tard, que le blessé ait
manqué de secours nécessaires, ou qu'il ait
suivi un régime pernicieux, pourquoi, embrassant dans un cas pareil le sentiment le
moins sévère, ne la déclareroit-on pas accidentellement mortelle, puisqu'il ne se sera
manifesté aucune cause de mort absolue et
nécessaire ?

Tout ce que nous avons dit jusqu'ici sur les
blessures faites à l'estomac, prouve avec quelle
circonspection les médecins interrogés par les
ministres des lois doivent porter leur décision,
et de quelle nécessité il est, dans ces sortes
de cas principalement, de déterminer avec la
plus scrupuleuse exactitude, la grandeur et la
forme de la blessure, la région de l'estomac
qui a été offensée, le nombre et la grosseur
des vaisseaux et des nerfs majeurs qui ont été
affectés, le sang contenu encore dans les vaisseaux, la quantité de celui qui s'est épanché
dans la cavité abdominale, les autres substan-

TOME II. K

ces qui y sont également tombées par la plaie;
l'état des tégumens communs, des muscles du
bas-ventre et du péritoine, ainsi que des viscères qui avoisinent le sac membraneux. Les
médecins ne sauroient trop se souvenir que
peu de questions de Médecine légale peuvent
donner lieu à autant de subterfuges de la part
de l'accusé et de ses défenseurs.

BLESSURES DES INTESTINS.

Les intestins sont, en quelque sorte, une continuation de l'estomac : ils ont, à-peu-près, la même structure et les mêmes usages. Aussi les blessures dont ils sont susceptibles exigent-ils les mêmes considérations. Les médecins de l'antiquité les divisoient, relativement à leur mortalité, en superficielles et en péné-trantes, en petites et en grandes, en longitu-dinales et en transversales, enfin, en blessures des intestins grêles et blessures des gros in-testins. Celles qui n'étoient que superficielles, ou petites, ou longitudinales, ou qui avoient leur siège aux gros intestins, n'étoient, selon eux, que dangereuses : mais les autres, c'est-à-dire celles qui étoient ou pénétrantes, ou considérables, ou transversales, ou attaquant les intestins grêles, ils les déclaroient mor-telles par elles-mêmes. J'ai déjà fait voir com-bien, en général, toutes ces divisions sont peu solides et d'ailleurs contradictoires dans la Médecine légale. Hippocrate lui-même semble avoir renversé la distinction établie, je ne sais

K 2

comment, comme une règle fondamentale
entre les blessures des intestins grêles et celles
des gros intestins, lorsqu'il dit, dans ses pré-
dictions, que les blessures des intestins en général ne se guérissent point, et dans ses Coaques, que celles des gros intestins et des intestins grêles, sont également mortelles. Celse,
après avoir de même assuré que les blessures
des intestins grêles sont incurables, dit peu
après que la cure des blessures des intestins,
en général, est difficile. *Si tenuius intestinum
perforatum est, nihil profici posse jam re-
tuli.* Et ensuite : *Latius intestinum sui potest, non quòd certa fiducia sit, sed quòd
dubia spes certâ desperatione sit potior ; interdum enim glutinatum.* Des faits constans,
dans lesquels la chirurgie moderne a vu cou-
ronner ses efforts par les succès les plus éclatans, ont prouvé évidemment que les divisions
de blessures des intestins, établies par quelques Auteurs de Médecine légale, d'après
l'autorité, et en quelque sorte sur la parole
des anciens, étoient absolument défectueuses,
et ne pouvoient servir qu'à déterminer le danger de ces mêmes blessures, mais nullement
la mortalité absolue de quelques-unes d'entre
elles. Aussi Bohnius, auquel plusieurs de ces
faits n'étoient pas inconnus, est-il forcé de

convenir que les plaies des intestins ne sont
pas mortelles nécessairement de leur nature,
mais qu'elles le deviennent seulement le plus
ordinairement : *Concludere nobis convenit*
vulnera intestinorum naturâ suâ et in se non
necessariò , seu semper, sed ut plurimùm
tantùm existere lethalia ; ce qu'il n'est pas
aisé de concilier avec ce qu'il avoit dit plus
haut : *Concludo ergò cum Hippocrate ictus,*
intestina quæcumque penetrantes , imprimis
majores , et graviora symptomata habentes ,
per se mortales existere , etc.

On voit évidemment pour quelle raison les
blessures superficielles des intestins sont moins
dangereuses que les pénétrantes, pour quelle
raison les grandes le sont plus que les petites.
Les blessures transversales présentant plus
d'ouverture que les longitudinales , cette circonstance doit augmenter la difficulté de la
guérison. Enfin , les plaies des intestins grêles
sont plus à redouter que celles des gros intestins , parce que la perfection et la distribution
du chyle se font plus dans les premiers que
dans les seconds , qui sont moins pourvus aussi
de vaisseaux sanguins et de veines lactées, et
par leur situation plus extérieure (ce qui doit
s'entendre de la majeure partie du colon seulement), plus à portée de recevoir l'effet des

K 5

remèdes externes, ou de se souder, soit par le bénéfice de la nature, soit par le secours de l'art, avec les tégumens communs. Il en résulte alors un anus artificiel; et moins il est éloigné de l'anus naturel, plus la portion supérieure du tube intestinal peut fournir au corps la substance alimentaire qui est pompée par les vaisseaux lactés. On trouve dans les commentaires de Van-Swieten, sur Boerrhaave, des exemples nombreux de blessures d'intestins, et de leur guérison, qui prouvent qu'en Médecine légale, pour bien juger de la mortalité d'un fait de ce genre, il faut le considérer en lui-même et individuellement, et ne point se décider d'après la classe dans laquelle il aura été placé par les faiseurs de divisions.

BLESSURES DU MÉSENTÈRE.

Les blessures du mésentère ne sont guères mortelles, à moins qu'elles n'intéressent grièvement des vaisseaux considérables de cet organe, ou ses glandes principales. Les vaisseaux du mésentère sont ou sanguins, ou lactés. L'hémorrhagie, causée par la lésion des premiers, devient une cause de mort nécessaire, si les secours de l'art ne la peuvent réprimer. La perte du chyle, par la rupture de

plusieurs vaisseaux lactés , n'est pas mortelle
par elle-même , puisque les autres vaisseaux
peuvent continuer de fournir une suffisante
quantité de substance réparatrice. Mais, si
cette portion de chyle s'épanche continuellement dans la cavité abdominale, et que l'ouverture ne puisse se resserrer, je ne vois pas
de quelle utilité, sinon provisoire ou momen-
tanée, seroit la paracenthèse répétée : il en est
de l'ascite laiteuse ou chyleuse, comme de
toutes les autres espèces dans lesquelles l'épanchement est incoercible.

BLESSURES DU PANCRÉAS.

Il est bien rare que le pancréas soit blessé,
sans que d'autres viscères du bas-ventre ne le
soient en même tems. Il ne peut l'être seul
que par un instrument qui entreroit par le
dos, car l'estomac le recouvre en entier par-
devant. Au reste, il n'y auroit que la rupture
de ses grands vaisseaux artériels ou veineux
qui pût rendre ses blessures mortelles , puisque ses fonctions ne sont pas d'une nécessité
indispensable pour le maintien de l'économie
animale, comme plusieurs expériences très-
positives l'ont démontré.

K 4

BLESSURES DE L'ÉPIPLOON.

On doit porter le même jugement des blessures de l'épiploon que de celles du pancréas. Si les vaisseaux qui vont au foie et à la rate, ou ceux qu'il reçoit, ne sont point lésés, elles ne seront point mortelles. Il y a cependant une remarque très-intéressante à faire. Si cet organe a reçu une contusion, ses vaisseaux froissés s'enflamment, et à l'inflammation succède la suppuration et la gangrène, qui peuvent se communiquer aux autres viscères du bas-ventre. Il est certain aussi que l'épiploon ne sauroit être long-tems exposé au contact de l'air, sans que la circulation qui se fait dans ses vaisseaux ne soit singulièrement lésée, et souvent même entièrement anéantie : d'où résultent les mêmes accidens que de la contusion. Il faut donc, dans les rapports de Médecine légale, faire la plus grande attention à ces circonstances, puisqu'elles sont de nature à changer complètement celles de la blessure ; et que même une blessure simple des tégumens communs pourroit devenir mortelle, c'est-à-dire, paroître telle, par la négligence de l'artiste ; ou par la manœuvre indiscrète que l'on emploieroit à l'égard de l'épiploon.

Blessures du foie.

Hippocrate et Galien regardoient comme
mortelles les blessures du foie. En effet, il
n'est peut-être pas un point dans la substance
de cet organe où l'on ne rencontre, sinon des
artères, au moins des veines d'un volume considérable, d'où résulte toujours une forte hémorrhagie; de plus, l'application des remèdes
externes, l'évacuation du pus et de la sanie
que produit la blessure, deviennent très-diffi-
ciles à raison de la position du viscère sous les
côtes. Aussi les anxiétés précordiales, les lipothymies, les douleurs lancinantes qui s'é-
tendent jusqu'à l'omoplate et le col, les vomissemens de bile ou de sang, les déjections
sanguinolentes, une chaleur et une soif inten-
ses, sont-elles des symptômes presqu'insépa-
rables de ces blessures, et qui ne tardent
guères à faire périr les malades. Hippocrate
cite, dans ses Epidémies, un fait qui prouve
cette fâcheuse vérité; et on en trouve deux
autres pareils dans Bohnius.

Il est aisé d'expliquer par quelles raisons
certaines blessures du foie, dont parlent des
auteurs très-dignes de foi, n'ont pas été suivies
de la mort. Il paroît qu'elles n'intéressoient

que la superficie de ce viscère, qui se sera ensuite agglutiné aux tégumens externes par
cette partie entamée et sanglante ; et que,
d'ailleurs, le lieu et la forme de ces plaies auront permis d'y appliquer les médicamens externes, comme on le pratique à l'égard de
celles qui sont purement extérieures. Tels sont
les deux faits cités par Bohnius, l'un d'après
l'observation 53e. de Glandorp; l'autre d'après
Forestus.

Les blessures qui ont leur siége dans tout
autre endroit du foie qu'à sa superficie, sont
donc mortelles de leur nature, soit parce
qu'elles ont causé la rupture de quelque gros
vaisseau, soit par les symptômes graves et délétères qu'elles occasionnent. Leur terminaison est la même, lorsqu'un des gros vaisseaux
qui se rendent au foie, ou de ceux qui en sortent, a été ouvert ; tels sont l'artère hépatique,
l'artère cystique, la veine splénique, la veine
mésentérique, la veine porte, etc.

BLESSURES DE LA VÉSICULE DU FIEL.

On peut rapporter aux blessures du foie
celles de la vésicule du fiel. L'épanchement
dans le bas-ventre, de la bile qui y est contenue, occasionne des tourmens atroces et la

corruption des viscères, qui ne tarde guères à
être suivie de la perte des blessés. Lorsque la
vésicule du fiel est blessée conjointement avec
d'autres viscères (et c'est le cas le plus ordinaire), il est alors incertain si la mort du sujet doit être attribuée à la rupture de la vésicule ou à la réunion de toutes les autres lésions. Mais cela est de peu d'importance en
Médecine légale, puisqu'il demeure toujours
constant que la blessure totale étoit mortelle
de nécessité.

L'ouverture du canal hépatique, celle du
canal cystique, et enfin celle du canal cholédoque, produisent les mêmes accidens que
celle de la vésicule. Ainsi on doit les soumettre aux mêmes règles dans les rapports en
justice.

BLESSURES DU CORDON OMBILICAL.

On croit communément, dit Bohnius, que
la rupture ou la coupure du cordon ombilical,
chez les adultes, produit seule et sans être
accompagnée d'aucune lésion, une suffocation
subite; par la raison que ce ligament sert,
conjointement avec les autres, à maintenir le
foie dans une sorte d'équilibre, de manière
que celui-ci ne puisse troubler le mouvement

du diaphragme, en se rejetant trop vers la région supérieure et postérieure de la cavité abdominale dans laquelle il est situé. Si ce dérà gement avoit lieu par la rupture du cordon, le diaphragme se trouveroit comprimé, ce qui rendroit la respiration impossible. Les défenseurs de cette opinion citent en sa faveur l'observation d'Hildanus, dans laquelle il est dit qu'un jeune homme blessé légèrement entre le nombril et les fausses côtes, tomba et expira aussi-tôt : on trouva toutes les parties intactes, à l'exception du cordon ombilical. Mais ne peut-on pas leur répondre, par le fait que rapporte Riolan, dans son Anthropologie. Cet anatomiste ouvrit le corps d'une danseuse africaine très-renommée, et trouva que le cordon étoit rompu et comme retiré dans le sillon horisontal du foie. Cette femme n'avoit jamais eu la respiration gênée, ni aucune autre fonction non plus. Il avoit eu occasion, à ce qu'il ajoute, de remarquer cette singularité dans les cadavres de quelques femmes qui avoient eu beaucoup d'enfans. Comment peut-on concevoir l'idée d'une pareille fonction du cordon ombilical, je veux dire de retenir le foie en situation, lorsqu'on le trouve à peine tendu dans les cadavres posés transversalement, et qu'ainsi dans les individus vivans, qui ont le

corps dans une situation verticale, il doit être
encore plus relâché, et conséquemment n'être
d'aucun usage pour attirer le foie du côté de
l'ombilic ? Glisson pensoit que la rupture du
cordon étoit mortelle, parce qu'elle donnoit
lieu, selon lui, à de violentes convulsions ;
mais ce cordon n'est ni tendineux, ni nerveux.
D'ailleurs Hildanus parle d'une mort subite, et
nullement de convulsions ; et, comme on manque
d'autres observations de ce genre, nous
pensons avec Bohnius qu'on doit au moins
rester en suspens, et laisser en litige la question sur la nature des blessures de cette partie.

BLESSURES DE LA RATE.

Quoique les viscères du bas-ventre ne remplissent aucune de ces fonctions que l'on a
appelées vitales, cependant ils sont nécessaires
à la continuation de la vie. Aussi leurs lésions
sont-elles de nécessité absolue, soit à cause de
l'énorme hémorrhagie qu'elles occasionnent,
soit parce qu'il en résulte des vices essentiels
dans l'élaboration de la matière nourricière,
et l'épanchement dans la cavité abdominale,
des sucs que ces viscères préparent. Les blessures de la rate, organe dont on connoît si
peu les fonctions, sont dans ce cas, et même,
selon la remarque de plusieurs auteurs, elles

sont plus souvent et plus promptement pernicieuses que celles du foie. On doit donc être
surpris que, dans quelques occasions, elles
n'aient été déclarées mortelles qu'accidentellement. Tel est le cas recueilli par Alberti,
dans le premier volume de sa Jurisprudence
médico-legale, où une Faculté de Médecine
craignit de décider si la lésion de la rate que
l'on trouva rompue avoit été la cause de la
perte du blessé. On lit aussi dans les Ephémé-
rides des Curieux de la nature, qu'un certain
Hannœus assure avoir observé qu'un paysan
ayant été blessé par un autre, la rate avoit été
rompue, et une portion de cet organe pendoit
par la plaie; quoique cette portion fut de la
grandeur de la paume de la main, le chirurgien l'amputa, et le malade guérit. Si l'on ne
pouvoit douter de ce fait, il seroit à coup sûr
d'un grand poids en faveur de ceux qui sou-
tiendroient que les blessures de la rate ne sont
pas d'une mortalité absolue, même lorsqu'elles
sont énormes. Mais ne seroit-on pas en droit
de penser que l'on a pris ici pour une portion
de la rate une portion de l'épiploon, et que
l'on a donné au public médical l'histoire d'une
blessure et l'observation d'un fait absolument
contradictoires avec la nature des choses, et
auxquelles jamais les anatomistes instruits ne
pourront ajouter foi. Il étoit impossible, de

toutes manières, dans le cas supposé, que la
guérison s'opérât, parce que les vaisseaux et
les cellules qui composent la rate se trouvant
rompues, le sang devoit nécessairement se
répandre dans la cavité abdominale, corrom-
pre les visceres qui y sont contenus, et sur-
tout nuire au foie et à l'estomac, qui tirent, ainsi
que la rate, leur sang du tronc de la cœliaque;
S'il y a des exemples de plaies à la rate guéries, on peut dire qu'elles sont en petit nombre, et même que rien n'a pu constater qu'elles
fussent considérables : au lieu que le nombre
bre de celles qui ont eu une issue funeste est
très-grand. Tulpius, Fontanus, Bohnius, Va-
lerus, en rapportent chacun plusieurs : et il
est certain que l'opinion de ces auteurs est
appuyée sur tous les principes de la physique
animale. En effet, si l'on considère la substance
de la rate, qui est toute entière composée de
vaisseaux et de cellules, la branche de l'artère
cœliaque qui va s'y distribuer, ses connexions
avec le foie, le ventricule et l'épiploon, on ne
sauroit disconvenir que, quoique la rate ne
constitue pas, à proprement parler, un organe
vital, cependant elle a beaucoup de rapports
avec la conservation de la vie, puisque la nature n'a point formé, sans doute, un viscère
aussi considérable sans lui donner à remplir

une fonction importante ; que le déchirement
de sa substance, à raison du nombre et du volume de ses vaisseaux, est incurable : qu'ainsi
ses blessures sont mortelles de nécessité absolue.

Voici une observation qui servira à confir-
mer cette assertion. Un homme âgé de trente-
neuf ans, ayant pris querelle avec un autre,
en fut si maltraité à coups de pieds et de bâton,
qu'il expira cinq heures après. Le bas-ventre
étant très - gros, sur-tout vers l'hypocondre
gauche, on dirigea d'abord ses recherches de
ce côté-là. Les tégumens communs étant ouverts, les intestins se présentèrent remplis de
vents ; mais l'estomac étoit plein d'alimens solides et liquides. Il y avoit dans les interstices
du canal intestinal, et sous l'épiploon, une
grande quantité de sang, partie en grumeaux
et partie fluide ; les vaisseaux principaux, le
tronc de l'aorte, et celui de la veine-cave,
étoient vuides. Cependant on n'appercevoit
point ce qui avoit pu occasionner une mort
aussi prompte. Mais, après avoir déplacé avec
précaution l'estomac et les intestins, on vit
clairement que la rate avoit été brisée dans sa
partie convexe et concave ; elle l'étoit transversalement à la partie convexe, dans la longueur de trois pouces, et à la partie concave

de

de trois pouces seulement. Dans son intérieur, les bords de la déchirure ne se correspondoient point, quoique cette déchirure fut très profonde; la quantité de sang que les vaisseaux rompus avoient laissée s'épancher étoit énorme. Il y avoit au bord intérieur du viscère une autre déchirure, longue de trois travers de doigt, et qui pénétroit très-avant dans sa substance.

On procéda ensuite à l'examen des autres viscères, et on ne trouva aucune lésion au foie; seulement la veine-porte étoit vuide, et la vésicule du fiel contenoit très-peu de bile. Il y avoit beaucoup de sang extravasé et en grumeaux dans la cavité du bassin. L'oreillette droite et le ventricule droit du cœur étoient pleins de sang; mais l'oreillette et le ventricule gauche en contenoient à peine une cuillerée. Les poumons, le péricarde, la plèvre et la cavité entière du thorax étoient parfaitement sains.

Quant aux lésions extérieures, on remarquoit, au-dessus de la paupière supérieure droite, jusqu'à l'os temporal du même côté, plusieurs contusions qui avoient un pouce et demi en longueur et en largeur. A la région temporale gauche, il y avoit une plaie grande d'un pouce, et la peau étoit fendue de la lon-

gueur de trois pouces et demi, vers la mâchoire inférieure. L'épiderme des doigts de la
main droite étoit enlevé, et vers l'articulation de l'avant-bras avec le bras gauche, se
trouvoit une contusion longue de deux pouces
et large de trois. La partie inférieure du scrotum, qui étoit enflammée et échymosée, présentoit en trois endroits différens des contusions,
chacune d'un travers de doigt en tout sens.
Les testicules, qui avoient été foulés par les
pieds du meurtrier, étoient enflammés, et le
droit sur-tout étoit entièrement applati. Le
dos, depuis les omoplates jusqu'aux cuisses et
même aux jambes, étoit marqué de meurtrissures.

Ayant examiné la tête, on ne trouva point
sous les tégumens communs de sang extravasé;
mais sous les os et à la base du crâne, il y avoit
une certaine quantité de sérosité sanguinolente; savoir, la valeur de deux cuillerées dans
les ventricules antérieures, et très-peu dans le
troisième. Le plexus choroïde droit offroit plusieurs hydatides de la grosseur d'un petit
pois, et la glande pinéale étoit gorgée de sérosités.

On voit, par le détail de cette ouverture de
cadavre, que le blessé avoit reçu plusieurs
blessures, dont quelques-unes pouvoient être

des causes de mort suffisantes, telles que celles
de la tête et des parties génitales. Cependant
il n'est personne qui ne convienne que la lésion de la rate a dû être regardée, avec raison,
comme la véritable cause de la perte du blessé.
Ses effets, qui dérivent de la structure et des
fonctions de ce viscère, rendent cette assertion
de la dernière évidence.

BLESSURES DES REINS.

Celse regardoit les blessures des reins comme incurables. En effet, si on considère la
grosseur des artères émulgentes, on verra que
l'hémorrhagie, que leur rupture doit occasionner sera telle, qu'aucun secours de l'art ne
pourra l'arrêter, soit que ces troncs soient
coupés à leur entrée dans le rein, soit que ce
ne soit que des rameaux principaux de ces
troncs qui le soient lorsqu'ils auront déjà pénétré la substance du rein. Si le péritoine a
aussi été blessé, le sang s'épanchera dans la
cavité abdominale. Si le coup a été porté par
derrière, sans entamer cette espèce de sac, le
sang se répandra dans la tunique graisseuse,
qui est interposée entre les muscles voisins,
et alors l'hémorrhagie sera moins forte que
dans le cas précédent. Un autre symptôme

L 2

également grave des blessures des reins est
l'épanchement de l'urine , épanchement qui a
lieu par la lésion des canaux qui semblent
descendre de la substance corticale, pour former la substance tubuleuse et la mamelonnée,
qui ne sont au fond qu'une seule et même
substance , ainsi que par celle des papilles,
des entonnoirs, et enfin du bassinet. L'inflammation, suite nécessaire des blessures, est
un grand obstacle à une bonne terminaison,
d'autant plus qu'elle donne naissance à l'ischurie même complète, quoiqu'il n'y ait qu'un
seul rein d'affecté, parce que l'autre s'affecte
par sympathie, comme on le voit arriver également par l'effet du calcul.

Voici un fait cité par Bohnius, et qui, prouvant que les blessures des reins ne sont pas
toujours mortelles, prouve en même tems
combien les règles générales établies par certains auteurs, et par Bohnius lui-même, sont
inexactes et sujettes à égarer dans leur application à la Médecine légale ; combien on doit
s'attacher à considérer chaque fait individuellement, à examiner avec la plus scrupuleuse
attention si la blessure étoit mortelle, non-
obstant les efforts de la nature et ceux de l'art,
et non pas la déclarer telle uniquement parce
qu'elle affectoit tel organe, ou parce qu'elle a

été faite avec un instrument de telle forme, etc. Nous nous ferons toujours une loi de profiter des occasions favorables de rappeler les principes que nous croyons propres à diriger dans les rapports sur les blessures qui ont été suivies de la mort.

Il y a environ quarante ans, dit Bohnius, qu'un garçon baigneur fut blessé très-profondément d'un coup d'épée à la région lombaire du côté gauche. Une hémorrhagie considérable, des défaillances, des nausées, des vomissemens, au bout de quelques jours l'inflammation des reins, quelquefois un pissement de sang avec ischurie, laquelle ne cessoit que lorsque le malade rejetoit un sang grumelé par la voie des urines, une fièvre très-aigue et une tension douloureuse de tout le bas-ventre; tous ces symptômes annonçoient que le rein gauche avoit été percé très-avant dans sa substance. Le blessé fut en danger pendant plus de trois mois; mais enfin les accidens se calmèrent par degrés, il se rétablit et vécut encore trois ans, sujet, il est vrai, à de violens accès de néphrétique.

Si l'on rencontre d'autres faits de guérisons de blessures aux reins dans plusieurs auteurs, tels que Fallope, Forestus, etc., il y a toute apparence que ces blessures n'étoient que superficielles, et qu'ainsi, ni les gros vaisseaux, ni les principaux canaux urinaires, n'avoient été offensés.

Je ne vois pas comment l'art pourroit amener à guérison des blessures des uretères, ni comment la nature pourroit parvenir non-seulement à les cicatriser, mais encore à se délivrer de l'énorme quantité de fluide excrémentitiel qui se répandroit, par l'ouverture de la plaie, dans la cavité abdominale. On ne trouve dans les recueils d'observations aucun fait qui annonce la possibilité d'un tel prodige. Je crois donc, jusqu'à présent, ces blessures mortelles de nécessité absolue.

BLESSURES DE LA VESSIE.

Les anciens, dont la chirurgie étoit bien moins avancée que la nôtre, regardoient comme mortelles les plaies de la vessie. Telle étoit l'opinion d'Hippocrate, de Galien son commentateur, de Celse et même d'Aristote, qui cependant n'ignoroit pas certains faits qui prouvoient la fausseté de cette assertion : *Quamquam non ignoro*, dit-il, *aliquandò contigisse, ut vulnerata vesica solidescat.* D'un autre côté, des auteurs modernes, et très-recommandables, soit par leur expérience,

consommée, soit par leur véracité, citent un
grand nombre de faits qui contredisent for-
mellement le sentiment du père de la Médecine
et des médecins de son école. On a voulu qu'il
ait eu raison, en distinguant les plaies pénétrantes, et celles du col de la vessie, de celles
qui attaquent son fond. Mais les différentes
méthodes dont on se sert aujourd'hui pour extraire le calcul, prouvent évidemment la futi-
lité des distinctions présentées par les cham-
pions de l'infaillibilité d'Hippocrate. Ce ne
peut être que la violence de l'hémorrhagie,
ou la contusion des parties blessées, qui rendroit les plaies de la vessie mortelles, quel que
fût leur siége, et soit qu'elles fussent faites à
dessein de nuire, ou pour soulager un être
souffrant, comme dans la cystotomie.

Il faut convenir, cependant, que l'événement doit être très-différent dans les cas qui
sont l'effet de l'art, que dans les autres. Dans
les premiers, on a pris toutes les précautions
imaginables pour prévenir les accidens capables d'amener une terminaison funeste; ce
qu'on ne sauroit faire pour les seconds. Il est
donc du devoir d'examiner avec soin, dans un
cas de blessure de la vessie qui aura été suivie
de la mort, 1°. si l'hémorrhagie étoit incoercible; 2°. s'il y avoit contusion des parties lé-

sées. Si l'un ou l'autre de ces symptômes ne
mettoit obstacle au succès du traitement, alors
on recherchera si les gens de l'art ont fait ce
que l'on pratique dans les cas de lithotomie,
pour prévenir la mortalité d'une semblable
plaie; et, quand on aura constaté que les efforts
de la nature et de l'art ont été insuffisans, on
jugera que, dans le cas dont il s'agit, la blessure étoit mortelle de sa nature.

BLESSURES DE LA MATRICE ET DU FŒTUS.

Ces sortes de blessures se rencontrent plus
rarement, dans la pratique médico-légale,
que celles dont nous avons parlé jusqu'à présent; soit parce que les femmes sont moins
exposées aux risques qui peuvent les occasionner, soit parce que l'état de grossesse inspire
des égards même aux hommes les plus brutaux
et les plus emportés. Mais elles sont très-dan-
gereuses, et le plus souvent mortelles, lorsque
la femme se trouve grosse, et que les vaisseaux
utérins sont dilatés et gorgés de sang. Car,
alors, il survient une hémorrhagie toujours
fatale, parce que le fœtus empêche la matrice
de se contracter, et de contracter en même-
tems les orifices des vaisseaux coupés ou dé-
chirés. C'est parce que cette circonstance n'a

pas lieu, et dans l'accouchement, et dans l'o-
pération césarienne, que l'hémorrhagie n'est
pas mortelle dans ces cas. On doit donc examiner, lorsqu'une femme grosse a péri d'une
semblable blessure, si elle étoit à portée de
recevoir assez promptement le secours que
produit la délivrance, et si on le lui a administré.

Il arrive quelquefois que le même coup qui
a blessé la mère blesse aussi le fœtus. On en
trouve un exemple remarquable dans l'ouvrage de Devaux (*l'Art de faire des Rapports
en Chirurgie.*) Cette circonstance complique
en même-tems et la blessure et le délit.

Enfin, rien n'est plus fréquent que de voir
des mauvais traitemens exercés sur une femme
grosse, sans la blesser grièvement, faire périr
le fruit renfermé dans son sein. Tels sont principalement les coups portés sur la région antérieure et sur les deux régions latérales du
bas-ventre. Il n'est pas rare non plus que la
sortie de ces fœtus, ainsi altérés et morts,
n'ait lieu que long-tems après l'accident qui a
été la cause de leur altération.

Mais les irrégularités contre nature que l'on
observe quelquefois sur les mêmes parties de
l'enfant que celles qui ont souffert chez la
mère, doivent, selon Bohnius, être plutôt at-

tribuées à l'imagination fortement frappée de cette dernière, qu'à des effets résultans des lois générales de l'organisation du corps humain. Au reste, ce n'est point ici le lieu de nous étendre sur cette question, d'ailleurs si obscure, et qu'il ne sera peut-être jamais possible d'éclaircir (1).

---

(1) DES PLAIES DES TESTICULES ET DE LA VERGE.

Les testicules peuvent être blessés, soit par des corps contondans, soit par des instrumens piquans ou tranchans.

Les contusions violentes aux testicules produisent souvent une inflammation dans ces parties, et qui de-là se propage à tout le bas-ventre. Cette inflammation peut être mortelle ; nous en avons une infinité d'exemples. Quelquefois l'inflammation cède au traitement de l'art, mais laisse après elle des maladies incurables, sinon par la castration ; je veux dire le squirrhe et le cancer du testicule.

Si la castration devient nécessaire, et que la mort s'ensuive, ne peut-on pas attribuer cette mort à l'auteur de la blessure ? Si, au contraire, le blessé survit à cette opération, il a certainement des droits à une indemnité.

Si les testicules avoient été blessés par un instrument piquant, les mêmes accidens peuvent être la suite de cette blessure.

Enfin, les testicules pourroient avoir été divisés par

un instrument tranchant, dans leur corps ou dans leur cordon, on ne regarde pas la première blessure comme mortelle, quoiqu'elle puisse le devenir. La seconde le seroit certainement, s'il ne sé trouvôit sur l'instant un homme de l'art pour faire la ligature des vaisseaux sanguins.

L'on n'a jamais regardé les blessures de la verge comme mortelles; si elles le devenoient, ce ne seroit qu'accidentellement, ou parce que l'on ne remédieroit pas à l'hémorrhagie qu'occasionneroit, par exemple, la section de ce membre. Mais quelle indemnité auroient droit de demander bien des jeunes gens, qui préféreroient la mort à la privation d'une partie qui fait leur principal bonheur!

MORT APPARENTE.

La mort véritable, ou la cessation absolue
et sans retour de toutes les fonctions qu'exécute l'homme vivant, diffère de la mort apparente, en ce que dans celle-ci il n'y a
qu'une simple suspension de ces mêmes fonctions, dont le jeu peut recommencer à l'aide
de certains moyens.

L'incertitude des signes qui servent à distinguer l'une de l'autre, étoit reconnue des
anciens. On peut même dire qu'elle l'a été
dans tous les siècles et dans presque tous les
pays; ce qui est constaté, non-seulement par
les écrits des philosophes et des médecins,
mais encore par les cérémonies usitées pour
les funérailles. Diogène Laërce rapporte
qu'Empédocle fut particulièrement admiré,
pour avoir guéri une femme que l'on croyoit
morte, quoique ce ne fut, à ce que reconnut
le philosophe, qu'une suffocation de matrice,
c'est-à-dire, une maladie hystérique. Platon
vouloit que l'on gardât les corps jusqu'au
troisième jour, *pour*, disoit-il, *s'assurer*

pendant ce tems de la réalité de la mort.
Démocrite, ou, selon d'autres Héraclide de
Pont, avoit composé un traité sur une maladie
qu'il appelle *sans respiration* περὶ τῆς ἄπνε.
Ce fut à l'occasion d'une femme qui revint à
la vie, après avoir été pendant sept jours sans
en donner le moindre signe. *Hæc est conditio
mortalium ;* (disoit Pline le naturaliste, en
parlant des morts apparentes) *ad hasce ejus-
modi occasiones fortunæ gignimur, ut de
homine ne morti quidem debeat credi.* Ce
passage de Celse, est également très-remar-
quable : *si certa futuræ mortis indicia sunt,
quomodo interdum deserti a medicis conva-
lescunt, quosdamque fama prodidit in ispsis
funeribus revixisse ?*

Depuis que, par les progrès de la physique,
on a trouvé les moyens d'administrer des secours plus efficaces à ceux qui se trouvoient
frappés d'une mort apparente, l'incertitude
des signes de la mort a été démontrée par un
bien plus grand nombre de faits. Ces succès
doivent encourager les médecins à de nouveaux
efforts, et tous les citoyens en général à proscrire cette précipitation barbare avec laquelle
on cherche à se débarasser des corps de ceux
que l'on croit, trop légèrement, privés sans
retour du souffle de vie. Il ne nous paroît pas

inutile de rapporter ici quelques-uns de ces faits. Les exemples sont toujours plus frappans que les préceptes, et nous choisirons les plus authentiques et les plus concluans.

Lancisi assure avoir été témoin qu'une personne de distinction (encore vivante dans le moment où il écrivoit ce fait) reprit le mouvement et le sentiment, dans l'église, pendant qu'on y célébroit son service. P. Zacchias raconte que, dans l'hôpital du St.-Esprit (à Rome) un jeune homme attaqué de la peste tomba deux fois dans une syncope si complète, qu'on le mit au nombre de ceux qui devoient être enterrés ; ayant donné des signes de vie, pendant qu'on le transportoit à sa dernière demeure, il reçut les secours nécessaires, et vécut long-tems après. Philippe Peu, célèbre accoucheur de Paris, avoue, avec une candeur admirable, que, pratiquant l'opération césarienne, sur une femme grosse, de la mort de laquelle il croyoit s'être assuré par plusieurs épreuves, la première impression de l'instrument lui fit reconnoître, avec effroi, son erreur. Le fameux Vésale fut la triste victime d'un pareil malheur : et, cependant, ayant traité la malade, il avoit été plus à portée de connoître si la maladie étoit de nature à être suivie d'une mort réelle, ou

simplement apparente. Maximilien Misson ,
voyageur anglois, très-judicieux, et qu'on ne
peut taxer de crédulité, rapporte, dans son ouvrage, plusieurs histoires de prétendus morts
qui furent rappellés à la vie par des soins appropriés , ou même par un réveil spontané des
forces de la nature. Plusieurs d'entr'eux durent leur salut à la cupidité des fossoyeurs qui
les déterrèrent pour enlever des bijoux qu'ils
savoient leur avoir été laissés. » Il y a quel-
» ques années, dit l'auteur que nous venons
» de citer, que la femme d'un orfèvre de Poi-
» tiers, nommé Mervache, ayant été enterrée
» avec quelques bagues d'or , selon qu'elle
» l'avoit désiré en mourant, un pauvre homme
» du voisinage, ayant appris la chose, déterra
» le corps la nuit suivante pour enlever les
» bagues. Ces bagues ne pouvant être otées
» qu'avec effort, le voleur réveilla la femme ,
» en les voulant arracher. Elle parla, et se
» plaignît qu'on lui faisoit du mal. L'homme
» effrayé s'enfuit , et la femme, revenue de
» son accès d'apoplexie , sortit de son cer-
» cueil, heureusement ouvert, et s'en revint
» chez elle. En peu de jours elle fut tout-à-fait
» guérie. Elle a vécu plusieurs années depuis
» ce tems-là, et a encore eu plusieurs enfans,

» dont il y en a qui vivent encore aujourd'hui,
» et qui exercent à Poitiers la profession de
» leur père «.

Misson cite cette histoire et plusieurs autres à l'occasion d'un monument qu'il vit à
Cologne dans le cours de ses voyages, et qui
atteste qu'un fait semblable, dans ses principales circonstances à celui de la dame Mervache, se passa dans cette ville en 1571.

Il est peu de personnes qui ne connoissent
l'histoire de François de Civille, qui, dans les
actes où il apposoit sa signature, ne manquoit
jamais, d'ajouter *trois fois mort*, *trois
fois enterré, et trois fois, par la grace de
Dieu, ressuscité*. Sa mère mourut enceinte
de lui pendant l'absence de son mari, et fut
enterrée, sans qu'on songeât à sauver l'enfant
par l'opération césarienne. Le lendemain de
l'enterrement le mari arrive, et apprend, avec
surprise, la mort de sa femme et le peu d'attention qu'on avoit eue pour son fruit. Il la
fait exhumer, lui fait ouvrir le bas-ventre,
d'où l'on tira, encore vivant, celui dont nous
faisons l'histoire. Étant, à l'âge de vingt-six
ans, capitaine d'une compagnie de cent hommes, dans la ville de Rouen, lorsqu'elle fut
assiégée par Charles IX, il fut blessé grièvement

ment à la fin d'un assaut, et tomba du rempart dans le fossé, d'où quelques prisonniers le retirèrent, et, après l'avoir dépouillé de ses habits, le mirent, avec un autre corps, dans un fossé, où il n'étoit couvert que d'un peu de terre. Il y resta depuis onze heures du matin jusqu'à six heures et demie du soir, que son valet l'alla déterrer. Ce fidèle domestique, en l'embrassant, sentit encore quelques signes de vie, et l'emporta dans la maison où il avoit coutume de loger. Il y fut cinq jours et cinq nuits, sans parler, ni remuer, ni donner aucun signe de sentiment; mais aussi brûlant de fièvre, qu'il avoit été froid dans la fosse. La ville ayant été prise d'assaut, les valets d'un officier de l'armée victorieuse, qui devoit loger dans la maison où étoit Civille, le jetèrent sur une paillasse, dans une chambre de derrière, d'où les ennemis de son frère le jetèrent par la fenêtre. Il tomba heureusement sur un tas de fumier, où il demeura plus de trois fois vingt-quatre heures en chemise. Au bout de ce tems, un de ses parens, surpris de le trouver vivant, l'envoya à une lieue de Rouen, où il fut traité, et, enfin, entièrement guéri.

On trouve, dans Guillaume Fabri et autres auteurs, un grand nombre de faits semblables

TOME II. M

à ceux que nous venons de raconter concernant des gens malades ou blessés qui ont été
enterrés vivans.

Il y a aussi des exemples également constatés de personnes noyées et de pendus, qui
auroient pu éprouver le même sort. Péchlin
rapporte qu'un jardinier, de Tronningholm
en Suède, tomba dans l'eau, sous la glace, à
une profondeur considérable : il se passa seize
heures, avant qu'on put le retirer. Les secours
convenables qu'on lui administra eurent le
plus grand succès. Monsieur d'Egli sauva la
vie à un Suisse qui avoit été neuf heures perdu
sous l'eau, et que l'on vouloit enterrer tout
de suite, tant les signes de sa mort paroissoient certains et indubitables. » Tous les
» vieillards se ressouviennent encore, dit
» M. Derham, d'Anne Green, exécutée à
» Oxford, le 14 décembre 1750. Elle avoit
» été pendue durant une demi-heure. Dans
» cette entrefaite quelques-uns de ses amis lui
» frappoient la poitrine; d'autres la tiroient
» par les pieds de toutes leurs forces; ils l'é-
» levoient quelquefois pour la tirer en bas
» plus fortement, et par secousses, afin de
« mettre plutôt fin à ses souffrances, comme
» la relation imprimée le porte. Après qu'on
» l'eut mise dans le cercueil, tons'apperçu

» qu'elle respiroit encore. Il y eut un gaillard
» vigoureux, qui, pour la faire mourir, lui
» donna des coups de pied, de toute sa force,
» sur la poitrine et dans l'estomac. Malgré tout
» cela elle revînt par l'assistance des docteurs
» Peity, Willis, Bathurst et Clark. Je l'ai
» vue moi-même bien des années après : on
» m'a dit même qu'elle a eu plusieurs enfans
» depuis «.

L'illustre Falconet (Camille) eut le bonheur d'arracher à la mort, et peut-être aux
plus cruels tourmens, une de ces victimes
qu'on s'empresse d'immoler par des inhuma-
tions précipitées, malgré les avis des plus sa-
ges médecins. Il alloit voir un de ses malades,
qu'il avoit vu la veille, au soir : il le trouve
enséveli, et la garde lui marque l'heure précise où elle l'avoit vu expirer, pendant la nuit.
Falconet, soupçonnant quelque méprise, d'a-
près le caractère même de la maladie, fait
remettre le malade dans son lit, et lui administre un remède spiritueux qui le rappelle à
la vie et lui rend bientôt la santé.

La femme d'un colonel anglois (myladi
Roussel) étoit si tendrement aimée de son
mari qu'il ne put se persuader qu'elle étoit
morte. Il la laissa dans son lit beaucoup au-
delà du tems prescrit par l'usage du pays (qui

M 2

est de quarante-huit heures); et quand on lui représenta qu'il étoit tems de l'enterrer, il répondit qu'il brûleroit la cervelle à celui qui seroit assez hardi pour vouloir lui ravir le corps de sa femme.

Huit jours entiers se passèrent ainsi sans que le corps présentât le moindre signe d'altéra-tion, mais aussi sans qu'il donnât le moindre signe de vie. Quelle fut la surprise du mari, qui lui tenoit une main, qu'il baignoit de ses larmes, lorsqu'au son des cloches d'une église voisine, Myladi se réveilla, comme en sursaut, et se levant sur son séant dit: *voilà le dernier coup de la prière, allons: il est tems de par-tir.* Elle guérit parfaitement, et vécut encore long-temps.

Ce fait (rapporté dans le journal des savans, A. 1746) semble prouver l'influence que peu-vent avoir certains stimulans moraux pour rap-peller des hommes à la vie qu'ils sembloient avoir perdue. Ces stimulans peuvent être quel-quefois plus actifs que les stimulans physiques les plus énergiques. Et ceci m'est une occa-sion de citer encore le trait de ce mathémati-cien qui, dans un état d'affection soporeuse, étoit insensible à tout, et ne fut réveillé que pas l'interpellation que lui fit un de ses amis de lui dire quel étoit le quarré de douze. La

malade répondit aussi-tôt cent quarante-quatre.
De même un chirurgien de Paris, nommé Che-
valier, étoit attaqué d'une affection soporeuse,
dans laquelle il ne donnoit aucun signe de
sensibilité. On avoit déjà essayé inutilement
un grand nombre de moyens pour le rappeller
à la vie, lorsque quelqu'un, qui le connoissoit
pour un grand joueur de piquet, s'avisa de lui
crier ces mots : *quinte, quatorze et le point.*
Le malade en fut tellement frappé, que dès
cet instant il sortit de sa léthargie.

De combien d'autres événemens semblables
les fastes de la médecine ne sont-ils pas remplis ? Qui ne sait que des amans ont repris
leurs sens, presque éteins, à la voix de l'objet
aimé, que des guerriers ont été rappellés à la
vie par le son du tambour ? Tel est l'effet de
l'excitement de la puissance nerveuse, pour
parler le langage de Brown.

En 1745, M. Rigaudeaux, chirurgien, aide-
major des hôpitaux militaires, et chirurgien
juré-accoucheur à Douay, fut appellé, le 8
de septembre, pour accoucher la femme de
François Dumont, du village de Lowarde, à
une lieue de Douay. On étoit venu le chercher
à cinq heures du matin, mais il n'avoit pu arriver qu'à huit heures et demie. On lui dit,
en entrant dans la maison, que la malade étoit

morte depuis deux heures, et que malheureu-
sement on n'avoit pu trouver de chirurgien
pour lui faire l'opération césarienne. Il s'in-
forma des accidens qui avoient pu causer une
mort aussi prompte ; et on lui répondit que la
morte avoit commencé à sentir des douleurs
pour accoucher la veille, vers les quatre heures du soir ; que la nuit elles avoient été si
violentes, qu'elle en étoit tombée plus de dix
fois en foiblesse, ou en convulsions, et que
le matin, étant sans forces et sans autre secours que celui de la sage-femme, qui ne
savoit pas grand chose, il étoit survenu, vers
les six heures, une nouvelle convulsion, avec
écume à la bouche, qui avoit été suivie de la
mort.

M. Rigaudeaux demande à voir la morte :
elle étoit déjà ensévelie. Il fit ôter le suaire
pour examiner le ventre et le visage. Il tâta le
pouls, au bras, sur le cœur et au-dessus des
clavicules, sans appercevoir aucun mouvement dans les artères. Il présenta le miroir à
la bouche, et la glace ne fut pas ternie. Il y
avoit beaucoup d'écume à la bouche, et le
ventre étoit prodigieusement gonflé.

Il ne sait par quel pressentiment il s'avisa de
porter la main dans la matrice, dont il trouva
l'orifice fort dilaté, et où il sentit les eaux

formées. Il déchira les membranes, et sentit la
tête de l'enfant qui étoit bien tournée. L'ayant
repoussée pour avoir la liberté d'introduire sa
main toute entière, il mit le doigt dans la bouche de l'enfant, qui ne donna aucun signe de
vie. Ayant remarqué que l'orifice de la matrice étoit suffisamment ouvert, il retourna
l'enfant, le tira par les pieds avec assez de facilité, et le mit entre les mains des femmes qui
étoient présentes : quoiqu'il lui parut mort, il
ne laissa pas de les exhorter à lui donner des
soins, soit en le réchauffant, soit en lui jetant du vin chaud sur le visage et même sur
tout le corps. Elles s'y prêtèrent d'autant plus
volontiers, que l'enfant leur parut beau : mais
fatiguées d'un travail de trois heures, et entièrement inutile en apparence, elles se mirent en devoir de l'ensévelir. Comme elles
y procédoient, l'une d'elles s'écria qu'elle lui
avoit vu ouvrir la bouche. Il n'en fallut pas
davantage pour ranimer leur zèle. Le vin, le
vinaigre, l'eau de la reine d'Hongrie, furent
employés, et l'enfant donna sensiblement des
signes de vie. On fut sur-le-champ en avertir
M. Rigaudeaux, qui étoit allé dîner chez le
curé du village. Il vint tout de suite, et connut, par lui-même, la vérité du rapport. En
moins d'un quart d'heure, après son arrivée,

M 4

l'enfant pleura avec autant de force que s'il étoit né heureusement.

M. Rigaudeaux voulut voir la mère une seconde fois. On l'avoit encore ensévelie, et même bouchée. Il fit enlever tout l'appareil funèbre, examina la femme, avec toute son attention, et la jugea morte, comme après le premier examen. Il fut cependant surpris que, quoiqu'elle fut morte depuis près de sept heures, les bras et les jambes fussent restés flexibles : il avoit de l'esprit volatil de sel ammoniac, il en fit usage, mais inutilement. En conséquence, il repartit pour Douay, après avoir recommandé aux femmes présentes de ne point ensévelir la morte, que les bras et les jambes n'eussent perdu leur sensibilité, de lui frapper, de tems en tems, dans les mains; de lui frotter les yeux, le nez et le visage, avec du vinaigre et de l'eau de la reine d'Hongrie, et de la laisser dans son lit. Il partit de Lowarde à une heure après-midi.

A cinq heures du soir, le beau-frère de la femme vint lui dire que la morte étoit ressuscitée à trois heures et demie. Nous laissons à penser au lecteur s'il fut étonné, et si ce fut avec raison. L'enfant et la mère reprirent si bien des forces, qu'ils étoient tous deux pleins de vie le 10 août 1748; et l'on diroit même

que tous deux se portent fort bien , si la mère
n'étoit restée paralytique , sourde et présque
muette. (. *Journal des Savans.* , *Janvier*
1749.)

Ces faits , auxquels nous en pourrions joindre beaucoup d'autres tout aussi authentiques ,
prouvent évidemment combien le flambeau
de la vie s'éteint quelquefois difficilement chez
certains individus ; et avec quelle facilité on
peut confondre la simple suspension des fonctions qui caractérisent la vie avec leur annihi-
lation complète et sans retour. Leur multipli-
cité doit, sans doute , justifier les précautions
des personnes prudentes , détruire tous les
prétextes de l'incrédulité , laisser des traces
profondes dans les imaginations volages , et
prévenir de nouveaux malheurs de cettte
espèce. Elle opérera ces effets, sur-tout , si
l'on fait la réflexion , aussi triste que fondée ,
que les cas où des individus, abandonnés vivans à la nuit du tombeau , ont éprouvé un
réveil mille fois plus affreux que la mort, sont
incomparablement plus nombreux que ceux
où l'on a eu le bonheur de sauver les malheureuses victimes d'une mort anticipée. En effet,
les causes de la mort apparente sont si multipliées, qu'il n'est personne qui ne doive concevoir de justes alarmes sur sa propre des-

tinée, ou sur celle de ses proches et de ses
meilleurs amis...Les observations ont prouvé
que presque toutes les maladies peuvent la
produire. Celles qui l'occasionnent le plus
communément sont les fièvres putrides, malignes, la peste, les maladies convulsives,
comme l'épilepsie, ou le haut mal, la passion
hystérique. Cette dernière sur-tout jette fréquemment dans l'asphyxie ; et cet état de mort
apparente peut même durer très-long-tems.
Monsieur Pomme, dans son traité des affections vaporeuses, nous en offre un exemple
frappant dans une demoiselle que l'on auroit
enterrée vivante plusieurs fois, si l'on ne se
fut pas familiarisé en quelque sorte avec ses
attaques de vapeurs hystériques ; elle en eut
une, entre autres, qui la plongea dans un assoupissement léthargique si violent, qu'une
épingle profondément enfoncée dans la chair
ne put réveiller le sentiment, et que les plus
forts irritans n'opérèrent qu'après douze jours.
La catalepsie, l'extase, la léthargie, l'apoplexie, l'ivresse, l'épuisement occasionné par
une trop longue abstinence, par une perte de
sang abondante, par un vomissement ou un
flux de ventre excessif, etc. ; les vers, les poisons, les remèdes assoupissans, comme l'o-
pium pris mal-à-propos, ou à trop forte dose ;

les chûtes, la submersion, la strangulation,
un froid excessif, la saignée, la vapeur du vin
et des autres liqueurs en fermentation; celle
du charbon, les exhalaisons qui s'élèvent des
urines, des latrines, des caveaux où l'on en-
terre les morts, et de tous les souterrains in-
fectés; l'air que l'on respire dans les prisons sur-
chargées, dans les hôpitaux où il y a beaucoup
de malades, dans les endroits où il y a grand
nombre de personnes rassemblées et où l'air
extérieur n'a pas un libre accès; la vue de certains objets, comme d'un corps mort, d'un
crapaud, etc.; certaines odeurs, tant agréables que désagréables; les passions de l'ame,
portées à un certain degré, peuvent jeter dans
l'asphixie. Le pouvoir de toutes ces causes,
dont nous venons de faire une si longue énumération, est attesté par un nombre infini d'observations : et l'on doit être en garde contre
le plus terrible de leurs effets, sitôt qu'elles-
mêmes se manifestent. On ne sauroit donc
trop multiplier les précautions, soit celles qui
dérivent d'une bonne administration publique, soit celles qui dépendent des dispositions
testamentaires, ou autres, des particuliers.
*Satius est adhiberi millies nimium diligen-
tiam, quam semel omitti necessariam.*

Quels sont donc les signes d'après lesquels
la mort est communément réputée certaine ?
et, quand ils existent, que doit-on encore
faire, afin de la constater d'une manière invincible ? Comment distinguera-t-on la simple
suspension des fonctions qui suppose l'intégrité des principaux organes, et la force de
vie (*vis vitæ*) encore existantes, de la cessation de ces mêmes fonctions dans laquelle
une de ces deux conditions nécessaires et indispensables pour la conservation des individus n'a plus lieu, ou même l'une et l'autre
sont abolies ? Dans bien des cas la destruction d'un ou de plusieurs organes est évidente;
mais leur état d'intégrité ne se manifeste pas
de même. Quant à l'anéantissement du principe vital, on n'en sauroit juger à *priori*,
mais on peut connoître les phénomènes qui sont
l'effet de cet anéantissement.

Le premier signe, ou indice, de la mort,
qui s'offre d'abord à la vue, est l'abolition
de tout mouvement musculaire. Mais ce
signe n'est pas certain, puisqu'on l'observe
quelque fois, et durant un tems très-prolongé,
dans les personnes qui éprouvent de fortes syncopes. D'ailleurs un sujet certainement privé
de la vie, peut encore manifester de ces mou-

vemens qui paroissent musculaires, quoiqu'ils
ne soient pas tels véritablement. Ce n'est pas
qu'on ne doive regarder comme fabuleuses
toutes les histoires du vampirisme, les voix
que l'on dit entendre dans les sépulchres, etc.:
mais on ne peut révoquer en doute les divers
phénomènes que des observations fréquentes
nous ont fait constater, tels que des érections
du membre viril, des hémorrhagies, des
sons, etc. Ces phénomènes ne sont les uns que
des effets de spasmes qui continuoient même
après la mort, et les autres que des produits
d'une fermentation putride, ou d'une décomposition qui s'opéroit dans les cadavres.

Le second signe de l'absence de la vie est
l'absence du sentiment; et, quand on a
cherché à le réveiller par des épreuves relatives à la nature et à la manière d'être affecté
de chacun de ses organes, on en conclut que
l'individu, qui les a subies inutilement,
n'existe plus. Mais l'expérience a encore
prouvé l'insuffisance de cet indice; le sentiment ne peut-il pas exister, en effet, quoique le
sytême musculaire soit affoibli à un degré tel
que le sujet ne puisse en donner des marques?

Le refroidissement du corps est un troisième
signe, sur lequel on ne peut pas non plus
compter, puisqu'il a lieu dans les syncopes et

dans les affections hystériques, tandis que des cadavres conservent quelquefois leur chaleur ou générale, ou partielle, pendant plusieurs jours.

Le défaut de respiration constitue un quatrième indice de la mort dont on s'assure d'abord par la vue, lorsque l'abdomen et le thorax paroissent absolument immobiles, et en second lieu par différentes épreuves. Par exemple, on met un verre plein d'eau sur le thorax, et, selon la remarque de M. Winslow, plutôt sur l'extrémité du cartilage de l'avant derniére côte que sur le cartilage xiphoïde même : alors on observe s'il y a le moindre mouvement de l'eau contenue dans le verre. On approche une lumière de la bouche et du nez, pour voir si elle vacille, ou bien des corps légers que le moindre fluide aeriforme qui sortiroit des poumons par l'expiration, déplaceroit aisément. On expose aussi un miroir ou un verre poli à ces mêmes ouvertures, et si le malade respire, la surface de ces corps doit être ternie. En prenant toujours l'expérience pour guide, on verra que le signe tiré du défaut de respiration n'est point certain, puisqu'on l'a observé, et pendant un long espace de tems, chez des individus qui ont ensuite été rappelés à la vie. Les épreuves

que nous avons exposées sont aussi très-équivoques. Un mouvement lent , doux , et insensible du diaphragme , sans que les côtes
en aient le moindre , suffit dans les cas dont
nous avons parlé pour entretenir la respiration :
or , dans cet état il est évident que l'eau contenue dans le verre n'aura aucun mouvement.
De l'air , qui se dégagera de l'estomac et des
premières voies d'un cadavre peut aussi agiter
les corps légers et la flamme de la bougie que
l'on approche de la bouche et des narines , et
ternir la surface d'une glace que l'on présente
à ces ouvertures.

Ces animaux, qui passent l'hiver ensévelis
dans un sommeil si profond qu'il ressemble
plutôt à la mort elle-même qu'au plus léger
reste de vie , ne sont-ils pas dans un état
vraîment analogue à celui de la mort apparente ?

La pulsation des artères peut devenir insensible à l'œil et au toucher , sans que pour cela
la circulation soit totalement éteinte. Quelque fois le pouls, qui paroissoit nul dans le
poignet droit ou penché en arrière , reparoît
en pliant le poignet doucement en dedans.
En effet , dans cette dernière situation , l'artère relachée laisse la liberté du passage au

sang, avec quelque peu de force qu'il aborde ;
tandis que la tension qu'elle éprouve dans les
premières , en arrête entièrement le mouvement progressif. Si la pulsation de l'artère
trop concentrée vers la base du rayon ne se
fait point sentir, on doit la chercher entre le
pouce et l'os voisin du métacarpe, en appuyant
légèrement , de peur de l'étouffer. Si les tentatives sont infructueuses aux poignets, on
en fait d'autres aux artères temporales. De
celles-ci on passe aux carotides qui sont plus
directement exposées à l'abord du sang qui
sort du cœur. Mais ici il n'est plus question de
toucher légèrement l'artère, comme quand on
cherche le pouls à l'avant-bras ou à la partie interne du pouce : il faut, au contraire, enfoncer profondément les doigts sous le bord postérieur de l'un des muscles sterno-mastoïdiens.
Une main expérimentée saura suivre aussi le
trajet des artères crurales , dans le voisinage
des aines, et y découvrir peut-être les traces
d'un reste de circulation insensible dans toutes
les autres parties du corps. Enfin, il est des
signes de cette fonction que l'on cherchera
dans les parties les plus voisines du cœur. Mais
pour le faire avec plus d'espérance de succès ,
il ne faut pas que le corps soit couché sur le
dos :

dos : il faut le mettre entièrement sur le côté droit ou gauche ; car dans le premier cas il est de fait que le cœur recule en quelque manière vers la région postérieure du thorax ; et s'éloigne tellement des côtes, que sa pointe ne frappe que très-légèrement, ou même point du tout, contr'elles. Cette pointe est ordinairement tournée vers le côté gauche : mais on a vu des sujets chez lesquels sa pulsation se faisoit sentir du côté droit, et cela doit avoir lieu nécessairement chez tous ceux qui ont les viscères du côté droit placés à gauche, et réciproquement.

La roideur des membres peut être confondue avec un tétanos général ; et d'ailleurs il arrive fréquemment que cette roideur n'existe pas, principalement dans les cadavres de ceux qui périssent à la suite de maladies putrides, du rachitis, etc.

L'épreuve que propose M. Bruhier, et qui consiste à abaisser la machoire inférieure, et ensuite à observer si elle reste dans la situation qu'on lui a fait prendre, ou si elle se rapproche spontanément de la machoire supérieure, n'est pas plus certaine que la précédente. En effet, d'un côté la paralysie des muscles adducteurs de la machoire ou le spasme des muscles abducteurs, ou enfin la luxation de là machoire elle-même, peut maintenir la bouche béante. De l'autre côté, la roideur, qui a le plus souvent lieu dans les cadavres, s'opposera à l'abbaissement de la machoire, et cette force d'élasticité et de contraction musculaire, qui subsiste même après la mort, et que monsieur de Haller rapporte à ce qu'on a nommé les *forces mortes*, rapprochera, si-non entièrement, du moins jusqu'à un certain point et avec promptitude, la machoire inférieure qu'on aura séparée de la supérieure par violence.

Un signe beaucoup plus certain est fourni par les yeux. Non-seulement, lorsque la mort est prochaine, ils s'altèrent sensiblement, se couvrent d'un nuage formé par l'épaississement du fluide dans lequel ils nagent perpétuellement ; mais encore lorsqu'elle est arrivée, la cornée s'affaisse, se cave et se ride ; ce qui provient de l'évaporation de l'humeur aqueuse qui continue d'avoir lieu, sans que cette perte soit réparée comme auparavant. Ce signe, comme nous venons de le dire, souffre rarement quelques exceptions : elles n'ont lieu, et jusqu'à un certain degré, que lorsqu'il est l'effet ou de quelque veille précé-

dente, ou d'un cours de ventre, ou d'un défaut de nourriture ; et, dans ce cas, sa durée
ne se prolonge pas au delà de vingt quatre
heures.

Il y a encore quelqu'autres signes moins
importans que ceux dont nous venons de tracer
l'esquisse, et auxquels il convient encore
moins de s'arrêter, puisqu'ils sont sujets à des
exceptions très-multipliées. Tels sont la dilatation de la pupille qu'une lumière vive ne fait
point contracter ; le sang qui refuse de couler,
lorsqu'on a ouvert la veine ; l'écume qui sort
de la bouche.

Il résulte naturellement de tout ce que nous
avons dit jusqu'ici, que les signes de la mort ,
pris distributivement, n'ont en aucune manière un degré de certitude qui les mette au-
dessus de toute exception : qu'en conséquence
de ce principe appuyé d'une foule de faits incontestables, on doit comparer ces signes les
uns aux autres, les considérer collectivement,
et de leur réunion seule se croire autorisé à
assurer l'existence de la mort. Car, quoiqu'en
général plusieurs incertitudes ne puissent pas
produire une certitude, cependant on peut
employer cette manière de raisonner dans les
matières de physique , et regarder, en quel-

que sorte, comme certain ce qui a le plus
grand caractère de probabilité.

Chez un grand nombre de peuples, tant
anciens que modernes, l'usage de n'enterrer
les morts qu'après plusieurs jours d'intervalle,
donnoit la facilité de s'assurer de l'existence
de la mort par celle d'un signe souvent plus
tardif que les autres, mais aussi bien plus concluant. Je veux parler de la putréfaction, qui
suppose la décomposition avec l'idée de laquelle la présence de la vie est incompatible.
Aussi les maîtres de l'art ont-ils fait des vœux
pour qu'on ne procédât jamais aux inhuma-
tions avant qu'elle ne se manifestât. On reconnoit la putréfaction au changement de couleur de la peau qui devient livide, et ensuite
noircit ; et a une odeur particulière que l'on
a désignée sous le nom de cadavereuse. Si ce
signe est moins douteux qu'aucun autre, il
faut convenir cependant qu'il n'est pas d'une
évidence complette. En effet, des malades
affectés d'un sphacele purement local ou de
certaines fièvres putrides très-exaltées, répandent quelquefois cette même odeur : et on
a vu ces mêmes fièvres accompagnées de
pétéchies, n'être pas constamment mortelles.

Le délai qu'exige l'incertitude des signes de

la mort pour procéder , soit à l'ouverture, soit à l'inhumation des cadavres, ne sauroit, dans les cas ordinaires , être sujet à de grands inconvéniens. Je n'en vois guères d'autres que l'embarras et le désagrément de garder des corps morts. Mais il n'en est pas de même dans les cas de Médecine légale. L'examen des blessures qu'on apperçoit dans un cadavre, ne peut plus se faire avec précision, si l'on attend que la putréfaction se déclare, parce qu'elle change et dénature l'état des parties, en général, et principalement de celles contenues dans les trois cavités. On doit donc évaluer les autres signes que nous avons rapportés, en réunir le plus grand nombre possible, les soumettre aux épreuves les plus actives et les plus multipliées, peser toutes les circonstances qui ont accompagné et suivi la blessure sur la nature de laquelle on a un jugement à porter, la manière dont elle a été portée, l'instrument dont on s'est servi, la position du blessé dans le moment même, la maladie qui a suivi, les signes avant-coureurs du trépas. Il est difficile, pour ne pas dire impossible, que toutes ces diverses considérations rapprochées les unes des autres ne forment pas un faisceau de lumière d'où résulte un degré de

N 5.

certitude suffisant pour faire éviter les horreurs
d'une méprise.

Enfin on doit se faire une règle constante et
générale de commencer l'ouverture d'un cadavre de telle manière que la première impression de l'instrument ne puisse faire une plaie
dont les suites devinssent funestes , si on avoit
eu le malheur de se tromper dans l'évaluation
des signes de la mort. L'observation suivante
fournie à M. Bruhier par M. l'abbé Menon ,
prouve combien cette précaution mérite d'être
observée. » Une fille vint à notre hôpital , il
» y a plus de vingt ans , pour y chercher du
» secours contre une violente maladie ; elle
» n'y fut pas long-tems sans y tomber comme
» morte. Sous ce titre les sœurs de la Charité
» la font porter dans une chambre où l'on en-
» sévelit ; elle y reste près de vingt-quatre
» heures. Un chirurgien , qui vouloit faire
» l'ouverture du corps , ne lui eut pas plutôt
» donné un coup de bistouri sur la poitrine ,
» que la prétendue morte donna des signes de
» vie si parfaite , qu'elle la conserve encore
» en pleine santé , etc. » Je pourrois citer encore plusieurs autres observations pareilles :
et dans quelques-unes on verroit avec effroi
que la blessure opérée par le scalpel de l'ana-

tomiste, fut vraisemblablement l'unique cause de la mort.

Les differens secours à administrer dans les cas de mort apparente n'étant point faits pour entrer dans cet article de Médecine légale, on les trouvera à l'article *Noyés.*

MORT VIOLENTE.

La mort est-elle certaine ? A-t-elle été naturelle ou violente ? Quelle a été l'espèce de
mort violente ? Ces questions se présentent
souvent à résoudre dans l'exercice de la *Médecine légale* : mais leur solution n'est pas
toujours aussi facile qu'on le pourroit croire
au premier aspect. Cependant l'erreur n'a jamais été si redoutable, et ses effets ne sont
jamais si terribles que dans ces cas. Combien
d'exemples de personnes, regardées comme
mortes, qui n'étoient qu'asphyxiées, et dont
la vie s'est ranimée dans le silence et dans
l'horreur de leurs tombeaux ? On en pourroit
citer aussi qui ont expiré sous le scalpel de
l'anatomiste : tout le monde connoît l'aven-
ture tragique de Vésale. Si un homme de l'art,
par imprudence ou par ignorance, déclare violente une mort naturelle, il exposera des innocens à être soupçonnés ; et peut-être que la
prévention, la vengeance personnelle, les rendront victimes d'un crime imaginaire. Enfin
la détermination de l'espèce de mort violente

entraîne avec elle les plus grandes conséquences. D'elle dépend souvent la justification d'un
innocent, ou la conviction d'un coupable, ou
la preuve d'un suicide, etc.

Nous ne parlerons dans cet article que des
signes qui différencient la mort violente de la
mort naturelle.

La mort violente est celle qui est l'effet d'une
violence quelconque, au lieu que la mort naturelle a lieu seulement à la suite d'une maladie arrivée spontanément.

Les signes ou indices d'une violence exercée sont beaucoup plus difficiles, qu'on ne l'i-
magineroit d'abord, et à reconnoître, et à
discerner de ceux qui ont une cause entiére-
ment différente. Je ne parle pas ici seulement
de ces cas où la putréfaction a tellement altéré
un cadavre dans toutes ses parties, qu'elles en
sont devenues absolument méconnoissables.
Je dis que, sur des cadavres récens, les signes
que présente une violence évidente par elle-
même, sont tels quelquefois, qu'on ne sauroit
distinguer si cette violence a été exercée sur
l'homme encore vivant, ou sur l'homme déjà
mort.

Ces signes s'accordent tous, en ce qu'ils
attestent, si l'homme étoit encore vivant, ou
les efforts de la nature qui cherche toujours à

éloigner sa destruction, ou tout autre produit de l'action de la vie. Ils se réduisent aux
suivans:

1°. L'hémorrhagie.

2°. Les échymoses.

3°, Les inflammations.

4°. Les congestions de sang.

5°. Tout ce qui fait présumer qu'il y a eu
douleur.

6°. Les spasmes qui continuent d'avoir lieu,
même après la mort.

Nous allons examiner successivement ces
différens signes.

1°. L'hémorrhagie est comptée par quelques-uns au nombre des signes qui annoncent
la présence de la vie, parce qu'elle suppose
l'existence de la circulation, qui elle-même
suppose celle de la vie, et que d'ailleurs c'est
l'action vitale qui entretient la fluidité du sang.
Mais toute cette théorie est sujette à de grandes objections. En effet, non-seulement le
corps de l'homme vivant peut éprouver de
grandes lésions sans hémorrhagie, mais ce qui
est encore plus directement concluant, les
cadavres même sont sujets à des hémorrhagies. Il n'y a point d'anatomiste à qui il ne
soit arrivé fréquemment d'en observer, et de
très-fortes, à l'ouverture soit de la veine cave,

soit d'une autre veine considérable. Hébenstreit, en parlant des précautions qu'exige
l'ouverture d'un cadavre, faite pour constater
si un délit a été commis, dit que les veines
souclavières s'ouvrent aisément, lorsqu'on enlève le sternum, et que le sang gêne beaucoup
alors l'anatomiste : et *sanguis ex illis fluens
vexat.* Ces femmes, dont la fonction est d'ensévelir les morts, n'ignorent pas elles-mêmes
que les corps de personnes mortes, après une
maladie accompagnée de putridité, rendent du
sang spontanément. Fortunatus Fidelis assure
avoir vu des gens qui avoient succombé à une
maladie interne, rendre du sang pendant qu'on
les portoit en terre. Zacchias atteste la même
vérité, et en fait l'application à la question
que nous agitons, si l'hémorrhagie est un signe de mort violente. » Il n'arrive pas tou-
» jours, dit-il, ni dans ces circonstances seu-
» lement, que le sang sorte par la bouche,
» par le nez, par les oreilles, par les yeux,
» par le fondement, ou même par la voie des
» urines. L'hémorrhagie a lieu lorsque la lé-
» sion a affecté des endroit du corps où il se
» trouve de gros vaisseaux; et elle a lieu aussi,
» lorsque c'est une partie où il n'y en a point
» qui a été frappée. Elle n'est point un signe
» qu'il y a eu des coups portés, puisqu'elle

» peut être produite par d'autres causes, com-
» me on le remarque évidemment dans ceux
» qui périssent d'apoplexie, d'épilepsie, d'es-
» quinancie ou de suffocation, de fièvre mali-
» gne ou pestilentielle. » *Sanguinis rejecta-
tio, quæ per os, vel nares, vel aures, vel
etiam per oculos, aut per inferiorem ven-
trem, vel per urinæ quoque vias fieri solet,
neque semper contingit, neque etiam tantùm
in hoc casu succedit : contingit enim, ubi
ictus seu percussiones hujusmodi corporis
pars fuerit passa, quæ magnis venis atque
arteriis sit insignita; contra verò, ubi nulla
id genus vasa exstiterint : non est autem
semper flagellationis signum, quia etiam ex
aliis causis solet contingere, ut videre est
in his, qui apoplexiá, epilepsiá, squinan-
tiá, aut suffocante morbo, maligná febre
vel pestilentiali, intereunt.*

Ainsi l'hémorrhagie, seule et par elle-
même, ne prouve point qu'une lésion ait eu
lieu, lorsque la vie de l'individu duroit encore.
Il en est de même d'une blessure qui a rendu
beaucoup de sang. Il faudroit du moins, pour
étayer cette opinion, que l'hémorrhagie eût
été si considérable, qu'on trouvât les grosses
veines absolument vuides, et que le sang
répandu fut d'un rouge vif et brillant.

Il est arrivé quelquefois que des scélérats
rusés, pour déguiser d'autres manières d'exécuter leur crime, ensanglantoient des blessures faites après la mort de leurs victimes.

2°. L'échymose présente encore plus de
difficultés, quand on veut s'en servir pour
prouver, que la vie existoit lorsque telle
lésion que l'on observe sur le corps d'un individu a été effectuée. Les Grecs l'appelloient
εκχυμωσις, εκχυμωμα ; les Latins *suffusio*,
vibex, *macula*, *stigma*, *livor* ; nous lui
donnons aussi le nom de *meurtrissure*, de
contusion. C'est, à proprement parler une hémorrhagie subcutanée. Galien dit qu'Hippocrate la définissoit, un épanchement de sang
des vaisseaux dont la cause est le plus ordinairement de nature violente. *Sugillatio, livor
ex itu*, dit Pline l'ancien.

Plusieurs auteurs modernes regardent les
échymoses comme une preuve que le sujet sur
lequel on les rencontre, est mort à la suite de
coups qui lui ont été portés. Nous n'en citerons
qu'un, parce qu'il s'exprime d'une manière
plus précise que les autres : c'est Hébenstreit.
*Inter vasa cutis, aut sub illâ, effuso in
cellulas pinguiferas sanguine, maculæ ex
rufo cœrulescentes exsurgunt, quas sugillationes, et in majori exemplo echymoses ap-*

pellant ; hœ illatam a contundente instru-
mento violentiam indicant ; simulque vitam
docent superfuisse tunc , cum instrumentum
applicatum est , cum fluens extra vasa san-
guis cordis motum supponat.

Il est certain qu'un coup violent, une forte
contusion peut, sur le vivant, altérer les vaisseaux de la peau et même ceux qui rampent
dessous et plus profondément encore , de
manière que le sang qui y circuloit, se ré-
pande dans le tissu cellulaire qui les environne,
et forme ainsi de véritables échymoses, mais,
si l'on veut raisonner juste , en conclura-t-on
que par-tout où il y a échymose, elle a été
occasionnée par une contusion ? N'a-t-on pas
beaucoup de faits qui ne permettent point de
douter que non-seulement des taches de peu
d'étendue (*vibex, macula*) mais encore des
échymoses larges , livides, pourprées, noires
même , se sont manifestées à la superficie du
corps, sans qu'aucune violence quelconque les
eût précédées, et conséquemment en puisse
être regardée comme la cause ? Hippocrate
avoit déjà remarqué que ceux qui meurent
d'une pleurésie ont quelquefois le côté livide,
comme s'il eût été meurtri : il avoit fait la
même observation sur certains hydropiques.
Ne voyons-nous pas tous les jours la même

chose sur les cadavres de ceux qui meurent à
la suite de différentes maladies, et principalement de celles qui ont un caractère de putridité, ainsi que du poison? Les pétéchies et les
anthrax se manifestent même avant la mort;
et il seroit aisé de les assimiler, ceux-ci aux
larges échymoses, et celles-là aux petites. Les
taches scorbutiques considérables, et qui occupent toute une région, pourroient être con-
fondues facilement par des gens de l'art peu
attentifs, avec de véritables échymoses. Des
spasmes occasionnent aussi des apparences
d'échymoses, comme on l'observe chez ceux
qui ont eu le cochemar. Les fortes congestions
produisent le même effet: ainsi on a vu dans
des apoplectiques le tissu cellulaire qui environne la tête, et les muscles crotaphites eux-
mêmes, tellement gorgés de sang, qu'on auroit pu aisément attribuer cet accident à une
violente percussion, tant les effets de l'un et
de l'autre étoient ressemblans.

Aussi plusieurs médecins ont-ils reconnu
qu'en général les inductions tirées de l'existence des échymoses, pour conclure qu'une
violence quelconque avoit eu lieu, étoient sujettes à égarer ceux qui s'y livroient.

. Fortunatus Fidelis assure qu'elles forment
unsigne fort incertain. Il a été suivi par Zac-

chias ; et Hébenstreit lui-même modifie son opinion, que nous avons déjà présentée. *Ce seroit à tort*, dit-il, *que l'on conclueroit toujours de la présence de ces taches de couleur de sang que l'on apperçoit sur les cadavres*, *que le genre de mort a été de nature violente : car les corps de ceux qui périssent de mort subite, deviennent quelquefois livides par la stase du sang, et ils sont marqués de ces mêmes taches larges et d'un rouge livide, qui ressemblent à celles produites par des coups et des contusions.*

Mais y a-t-il des signes certains pour distinguer, dans toutes sortes de cas, les échymoses survenues spontanément, de celles occasionnées par des actes de violence ?

Zacchias croit avoir trouvé le nœud de la difficulté, lorsqu'il dit : » J'ai vu quelquefois, » et cela me paroît fondé en raison, que la » manière dont naissent les taches et les échy- » moses, à la suite d'une violence quelconque » qui brise les vaisseaux et en fait sortir le » sang, est différente de celle dont ces mêmes » taches et échymoses sont produites, par le » caractère particulier d'une maladie, et la » violence que l'on pourroit appeler morbifi- » que. Dans les deux cas, c'est la même livi- » dité, les mêmes nuances de couleurs. Mais quand

» quand on en vient à l'ouverture du cadavre,
» et que l'on incise la peau, voici en quoi
» l'on trouve qu'ils diffèrent. Dans le premier,
» les veines qui ont été brisées par une vio-
» lence externe, ont laissé échapper sous la
» peau un sang épais et concret : dans le se-
» cond, ce sang n'existe pas, mais la couleur
» de la peau, et des parties situées sous elle
» immédiatement, est changée et devenue li-
» vide. Il est facile d'expliquer ces phénomè-
» nes. Lorsqu'une cause externe produit l'é-
» panchement du sang, c'est en altérant les
» vaisseaux qui le contiennent, lesquels le
» laissent échapper dans les cellules du tissu
» voisin, où il se coagule. Mais si les échy-
» moses naissent de cause interne, alors les
» vaisseaux ne sont ni ouverts, ni brisés; la
» partie la plus tenue du sang transude seule-
» ment à travers leurs parois, et parvient jus-
» qu'à la peau, ou à raison de son abondance,
» ou par un effet de son acrimonie. Ainsi cette
» marche ne suppose ni concrétion du fluide,
» ni altération marquée dans les vaisseaux. »

Telle a été, depuis Zacchias jusqu'à présent, la méthode dont on s'est toujours servi,
non-seulement pour distinguer les échymoses
réelles ou meurtrissures, de celles qui n'é-
toient qu'apparentes, et procédoient de cause

i iterne, mais encore pour juger si les manœuvres violentes avoient été employées, le sujet
étant encore vivant, ou seulement après qu'il
étoit expiré. Cependant, on ne peut douter
de la foiblesse d'un pareil moyen, et combien
il est peu propre dans une infinité de cas à résoudre les difficultés qui se présentent. En
effet, on s'est assuré souvent que dans des
contusions certainement nées de cause violente, mais qui ne sont pas étendues, la
quantité de sang épanché est infiniment petite:
et il arrive, au contraire, quelquefois que
dans celles qui ne sont qu'apparentes, et qui
reconnoissent une cause interne, on trouve
beaucoup de sang extravasé, lequel pénètre
même à une profondeur considérable. L'illustre Professeur de l'École pratique de Vienne,
Maximilien Stool, nous en fournit deux exemples frappans (a). Faisant l'ouverture du cadavre d'une très-jeune fille, morte d'une fièvre accompagnée de pétéchies, une de ces pétéchies qu'il coupa dans son milieu avec l'instrument, rendit une humeur extravasée, comme si l'on eût disséqué une véritable meurtrissure; cette humeur étoit d'une couleur

_____

(a) Prem. part. de la Méd. prat., huitième ouvert. de
cadavre.

tout-à-fait semblable à celle de la pétéchie elle-même, avant qu'elle fut ouverte. Examinant ensuite celles qui étoient répandues sur les bras et sur les extrémités inférieures, il vit qu'elles occupoient la peau dans toute sa substance ou épaisseur, et que souvent même une portion du tissu graisseux placé dessous, en-sorte que et la peau et le tissu graisseux étoient teints de la même couleur qu'elles. La plus grande de toutes, qui étoit située au-dessus du coude à la partie externe du bras gauche, pénétroit, à travers beaucoup de graisse, jusqu'aux muscles, et formoit une espèce de cône, dont la pointe touchoit les muscles, et la base étoit à la superficie externe de cette extrémité supérieure.

Voici l'autre fait. Dans une femme morte après une fièvre également pétéchiale, la plè-vre, la superficie interne et externe du péri-carde, les deux surfaces du diaphragme, la graisse qui se trouve à la base du cœur, étoient comme semées de taches pétéchiales, rouges, noires, bleues, de la grandeur d'une fève, d'une lentille; et ces pétéchies répandoient un sang fluide, quand on les divisoit avec le scal-pel, comme si ç'eût été autant de vraies meur-trissures; *et totidem sugillationes referenti-*

bus, sanguinem fluidum, si secabantur, fundentibus.

En général, il est important de ne pas oublier, quand on a un jugement à porter dans des cas semblables de Médecine légale, que, quoique la non-existence d'une maladie putride ou autre, fasse conclure avec beaucoup de vraisemblance, que les signes dont nous venons de parler sont dûs à une cause violente, il peut y avoir des complications singulières qui nous obligent de suspendre notre décision.

Voici un exemple frappant de cette assertion. Jœger rapporte qu'un paysan robuste fut heurté à la région du col, par une voiture pesamment chargée, avec tant de violence, que ses extrémités inférieures d'abord se paralysèrent, et ensuite les extrémités supérieures. Cet homme mourut dix-huit heures après son accident, dans des convulsions : il avoit toujours conservé sa présence d'esprit. On n'appercevoit à l'extérieur aucune trace de lésion, quoiqu'il fut facile de déterminer l'endroit précis de son siége vers la sixième vertèbre cervicale. On n'en découvrit pas davantage après la mort. Cependant lorsqu'on eut écarté les tégumens, on trouva environ quatre onces de sang extravasé, l'apophyse épineuse de la sixième vertèbre brisée à sa base, qui concourt à la formation du canal de l'épine : elle étoit même séparée du corps de la vertèbre. La moelle épinière étoit délabrée en cet endroit. Ces circonstances prouvent quel effort les tégumens avoient dû supporter, sans cependant offrir à l'examen aucune apparence de lésion.

Zacchias prescrit d'examiner avec soin si les vaisseaux ont été brisés. Mais cette altération n'est pas toujours aisée à appercevoir clairement.

D'ailleurs, en la supposant démontrée, et quand même les chairs et les os participeroient aussi à ce délabrement, il n'est nullement constaté, que la lésion a eu lieu sur un sujet vivant encore, ou bien seulement sur son cadavre. Car l'un et l'autre sont également susceptibles de tous ces effets, et dans toutes leurs parties, tant solides que fluides.

Si l'on prétend que l'épanchement sanguin ne doit pas se faire si facilement dans le cadavre, parce que la circulation n'existe plus, je répondrai qu'une échymose n'étant que l'effet d'une hémorrhagie subcutanée, cette hémorrhagie est tout aussi possible que celles, dont nous avons déjà parlé, qui peuvent avoir lieu,

O 3

et qui ont lieu effectivement dans les corps privés de vie, et par la raison même que dans les cas dont il est ici question, il y a le concours d'une cause violente, qui, brisant les parois des vaisseaux, fournit au sang qu'ils contiennent une issue facile, l'échymose se manifestera plus aisément. Si donc le sang, en se coagulant, comme cela arrive le plus ordinairement après la mort, ne met pas lui-même un obstacle à son épanchement, il obéira aux lois de l'hydrostatique; il continuera de se répandre, et remplira tous les vuides que lui laisseront les parties voisines de celle qui est le siège de la lésion. Cet épanchement sera même accéléré par la force contractile des parties offensées, force qui subsiste encore après la mort.

La coagulation du sang n'a point lieu immédiatement après le dernier moment de la vie; mais au bout d'un certain tems, plus ou moins long, selon la saison de l'année, le tempérament du sujet, la propre constitution du sang, et d'autres circonstances. Ainsi, tant que sa chaleur se conserve, on ne sauroit admettre qu'il a perdu sa fluidité : il ne cessera donc pas de s'échapper de ses vaisseaux, de s'épancher dans le tissu cellulaire, et de former des échymoses. Les échymoses seroient donc un

signe incertain de mort violente, dans la supposition que la lésion, qui les a produites, auroit été effectuée dans le tems où le sang con-
serveroit encore sa fluidité.

Au reste, il n'est personne qui ne convienne
que tout ce que nous venons d'exposer ne
puisse avoir lieu dans toute son étendue
dans les cas de putridité et de dissolution des
humeurs.

Enfin, on observe quelquefois des lésions
énormes, sans qu'il survienne aucune échymose.

3°. Lorsqu'une blessure, ou toute autre
altération, est accompagnée d'inflammation,
de tumeur inflammatoire, ou de gonflement,
on doit regarder ces symptômes comme un
signe assuré que, lorsqu'elle a eu lieu, la vie
existoit encore. Mais la proposition inverse,
que toute lésion est accompagnée d'inflammation, ne sauroit se soutenir. En effet, tous
les sujets n'ont pas une égale disposition à
l'inflammation ; et d'ailleurs souvent une lésion est suivie de la mort, avant que l'inflammation ait eu le tems de se former.

4°. Il faut porter le même jugement de ces
congestions d'humeurs que l'on observe à l'occasion de diverses lésions et d'interruptions
dans les fonctions de l'économie animale, par

O 4

exemple, à la suite et par l'effet d'une suffocation, d'une suspension, de passions de l'ame
excitées à un degré éminent. Lorsque ces congestions sont constatées par des signes qu'on
ne puisse révoquer en doute, elles servent
elles - mêmes à constater la vigueur de la circulation et de l'action du système nerveux,
et conséquemment de l'existence de la vie,
au moment où la lésion a été effectuée.

5°. Les signes qui font présumer qu'il y a
eu douleur, et les spasmes qui continuent d'a-
voir lieu, même après la mort, méritent aussi
d'être observés dans un grand nombre de
cas. Cependant il ne faut pas trop compter sur
leur valeur, puisqu'il est constant, d'un autre
côté, que plusieurs genres de mort naturelle
viennent à la suite de douleurs atroces, et de
spasmes.

Il est aisé de résumer, d'après tout ce que
nous venons de dire, que ce n'est que de la
réunion et de la comparaison de tous ces signes,
ou au moins de plusieurs, que l'on peut former
une conclusion positive, ou négative, c'est-à-
dire, si la mort a été violente ou non?

OUVERTURE DES CADAVRES.

Un médecin ne sauroit remplir toutes les fonctions que la société a le droit d'attendre de sa profession, s'il n'a cherché à acquérir et à perfectionner les connoissances à l'aide desquelles il pourra se faire à lui-même une juste idée des différentes blessures que le corps de l'homme est susceptible de recevoir, et ensuite attester avec précision aux ministres des lois le degré de mortalité de chacune de ces lésions. Cependant, les rapports qui ont lieu tous les jours par-devant les tribunaux, ne prouvent que trop combien ces connoissances sont le partage d'un petit nombre de gens de l'art : quoiqu'on ne puisse douter que de notre tems la science de la médecine, et en particulier celle de l'anatomie, n'aient fait de très-grands progrès.

A la vérité, l'anatomie semble, je ne sais par quelle fatalité, appartenir davantage au médecin qui professe son art, qu'à celui qui se borne à le pratiquer (1). Mais, il y a cer-

(1) Il est facile d'appercevoir que l'anatomie étant une

tainement un grand nombre de circonstances, où, sans elle, ce dernier ne peut rien. Telles sont celles dont l'ensemble forme la majeure partie de la Médecine légale : et si, alors, le médecin cesse d'être conduit par sa lumière, son incapacité devient funeste à l'innocent, ou bien elle dérobe le coupable à la peine qui lui étoit due. En effet, les magistrats croient la plupart devoir ajouter une foi aveugle aux rapports quelconques de tous ces soi-disant experts, et ils font de ces rapports la base de leurs décisions juridiques, quoiqu'ils soient, le plus souvent, aux yeux de ceux qui ont non-seulement ce titre, mais encore les connoissances qu'il suppose, dans le cas d'être réformés.

Quelques-uns ont même voulu soutenir que l'ouverture des cadavres ne pouvoit fournir aucune lumière dans les cas de Médecine lé-

science de mémoire, doit être possédée parfaitement par celui qui s'en occupe chaque année dans ses leçons et dans des dissections souvent répétées, le praticien, au contraire, doit l'oublier, parce que dans la Médecine qui se fait dans les villes, on a rarement l'occasion de faire des ouvertures, encore moins de disséquer. Comment donc les immenses détails de l'anatomie pourroient-ils rester gravés dans la mémoire ?

gale. Je ne citerai, pour exemple, que la Dissertation de Leyser, qui a pour titre : *De frustranea cadaveris inspectione.* Mais cette Dissertation paroît plutôt faite (comme tant d'autres), pour exercer les talens de l'auteur dans la dispute, que pour prouver une vérité.

La proposition contraire semble n'avoir besoin que de sa seule énonciation. L'ouverture d'un cadavre est-elle un moyen, et même le seul moyen, de constater s'il y a eu ou non homicide? S'il y a quelque doute, dit Hébenstreit, que la perte d'un blessé doive être attribuée à l'auteur de la blessure, et qu'elle ne vienne pas plutôt d'une autre cause que du coup qui a été porté, ou que celui qui a péri pouvoit échapper à la mort s'il eût été secouru convenablement, on ne sauroit refuser à l'accusé tous les moyens de défense possibles. Or, si on exclut ceux que l'ouverture du cadavre peut fournir, je ne vois pas où il en trouvera. Car, alors, comment éclaircir les doutes sur la nature de la mort? Si, par exemple, une mère exerce un traitement violent sur son enfant, qui étoit mort avant ou pendant l'accouchement, elle ne l'a pas tué réellement et de fait ; mais comment saura-t-on, autrement que par l'ouverture et l'examen du cadavre, qu'elle

n'a pas exercé sa férocité sur un être vivant ?
Il est donc évident que presque toujours, lorsqu'il est question d'un homicide, la base de
toutes les recherches médico-légales, c'est l'ouverture du cadavre.

. Il y a même beaucoup de cas compliqués,
dans lesquels elle seule peut fournir quelques
lumières. » Si un homme reçoit deux blessures de deux individus différens, dit encore
Hébenstreit, laquelle des deux blessures étoit
la blessure mortelle ? Lequel des deux accusés
est responsable de la mort ? L'une de ces blessures a percé la poitrine de part en part, l'autre a affecté gravement, mais par contusion
seulement, un viscère du bas-ventre : sans
l'ouverture et l'examen du cadavre, comment
motiver une décision ? »

Lorsque les cas sont tellement évidens,
qu'ils semblent exclure toute idée de la nécessité d'ouvrir un cadavre, l'ouverture doit cependant avoir lieu. Si on trouve un homme décapité,
ou percé de plusieurs coups mortels de leur
nature, ce n'est que par l'examen de son cadavre que l'on constatera s'il a été mutilé ou percé, encore vivant ou déjà mort. N'est-il pas
possible, en effet, qu'on ne l'ait traité ainsi
que pour cacher la véritable cause de la mort,
par exemple, le poison?

Mais, quand même des témoins oculaires attesteroient le genre de mort, on n'est pas dispensé pour cela de s'éclairer de plus en plus par l'ouverture du sujet. Voici l'exemple que propose Goerike pour appuyer cette doctrine. » Des témoins rapportent qu'un homme ayant été blessé, est tombé sous le fer de ses assassins, privé entièrement de vie, au moins à ce qu'il leur a paru; il a été jeté ensuite dans l'eau, et son cadavre n'a pu être trouvé que lorsqu'il étoit déjà dans un état de putréfaction qui ne permet plus de juger si la blessure a été mortelle ou non. Doit-on, sur la seule déposition des témoins, prononcer une peine capitale, puisque, quoiqu'il leur ait semblé avoir été tué, il est cependant très-possible qu'il ait péri véritablement dans l'eau et par l'eau, et que la blessure fut de nature à être susceptible de guérison ? Il reste donc incertain si les auteurs de sa mort sont ceux qui l'ont blessé ou ceux qui l'ont jeté dans l'eau (1).

_____

(1) On suppose encore qu'un homme ait été trouvé mort dans une chambre où le feu a pris, et qu'on le suppose mort asphixié de cette manière, n'est-il pas possible que par l'ouverture du cadavre on trouve qu'il a été empoisonné par les personnes qui habitoient avec lui, et qui ont mis le feu à la chambre pour cacher leur forfait?

Enfin, c'est principalement lorsqu'il ne se présente à la vue aucune trace de lésion extérieure, que l'ouverture et l'examen des cadavres de ceux dont le genre de mort est suspect deviennent nécessaires, puisque ce n'est que par ce moyen que l'on découvrira la lésion des parties internes, et sa cause, telle que le poison, etc.

Il y a, en quelque sorte, une science anatomique propre à chaque branche de l'art de guérir. On en pourroit distinguer trois principales : celle qui a son application au traitement des maladies internes; celle qui doit être familière au chirurgien; et enfin celle que j'appellerois anatomie légale, anatomie du barreau, *anatomia forensis.* C'est le nom qu'en effet plusieurs médecins-légistes Allemands lui ont donné.

Cette dernière branche est susceptible de se sous-diviser en deux branches. La première est l'art de déterminer le degré de mortalité d'une lésion quelconque du corps humain, d'après la position, la figure, la structure, les connexions, les fonctions de la partie offensée, et sur-tout d'après l'état de la blessure considérée en elle-même ou spécifiquement. Elle ne peut avoir lieu qu'à l'égard des cadavres, à l'aide de la dissection, ou examen vraiment anatomique. La seconde diffère de celle-ci, en ce qu'elle n'est, à proprement parler, qu'une inspection du corps vivant. C'est elle qui décide de la grossesse vraie ou simulée, de l'impuissance, des diverses maladies contagieuses, de la virginité et de la défloration; des naissances tardives ou avancées; des maladies simulées et dissimulées, etc.

Nous ne nous occuperons dans ce moment que de la première branche de l'anatomie légale.

Lorsque les juges ont ordonné un pareil examen, c'est au médecin à choisir le moment où il se fera, si toutefois les circonstances l'en laissent le maître. En effet, s'il s'agit d'une opération césarienne, par exemple, elle doit être pratiquée aussi-tôt que l'on a la certitude de la mort de la mère, afin de délivrer le plus promptement possible, le fœtus de l'angoisse qui menace son existence précaire, si elle n'en a pas déjà étouffé le souffle. Dans un tems chaud et humide, et, sur-tout, lorsque l'inflammation, la gangrene, et d'autres causes de putridité se sont manifestées, on hâte l'instant de l'ouverture. Il faudroit même, pour retarder les progrès de la putréfaction qui pourroit devenir funeste, placer le cadavre dans un endroit frais, et quelquefois le couvrir de glace, ou répandre sur lui des spiritueux.

Quand on procède à l'ouverture, on établit un courant d'air qui emporte les vapeurs à mesure qu'elles émanent du corps; et on fait des fumigations aromatiques : celles de tabac sont souvent préférables à beaucoup d'autres.

Il y a des circonstances qui ne permettent pas le transport d'un cadavre, ni même qu'on le remue, sinon avec précaution. Telles sont celles dans lesquelles on craint de changer, par une distraction (*distrahendo*), l'état d'une plaie, ou d'une fracture, ou d'un engorgement de vaisseaux, de déplacer un instrument qui a causé la mort d'une façon extra-ordinaire, de rompre des parties membraneuses d'une contexture foible ; tel est sur-tout le cas où l'on est obligé de procéder à l'examen d'un cadavre déjà ancien, retiré de l'eau, ou exhumé.

Les instrumens nécessaires pour bien faire une ouverture, sont : un rasoir ordinaire, des scalpels de diverses grandeurs, à un et à deux tranchans, des ciseaux droits, et des courbes, des pinces, des crochets de plusieurs sortes, des seringues avec tout leur attirail, des sondes pleines, des cannelées, des scies, un élévatoire pour relever le crane, une spatule ou

feuille

fouille de myrthe, pour en séparer la dure-
mère, un couteau à lame applatie, pour pratiquer différentes sections dans la substance
du cerveau, des coins, un maillet ou marteau, un tube avec des canules de tout calibre, des aiguilles droites, courbes, des épon-
ges, des vases, grands et petits, de l'eau, des
bandes.

On place le corps sur une table, ou sur des
planches soutenues par des tréteaux, et à une
hauteur convenable. Il est posé sur le dos. On
le dépouille de ses vêtemens, avec les précau-
cautions que la décence exige, c'est-à-dire,
celles de ne point exposer à la vue inutilement
certaines parties.

Il y a cependant beaucoup d'occasions où
le corps doit être mis entièrement nud. Lorsqu'un homme, par exemple, meurt après avoir
reçu des contusions, après avoir été foulé
aux pieds, dans les cas d'empoisonnement, ou
d'une hernie étranglée, on est obligé d'examiner, avec une attention spéciale, les parties
externes de la génération. Celles de la femme
seront également soumises à l'examen, s'il y
a soupçon de viol, d'avortement, d'accouchement, de chûte grave ou d'hémorrhagie
de la matrice, etc.

On commence donc par rechercher s'il y a

Tome II. P

rougeur, lividité, meurtrissure, tumeur, solution de continuité, dépression, luxation,
fracture. Si c'est le cadavre d'un fœtus, on
examine le cordon ombilical : en a-t-on fait
la ligature? A-t-elle été omise? C'est dans les
cas où il y a suspicion d'infanticide, que le
médecin a principalement besoin de toute son
attention et de toute sa sagacité, pour n'oublier et n'omettre, dans son rapport, aucune
lésion extérieure, même la plus légère. En
effet, on a vu de ces foibles et malheureuses
victimes, qui avoient été immolées avec une
longue aiguille enfoncée par la fontanelle dans
la substance du cerveau, ou avec un fil de
laiton poussé dans le même organe par le nez
et l'os cribleux ou ethmoïde, etc. Il faut, en
général, dans tous les cas suspects, explorer
avec soin toutes les ouvertures naturelles du
corps, s'assurer si les narines ne sont point
obstruées, ou si elles ne portent pas des traces
d'une violente compression; si les oreilles, la
bouche, etc., ne sont pas remplies de sang,
de matière purulente, ou d'autres substances
hétérogènes, etc.

On enlèvera les bandes, les compresses,
les emplâtres, les plumaceaux, les tentes, et
tout autre appareil. On examinera, avec un
soin spécial, la partie affectée, la région qu'oc-

cupe la blessure, sa grandeur, sa direction,
sa profondeur, si elle est enflammée, gangrenée, livide, si elle est sèche, ou s'il en sort
du sang, du pus, une matière ichoreuse; si le
sang est pur ou mêlé, s'il est en grumeaux,
s'il est écumeux; si la plaie est bouffie, em-
physémateuse; s'il s'y trouve des matières
hétérogènes, comme des balles, des morceaux
de linges ou d'étoffe, etc. On constatera aussi
en quoi consistoit l'appareil que l'on a trouvé
sur la blessure, sur-tout si c'est celui qui a
été mis dans le premier moment de l'accident.

Il est utile de placer le corps dans la même
situation que celle dans laquelle le coup a été
porté. En effet, les parties internes changent
de rapport entre-elles, selon la position générale du corps, ainsi que l'a démontré le
célèbre Winslow.

On sonde la blessure avec des âgens
flexibles, peu consistans, tels que des fils
de plomb, des bougies; et on procède avec
la plus grande précaution, et la plus grande
légèreté de main possible, afin de ne pas
changer ses véritables dimensions et sa direction, comme cela pourroit facilement arriver,
à raison de la mollesse et du peu de résistance des parties, dans certains cas principalement. On s'assurera bientôt de cette ma-

P 2

hiere, si la blessure n'est que superficielle ou si elle est profonde, et si elle a même pénétré dans une cavité.

Quand on incise les tégumens du bas-ventre, il faut prendre garde que l'instrument ne blesse les parties qui y sont contenues. La méthode de quelques anatomistes de passer un fil par le nombril pour élever les tégumens, et les isoler, bien loin de prévenir cet inconvénient, ne fait souvent que le produire. On est plus sûr de réussir, en employant un bistouri à pointe mousse, avec lequel on incise longitudinalement les muscles droits de l'abdomen au-dessus et au-dessous de l'ombilic. On introduit par cette ouverture, qui pénètre jusqu'au péritoine, une sonde creuse à bouton, dans la cannelure de laquelle glisse l'instrument tranchant, qui n'entame point le tube intestinal abaissé et écarté par la sonde. Il est aisé de sentir l'importance de ce précepte, en ce que l'affaissement des intestins, et l'absence de l'air qui les distend le plus ordinairement, sont des signes qui font soupçonner qu'ils ont été blessés.

A moins qu'on ne doive, par des motifs particuliers, examiner d'abord la partie qui a été offensée, on commence par jeter un

coup-d'œil général dans la cavité du bas-
ventre, pour s'assurer s il ne contient point
de l'eau, du sang, du chyle, de la lymphe,
de la bile, de l'urine, des matières alimentaires, des matières fécales, des vers, ou
autres substances hétérogènes; si les différens
viscères ont leur couleur, leur figure, leur
situation, leurs connexions, leur structure
naturelles, etc.; si l'estomac et le canal intestinal sont vuides et affaissés sur eux-
mêmes, ou s'i's contiennent des alimens,
des matières fécales, de l'air, du sang, etc.

On parcourt le canal intestinal, ou en
allant du pylore à l'anus, ou en commençant
à l'insertion de l'ileum avec le colon, pour
remonter d'abord vers l'estomac, et descendre ensuite à l'extrémité du rectum. On
doit procéder avec modération, et tenir
d'une main la portion qui a déjà été vue,
tandis que l'autre main continue l'examen
de celle qui vient immédiatement après, et
ainsi alternativement. On visite ensuite les
autres viscères; on ouvre la vessie urinaire,
et la vésicule du fiel, ou du moins on les
comprime, pour savoir si elles ne renferment
pas quelque concrétion. On ouvre aussi les
gros vaisseaux, afin de s'assurer si, par
exemple, les veines sont vuides de sang.

P 3

Car, il n'est pas question de constater seulement les lésions qui naissent de cause violente externe, mais encore toute cause de mort, en général, interne ou externe, première ou secondaire, seule ou combinée ou compliquée, nécessaire ou accidentelle, commune ou individuelle. La différence est grande, en effet, si le blessé étoit sain, robuste, docile aux conseils dé ceux qui en prenoient soin ; ou si c'étoit un homme valétudinaire, débille, réfractaire, et ne sachant se modérer. C'en est une tout aussi importante, si le traitement a été bien ou mal conduit. Qui ne conviendra qu'une ouverture bien faite est un des moyens les plus puissans d'établir la vérité ?

Presque tout ce que nous venons de dire sur la manière de faire l'examen des parties contenues dans l'abdomen est applicable à celui de la poitrine. Voici ce qu'il y a de particulier à observer. On sépare, à droite et à gauche, les muscles pectoraux du sternum des clavicules et des côtes ; on coupe les cartilages qui unissent les côtes au sternum (du côté de la côte) ainsi que les muscles intercostaux et la plèvre qui tient à leur face interne ; on isole la portion supérieure du sternum d'avec les clavicules et les muscles

qui s'y attachent avec le ménagement nécessaire pour ne pas intéresser les gros vaisseaux
qui sont situés au-dessous ; alors on soulève
le sternum, tantôt d'un côté, tantôt d'un
autre ; et, en regardant obliquement, on
s'assure de la position, des connexions, et
de l'état naturel ou contre nature, du médiastin. Ensuite on débarrasse le sternum et
les côtes du médiastin qui y est adhérent,
et on rabat le sternum sur la région du bas-
ventre. Il y en a qui, au contraire, le rabattent
vers la tête, après l'avoir dégagé par sa partie
inférieure. Chaque méthode peut avoir ses
avantages et ses inconvéniens, selon les circonstances.

Le thorax étant ainsi ouvert, on apperçoit
les poumons. Leur superficie, parsemée de
taches livides ou plutôt noirâtres, en impose
souvent à des novices ; mais cette variété de
couleurs est tout aussi naturelle chez les
adultes, que la couleur rose l'est pour les
poumons des enfans. Tous les autres changemens quant à la couleur doivent être notés,
qu'ils aient lieu en totalité ou en partie,
qu'ils soient superficiels, ou qu'ils pénètrent
la substance du viscère. On doit s'assurer si
les poumons sont d'une consistance ou mol-
lasse, ou trop ferme, ou même squirrheuse ;

s'il existe des tubercules, des vomiques, des ulcères, des embarras dans les bronches et dans la trachée-artère, des concrétions polypeuses dans les grands vaisseaux, ou toute autre disposition morbifique.

Il faut sur-tout remarquer avec attention si les poumons sont remplis d'air, ou s'ils sont affaissés sur eux-mêmes. Les médecins ont fait grand usage de cette distinction, dans les cas où il y avoit suspicion d'infanticide, pour juger si l'enfant étoit sorti vivant ou mort du sein de sa mère. Nous verrons ailleurs jusqu'à quel point on doit porter la confiance en ce signe. Mais dans d'autres questions médico-légales, je veux dire dans les blessures faites à la poitrine, l'affaissement des poumons annonce qu'ils ont été percés : et, lorsque la plaie ne se découvre pas d'abord, on l'a bientôt trouvée, en injectant de l'air par la trachée-artère ; cet air dilatant les poumons, et se frayant une issue par l'endroit même que l'on cherche. C'est ce qui prouve bien clairement avec quelles précautions on doit faire la section des cartilages des côtes, et avec quel ménagement il convient de détacher les poumons de la plèvre, lorsque celle-ci leur est adhérente, en préférant plutôt d'entamer la plèvre, que

la membrane et la substance propre du viscère : car , s'il y a la moindre piqûre , ou la
plus légère excoriation , à la membrane
propre des poumons , tout l'air par lequel on
voudra les souffler, sortira par cette issue.

Avant que de pénétrer avec le scalpel dans
la substance même des poumons, on examinera , et sur-tout vers la partie inférieure
ou diaphragmatique , si la double cavité dans
laquelle la nature les a logés, est absolument
vuide, ou bien si elle contient quelque sérosité , du sang, du pus, du chyle : on désignera exactement l'endroit où l'humeur s'é-
toit amassée , ainsi que sa quantité et ses
qualités. On s'assurera pareillement de l'état
des vaisseaux ; si leur substance , leur diamètre, leur cavité sont dans l'état naturel ;
ou s'il y a des dilatations anévrismales, des
ossifications de leurs parois, des concrétions
de sang grumelé ou vraiment polypeuses , si
les veines sont remplies de sang, ou si elles
sont vuides ?

L'examen du cœur et du péricarde vient
après celui des poumons. De l'eau contenue
dans le péricarde est un phénomène très-
naturel , et qui n'étonne que ceux qui
manquent d'expérience : on n'en doit donc
faire mention , qu'autant qu'elle s'éloigne

de ce qu'on observe ordinairement et par sa
quantité et par ses qualités. On doit ouvrir
le cœur, sans intéresser aucune des valvules
que la nature a placées à l'origine de ses
quatre grands vaisseaux, et examiner ces valvules, les commencemens des artères et des
veines, et les quatre cavités qui constituent
proprement le cœur.

Enfin, on termine l'examen de la poitrine
par celui du diaphragme, dont les lésions
sont, le plus souvent, de la plus grande
conséquence.

Celles de la tête, qui sont si variées, et
quelquefois si compliquées, demandent un
anatomiste exercé, et qui sache en même
tems décrire avec clarté ce qu'il aura observé.

On commence par inciser le cuir chevelu,
et on aura soin de ne point prolonger sans
nécessité l'incision du côté de la région fron-
tale, ne fut-ce que parce qu'il en résulte
toujours un spectacle hideux et dégoûtant.
Lorsqu'on scie la boîte osseuse, et qu'on
enlève la calote, on prendra garde de déchirer les meninges, ou d'entamer la substance même du cerveau; et on ne regardera
point comme une chose extraordinaire l'ad-
hérence de la dure-mère à la face interne

du crâne. Il faut, sur-tout, donner toute
son attention à la découverte et à l'examen
des diverses lésions du crâne, des fêlures de
la table externe et de la table interne, des
dépressions, des esquilles; déterminer avec
exactitude quelles membranes ont été blessées, quels vaisseaux, quels nerfs, quelles
portions du cerveau ou du cervelet; si les
sinus longitudinaux, ou les latéraux, sont
affectés, s'il s'y trouve du sang grumelé,
des concrétions polypeuses; si les veines du
cerveau sont vuides, ou gorgées de sang;
si les artères carotides et les vertébrales sont
dans leur état naturel.

On trouve souvent un fluide épanché dans
les ventricules du cerveau, principalement
dans les ventricules antérieures, et vers la
moelle allongée : il faut en estimer la quantité
et les qualités. Les altérations, et même
l'endurcissement de la glande pinéale, que
Descartes regardoit comme le siége de l'ame,
les changemens contre nature des plexus
choroïdes, et les hydatides qu'on y rencontre quelquefois, doivent être notés, mais
sans y attacher une trop grande importance,
comme si c'étoit autant de causes de mort :
attendu que l'anatomie-pratique a fait connoître que de pareilles maladies pouvoient

existér un long espace de tems , sans que la
vie fut en danger.

La consistance et la force de la voute
osseuse , dans tous ses points , doivent être
considérees attentivement. Car on voit fréquemment qu'un crâne est épais dans une
partie, tandis que dans une autre il se trouve
d'un amincissement extrême : et cette conformation vicieuse peut rendre dangereux ,
et même mortel , un coup qui , dans un
autre individu, n'auroit produit presqu'aucun
accident. La fontanelle , chez les enfans nouveaux nés , est aussi une des parties de la
tête dont la visite se fera avec le soin le plus
scrupuleux.

Après l'examen des trois cavités du corps ,
il reste à faire celui des extrémités , qui est
quelquefois d'une grande importance. On
remarquera les blessures, les contusions, les
signes d'inflammation , de gangrène, les piqûres de nerfs et de tendons , les délabremens
des articulations, les fractures des os , les anévrismes et autres altérations des vaisseaux.

En général, l'ouverture et l'examen d'un
cadavre , quand c'est le ministre de la loi
qui ordonne dé les faire, doivent être regardés par les officiers de santé comme un
de leurs devoirs les plus importans et les plus

difficiles à remplir. Ils ne sauroient trop multiplier les précautions, pour ne rien omettre de ce qui peut rendre leur rapport plus complet et plus lumineux : car le sort des accusés est entre leurs mains.

Voici donc quelques-unes des précautions principales, que doivent apporter ceux qui ont à remplir la fonction redoutable d'experts.

1°. Toutes les fois qu'un viscère ne peut être examiné suffisamment en place, il faut l'enlever, sans l'altérer en aucune manière dans sa propre substance.

2°. Lorsqu'il ne se manifeste de lésions que dans une des trois cavités du corps, la tête par exemple, il n'est pas, sans doute, d'une nécessité absolue et évidente de les ouvrir toutes. Cependant, c'est le devoir du médecin de le faire, parce qu'on peut y trouver des causes de mort qui auront été mises en activité par la lésion qui seule a d'abord frappé les yeux. On pourroit même soutenir qu'une ouverture de cadavre, dans laquelle on auroit négligé ce précepte, devroit être déclarée non-légale et de nul effet. Tulpius a dit avec beaucoup de sens : *abditorum morborum causâ, haud satis fuerit inquisi-*

visse in naturam vulneris, nisi simul perscru-
teris corpus universum, ne inconsiderate ad-
severes, quemquam subiisse speciem ejus ut
occisi, quem sors sua peremit.

3°. Le médecin doit regarder comme des
objets dignes de remarque le sexe du sujet,
son âge, son tempérament, l'état de sa santé,
la manière dont il vivoit; s'il étoit à jeun, ou
s'il avoit l'estomac chargé d'alimens; s'il étoit
pris de vin; s'il étoit dans un accès de colère;
s'il a été exact à suivre le traitement prescrit;
quels ont été les principaux accidens au moment où il a été frappé, et depuis jusqu'à sa
mort; dans quelle position du corps il a reçu le
coup; si sa chûte n'a point aggravé sa blessure, ou ne lui en a point occasionné une
autre; quel instrument a employé l'auteur de
la blessure, de quelle forme, de quelles dimensions il étoit, etc. Y a-t-il une cause de
mort unique et suffisante, ou la perte de l'individu est-elle due à la réunion de plusieurs,
dont chacune, isolée, auroit été insuffisante?

4°. Quoiqu'il ne faille rien faire qu'avec
exactitude, cependant il faut aussi procéder
avec une certaine prestesse, sur-tout si ce
sujet est déjà susceptible de répandre l'infection. La propreté est alors très-utile, non-

seulement l'examen se fait mieux, mais l'anatomiste court moins de risques.

5°. On distinguera de la plaie qui fait l'objet
des recherches, celles qui sont l'ouvrage de
l'art qui a tenté de sauver le blessé. Tel est le
résultat du trépan. A plus forte raison, suivra-
t-on le même précepte à l'égard des incisions
pratiquées par celui qui fait l'ouverture.

6°. En général, on doit commencer l'ouverture par les régions du corps où il se manifeste des traces de violence exercée, et un
état contre nature. Mais, lorsqu'il n'y a aucun
signe semblable, on procédera dans l'ordre
que nous avons exposé. Il y en a un à observer
dans l'examen des organes internes, faute duquel on commet quelquefois des fautes ou erreurs très-graves; par exemple, lorsqu'il est
question de constater l'existence ou la non-
existence d'un infanticide, si avant d'examiner les grands vaisseaux, on porte d'abord ses
recherches sur le cœur, les poumons, le foie
et autres organes principaux, n'est-il pas évident que, cette dissection et le remuement du
cadavre faisant perdre une grande quantité de
sang, les gros vaisseaux, que l'on auroit trouvés
fournis de sang, si on eût commencé par eux
l'examen du jeune sujet, se trouveront vuides
en grande partie ? On conclucra de ces circons-

tances, qui ne doivent leur naissance qu'à une méthode fautive, que l'enfant, dont le cordon étoit coupé et sans ligature, a péri d'une hémorrhagie, et on déclarera coupable une mère, qui, peut-être, étoit innocente.

7°: Par les mêmes motifs, il convient d'évaluer et d'enlever le sang qui se sera extravasé dans une cavité quelconque, avant de porter le scalpel sur les viscères contenus dans cette même cavité. Par cette précaution, on évitera le mélange du nouveau sang qui doit couler, avec celui qui est déjà répandu, et on estimera plus exactement la quantité de l'un et l'autre. En portant des stilets dans une blessure, avant que le cadavre soit ouvert, on risqueroit de pratiquer de fausses routes qui induiroient en erreur : on s'en gardera donc soigneusement.

8°. Une blessure, en général, doit être examinée de toutes les autres manières, avant de recourir à la voie du scalpel ; et tout viscère doit l'être pareillement en place, avant de l'être séparé du corps. C'est une nouvelle raison de se conformer au précepte que nous venons de présenter plus haut ; savoir, de nettoyer, avec le plus grand soin, les plaies où l'on présume qu'il y a des vaisseaux offensés : parce qu'alors il est plus facile de s'assurer de la vérité du fait, et d'éviter d'altérer

davantage

davantage ces vaisseaux avec l'instrument tranchant.

9°. Il faut spécifier tous les corps étrangers que l'on trouve dans une blessure, tels que des fragmens d'épée, de balles, etc., leur grandeur, leur forme, etc., et noter s'il y avoit possibilité d'extraire ces substances. On comparera la plaie avec l'instrument qui l'a faite, afin de mieux juger de la nature de la première par la grandeur et la forme du second. On peut aussi tirer des lumières des dommages qu'auront soufferts les diverses parties du vêtement, et toujours par comparaison.

10°. Quand on fait une ouverture, on doit diriger tellement l'incision de la peau et des autres membranes, qu'elles ne tombent point sur la blessure; parce que, la forme de celle-ci n'étant plus ce qu'elle étoit, il devient impossible de comparer la lésion superficielle avec celle des parties profondes. On mettra les muscles blessés entièrement à nud, afin de pouvoir déterminer avec précision comment ils l'ont été : si c'est le corps du muscle ou son tendon ; si le muscle n'a été que piqué ; s'il a été entamé dans sa longueur, ou transversalement ; s'il a été coupé en totalité ou en partie ; s'il a été déchiré, délabré ; et si plusieurs muscles, voisins les uns des autres, ont été blessés en même-tems, comme cela peut arriver, au col, au dos, aux extrémités, où ils sont très-multipliés ; pour éviter toute méprise et toute confusion , on les isolera des parties environnantes, depuis une de leurs insertions jusqu'à l'autre , et même, en cas de nécessité, on coupera tout-à-fait leurs tendons, afin de mieux appercevoir ceux qu'ils recouvrent. On se conduira de la même manière, s'il s'agit de vaisseaux sanguins, de nerfs, d'os, et d'organes que des muscles dérobent aux yeux de l'observateur. Quand la position de certains muscles ne permet pas de les méconnoître, tels que les intercostaux et ceux de l'abdomen, il n'est pas nécessaire de les mettre à nud : cependant il faut les indiquer avec les autres parties lésées , selon l'ordre dans lequel ils l'ont été eux-mêmes. C'est le moyen de mettre les juges, et les corps de médecine, auxquels ces affaires peuvent être quelquefois renvoyées , plus à portée de prononcer sur la nature de la blessure, et en même-tems , d'être instruits du degré de talent des officiers de santé qui ont fait l'ouverture et l'examen du cadavre.

11°. Lorsqu'il y a contusion des parties extérieures, ou d'autres altérations qui ne se trouvent compliquées d'aucune plaie, et que,

par la région qu'elles occupent, il est constaté
qu'elles n'ont nullement contribué à la perte
de l'individu, il suffit alors d'inciser les tégumens pour découvrir les parties subjacentes.
Mais, pour peu que l'on soupçonne de lésion
ultérieure, on procédera à un examen profond et détaillé. Si des blessures légères, de
ces mêmes parties de la superficie du corps,
peuvent être suffisamment connues et appré-
ciées à l'aide du stylet et de la sonde, sans le
secours du scalpel, on bornera l'examen à ces
épreuves.

12°. Si un nerf considérable a été offensé,
on le découvrira en écartant les parties sous
lesquelles il est naturellement caché; on re-
montera jusqu'à sa sortie de la moëlle allongée, ou de la moëlle de l'épine, ou d'un tronc
principal, et on le suivra jusqu'à l'organe auquel il se distribue. On parviendra ainsi à juger de la nature et des effets de la blessure,
du nombre et de la force des rameaux offensés, s'ils ont été, ou piqués, ou meurtris, ou
entamés, ou même totalement coupés.

13°. Il faudra de même dégager les vaisseaux de ce qui les cache à la vue, remonter
jusqu'au cœur ou aux troncs principaux qui
les fournissent, les suivre jusqu'aux parties
qu'ils arrosent. Alors, on saura combien il y

en a eu d'attaqués, et quels ils sont ; s'ils n'ont
été que foulés, ou si l'instrument meurtrier
les a pénétrés , les a même entièrement
coupés.

14°. Ces préceptes ont toute leur force ,
lorsqu'il est question d'évaluer les altérations
d'autres canaux du corps humain, tels que la
trachée-artère, l'œsophage , les intestins, les
canaux hépatique, cystique, cholédoque, pan-
créatique , etc.

15°. Quant aux vaisseaux sanguins, on devroit se faire une règle, dans les cas où leurs
parois ont été perforées, d'introduire une soie
ou un stylet, que l'on dirigeroit, ou du côté
de leur naissance, ou du côté de leur terminaison, pour se convaincre, ainsi que ceux
qui sont présens à l'opération, que c'est véritablement un vaisseau qu'on leur présente
comme étant la partie lésée. On pourroit encore ouvrir le vaisseau à son origine ou à son
autre extrémité, y porter un stylet, et le faire
sortir par la blessure, ou bien, en le soufflant,
prouver sa communication avec d'autres, et
par-là sa nature. Dans toute blessure, on doit,
autant qu'il est possible, s'assurer d'abord de
l'état des vaisseaux. Mais on éprouvera la vérité de ce qu'a dit Bohnius, qu'il est bien différent de trouver, dans un amphithéâtre de dé-

monstration, des vaisseaux qui ont été préparés et même injectés avec une cire colorée, ou de les retrouver, et sur-tout les plaies qu'ils ont reçues, dans un cadavre, où ils sont très-souvent vuides et affaissés sur eux-mêmes.

16°. Dans tous les sujets morts à la suite d'une hémorrhagie, n'importe à quelle époque de leur vie, c'est un précepte constant d'ouvrir les cavités du cœur et les gros vaisseaux, principalement les veines qui s'y terminent, quand même ces organes n'auroient été aucunement altérés; et cela, afin de connoître la quantité de sang qu'ils contiennent encore.

17°. Lorsque des os ont été affectés, il faut les dégager des parties molles qui les recouvrent; et, s'il y a des esquilles, on examinera leur grandeur, leur forme, leur situation, leur nombre; si elles ont blessé les parties voisines; si elles étoient libres et susceptibles d'être enlevées. Les fractures et les fêlures doivent être examinées dans toute leur étendue.

18°. Enfin, dans les cas d'empoisonnement, on ne doit jamais négliger l'examen des matières contenues dans l'estomac.

19°. Il y a un choix d'expressions connues de tout le monde, et propres pour représenter ses idées. Ainsi, on peut comparer la grandeur

Q 3

d'une blessure, ou d'une lésion quelconque
d'une partie solide du corps, à la grandeur de
la tête d'un enfant, du poing d'un homme ordinaire, d'une noix, etc. ; à celle de la paume
de la main, d'un pouce, d'un doigt, d'une
plume à écrire, d'un fil, d'un cheveu. La
quantité de fluide s'estime également par des
mesures communes, telles qu'une pinte, une
cuillerée à bouche, une ou plusieurs goutes, etc.

20°. Le siége des différentes lésions se dé-
termine selon la nature des parties lésées.
Ainsi le siége d'une altération à la superficie
du corps s'évaluera par sa proximité d'un organe connu, ou d'une région à laquelle les
anatomistes s'accordent à donner le même
nom. Pour un muscle, on aura recours à son
insertion, ou à ses bords, ou aux muscles
voisins : pour un nerf, à la distance de l'endroit de la lésion, au point de sortie de la
moélle allongée, ou de la moélle épinière, ou
d'un tronc principal, etc. : pour un vaisseau,
sa distance du cœur, ou d'un gros tronc, ou
du viscère auquel il est destiné, et même de
telle portion de ce même viscère, servira de
ligne de ralliement.

21°. Quand on a procédé à l'ouverture d'un
cadavre, d'après les règles et avec les précau-

tions que nous venons de détailler, le médecin doit rédiger, avec ordre et clarté, les observations qu'il a faites, et donner son sentiment sur le caractère de la blessure, et sur la
manière dont elle aura contribué à la perte du
sujet. Mais il ne se croira point obligé, sur-
tout dans les cas difficiles, de remplir cette
dernière partie de son ministère au moment
même de l'ouverture du cadavre. Il prendra, au contraire, tout le tems dont il peut
avoir besoin, soit pour réfléchir sur toutes les
circonstances qui se seront présentées, soit
pour consulter et d'autres médecins, et les auteurs les plus recommandables.

Je finirai en présentant un exemple d'ouverture de cadavre: cet exemple peut en même
tems servir de modèle de la manière dont on
peut en dresser procès-verbal.

Nous soussignés, officiers de santé, demeu-
rant........., certifions que, en vertu de l'ordonnance de............, nous avons fait l'ouverture du corps de feu..........., demeu-
rant........., et mort (tel jour) (à telle heure),
après une blessure faite avec un couteau.
Ayant été introduits dans la chambre où étoit
le cadavre, nous avons trouvé ce qui suit:

1°. Le corps du défunt étoit dans son lit, où
on l'avoit laissé jusqu'au moment du décès.

Q

Nous l'avons fait transporter, avec les précautions convenables, dans une pièce plus com-
mode, pour procéder à l'ouverture.

2°. L'abdomen étoit extraordinairement
gonflé et tendu.

3°. Nous avons oté le peu de vêtemens qui
restoit, ainsi que les bandes qui étoient appliquées selon les règles, et des compresses im-
bibées d'un vin aromatique.

4°. Le dos du cadavre et ses deux cuisses
étoient remarquables par plusieurs échymoses
et des taches livides.

5°. Il y avoit un emplâtre sur la région hy-
pocondriaque gauche.

6°. Sous cet emplâtre étoit une tente de
charpie d'environ un demi pouce de longueur,
et pénétrée plutôt d'une espèce de sérosité
sanguinolente, que de sang même, ou de
pus.

7°. Nous avons trouvé une plaie à l'hypocondre gauche, laquelle étoit située à cinq
pouces au-dessus de la crête de l'os des îles,
et à la distance d'un empan ou d'une palme de
l'aisselle.

8°. Cette plaie n'étoit ni gonflée, ni em-
physémateuse:

9°. Elle n'étoit ni trop rouge, ni enflammée,
encore moins livide ; cependant on apperce-

voit quelques traces livides à un pouce et demi de son bord antérieur et inférieur.

10°. Le toucher n'en a fait sortir ni sang, ni pus, ni autre chose.

11°. Sa longueur, qui étoit de huit lignes, répondoit exactement à la largeur du couteau dont le meurtrier s'étoit servi; et cependant, ce qui nous a tous surpris, ce couteau étoit plutôt mousse que pointu et acéré.

12°. Elle bâilloit un peu; et l'un de ses deux angles (car elle étoit de forme ovale), étant plus aigu que l'opposé, faisoit présumer fortement que le tranchant de la lame avoit été tourné vers la partie antérieure du corps, et le dos vers la partie postérieure.

13°. La blessure avoit pénétré entre la troisième et la quatrième des côtes, plus près cependant du bord supérieur de cette dernière, que du bord inférieur de l'autre. Elle avoit une direction parallèle aux côtes, suivant laquelle direction, après avoir passé un peu obliquement sous le muscle oblique externe du bas-ventre, et les intercostaux, elle se faisoit jour dans l'abdomen de devant en arrière.

14°. Une dissection bien exacte a démontré que l'artère et la veine intercostales, ainsi que

le nerf qui rampent dans le sillon de la troisième côte, n'avoient été nullement entamés.

15'. L'examen attentif de la plaie, et la séparation de la portion musculeuse d'avec les
tégumens, nous ont aussi appris que les taches
livides que nous avions observées à quelque
distance de son bord, ne provenoient que
d'une légère échymose du muscle oblique externe du bas-ventre.

16°. Il sortit de la plaie une partie graisseuse,
de la grosseur d'une petite aveline, qui ne
présentoit aucune altération.

17°. A l'ouverture de l'abdomen, il se répandit une quantité considérable de sang, qui
avoit conservé en grande partie sa fluidité,
mais qui étoit plutôt d'une couleur noirâtre
que d'un rouge bien brillant.

18°. L'estomac et le canal intestinal en entier étoient remplis de vents et très-volumi-
neux.

19°. On appercevoit aux intestins grêles, à
leurs points de contact mutuel, des stries oblon-
gues, rouges, et d'un caractère inflammatoire.

20°. Mais il y avoit à l'iléum, et principalement au colon, dans l'endroit où il est adhérent au péritoine du côté gauche, immédiate-

ment au-dessous de la plaie, une inflammation considérable qui tenoit deux pulmes sur
la surface de l'intestin.

21°. En examinant cette partie du tube intestinal, qui n'étoit point affaissée sur elle-
même, et que l'instrument meurtrier n'avoit
point entamée, et après avoir isolé le colon à
sa gauche, nous découvrîmes une nouvelle
quantité de sang extravasé, moitié fluide,
moitié trouble et d'une teinte roussâtre. Il y
en avoit aussi vers la région du bassin et des
lombes.

22°. La plaie étant alors dégagée, nous
avons vu clairement que cette partie graisseuse,
dont nous avons déjà parlé, étoit l'extrémité
d'un follécule, qui remontoit du rein, et qui
tenoit de toutes parts au péritoine. Elle n'étoit
nullement endommagée.

23°. La rate, au contraire, nous parut non-
seulement d'un moindre volume qu'à l'ordinaire, plus pâle et plus inégale à sa surface,
mais encore percée d'outre en outre à sa partie
gauche et inférieure ; ensorte que le doigt
pouvoit aisément passer à travers sa substance.
La plaie étoit comme affaissée, et ses bords
réunis, du côté convexe du viscère : mais elle
étoit ouverte et bâillante à la face concave.
Cependant elle ne présentoit aucun signe d'in-

flammation, ni de gonflement, ni de suppuration, et sa couleur étoit celle de la rate elle-
même.

24°. Non-seulement la rate ne fournît point
de sang, lorsqu'on l'incisa et qu'on l'examina
dans tous les sens après l'avoir isolée; mais
encore le doigt qu'on introduisoit dans la plaie
en étoit à peine teint. Toute sa substance
étoit molle et flasque, à l'exception du bord
inférieur qu'un reste de sang engorgé faisoit
paroître un peu dur.

25°. Les dimensions de la plaie de la rate
nous faisant aisément conjecturer que l'instrument meurtrier avoit pénétré plus avant, nous
continuâmes nos perquisitions : et après avoir
écarté et séparé ce qui se présentoit, sans employer le scalpel, nous vîmes beaucoup de
sang amassé en grumeaux, et sous ces grumeaux,

26°. Une blessure au rein, laquelle, ayant
d'abord entamé la masse graisseuse, pénétroit
sa substance dans la portion antérieure, la
traversoit en allant vers le dos, sur le muscle
psoas, à côté des grands vaisseaux sanguins
logés dans la concavité du viscère. C'étoit-là
que se terminoit la blessure.

27°. Quoiqu'elle eut pénétré le rein de part
en part, dans une direction oblique de haut

en bas, elle n'avoit point ouvert le bassinet : aussi ne s'y trouva-t-il point de sang.

28°. Elle n'offroit aucun indice d'inflammation ni de gangrène. Il en étoit de même de la plaie de la rate, comme nous l'avons déjà dit.

29°. Les autres parties contenues dans l'abdomen étoient, à peu de chose près, dans leur état naturel. Il y avoit beaucoup de vents dans l'estomac. La veine-cave étoit absolument vuide de sang; l'épiploon et le rein droit peu garnis de graisse; le pancréas étoit fort enflammé à sa partie supérieure; la vessie urinaire étoit vuide.

30°. Ayant passé ensuite à l'examen de la poitrine, nous avons trouvé dans sa cavité gauche une demi-livre de sang, qui avoit conservé sa fluidité. Le diaphragme nous paroissant sain dans sa totalité, nous avons soigneusement recherché la cause de ce phénomène; et mettant une bougie allumée tantôt dans la cavité de l'abdomen, tantôt dans celle du thorax, nous avons enfin découvert un petit trou rond, qui auroit à peine logé un pois, et auquel étoit due la communication entre les deux cavités.

31°. Les poumons étoient sains; seulement le droit étoit gorgé de sang. Le cœur étoit

vuide de sang, et nous ne trouvâmes dans ses
deux ventricules que quelques concrétions,
qu'on pouvoit croire de nature polypeuse.

32°. Enfin ayant ouvert la tête, nous avons
constaté que toutes ses parties étoient dans un
état absolument sain.

. D'après l'état de la blessure, tel que nous
l'avons exposé, d'après sa nature spécifique ,
nous hésitons d'autant moins à la déclarer
mortelle, que tous les phénomènes qui l'ont
suivie, et tous les faits analogues consignés
dans les ouvrages de Médecine légale militent
en faveur de cette conclusion ; et que nous
avons même été convaincus, par les preuves
tirées de l'inspection, que la nature n'a rien
tenté pour sa propre conservation ; et qu'elle
s'est, en quelque sorte, soumise sur le champ
à sa fatale destinée.

. En foi de quoi nous avons signé, etc. etc.

On peut faire, sur plusieurs circonstances
que présente l'ouverture de ce cadavre, quelques réflexions qui sont applicables dans un
très-grand nombre de faits.

Premièrement, il est quelquefois essentiel ,
pour apprécier les véritables effets d'une blessure, que le cadavre n'ait point été changé de
situation, soit depuis l'instant où le coup mortel a été porté, soit depuis la mort du blessé.

Il seroit même convenable qu'il fut gardé jusqu'au moment où l'on en feroit l'ouverture.
En effet, n'est-il pas possible, par exemple,
qu'un ennemi du meurtrier rende, à l'aide de
certaines manœuvres, la plaie plus considérable plus profonde, afin que les experts la
jugent ensuite mortelle de sa nature ; tandis
que, sans ces mêmes manœuvres, sa mortalité ne leur auroit paru qu'accidentelle ou individuelle ? Ne peut-il pas arriver encore que
des officiers de santé ou autres personnes, par
curiosité ou par un amour de s'instruire déplacé, préviennent les experts nommés par la
loi, et dénaturent entièrement une blessure ?

Secondement, le volume énorme de l'abdomen n'est souvent que l'effet de l'air, ou
d'un amas de matières fécales, ou d'autres
causes aussi peu intéressantes. Mais quelquefois aussi il est un signe d'inflammation et de
gangrène, sur-tout, s'il s'est joint une fièvre
inflammatoire aux autres accidens de la blessure.

Troisièmement, l'examen d'un premier
pansement peut mener à des inductions de très-
grande conséquence, parce qu'il est fait souvent avec une précipitation nuisible.

Quatrièmement, le vulgaire est dans l'opinion
que des signes de lividité annoncent que la

sujet a péri, ou d'apopléxie, ou de suffocation, ou de maladie accompagnée de convulsions. Il n'est pas moins vrai que la véritable cause est la stase du sang, lequel éprouve un mouvement de décomposition qui le porte à la putréfaction. Plus on a différé l'ouverture, plus ces taches livides augmentent; on les prévient, ou on les arrête, par l'ouverture du cadavre, dont on enlève les entrailles.

Cinquièmement, le boursouflement des bords d'une plaie doit faire soupçonner qu'elle est pénétrante. Cet état a souvent lieu quand c'est la région de la poitrine qui a été offensée.

Sixièmement, s'il ne sort d'une plaie ni sang, ni pus, il est probable que ces matières se sont extravasées dans une cavité.

Septièmement, la comparaison des dimensions de la blessure avec celle de l'instrument qui l'a faite, pourroit induire quelquefois en erreur ceux qui ne sauroient pas qu'un commencement de suppuration resserre toujours les bords d'une plaie; ensorte qu'on seroit tenté, au premier coup-d'œil, de ne la pas croire aussi profonde qu'elle l'est réellement.

Huitièmement, les intestins s'enflamment plus facilement qu'aucun autre viscère. Cela a lieu, sans doute, à raison de l'innombrable quantité

quantité de vaisseaux sanguins dont ils sont fournis, de la ténuité de leurs membranes, et des matières fermentescibles qu'ils contiennent presque toujours. Mais on a souvent occasion, dans les cas de Médecine légale, de demander si ces signes d'inflammation existoient avant la mort, ou si les phénomènes que l'on croiroit, à raison de la ressemblance, provenir de la même cause, n'ont paru que depuis? Le caractère de la maladie, la saison de l'année, l'intervalle de tems qui s'est écoulé entre la mort et l'ouverture, peuvent répandre sur cette question le jour dont on a besoin pour la résoudre.

Neuviémement, nous croyons devoir encore insister sur la nécessité de ne faire que des ouvertures de cadavres complettes; puisqu'on trouve quelquefois des causes de mort aussi puissantes que celles que la blessure nous a fait soupçonner d'abord, sans qu'aucun signe cependant ait donné lieu de soupçonner leur existence. L'instruction qu'exige la loi, et que desirent ses ministres, devroit avoir pour but autant et plus encore la justification de l'innocent que la punition du coupable.

Tome II.   R

EMPOISONNEMENT.

LES moyens de reconnoître les traces d'un poison dans le vivant ou sur le cadavre, forment l'une des plus importantes questions de la Médecine légale, et, j'ose même dire, l'une des plus diiiciles à traiter.

Il est important, dit Devaux, de connoître les effets des poisons pris intérieurement; 1°. pour être en état de secourir au plutôt ceux qui ont le malheur d'en avaler par méprise, ou qui ont des ennemis assez scélérats pour trouver les moyens de leur en faire prendre, afin de leur causer la mort; 2°. pour faciliter la conviction de ceux qui sont coupables d'un si grand crime, et disculper ceux qui en peuvent être faussement accusés.

L'expert a donc pour objet de reconnoître les traces du poison sur le vivant et sur le cadavre : il doit en rechercher la nature ou l'espèce, pour être en état de s'opposer à ses effets, ou de les prévenir.

Un homme peut s'être empoisonné volon-

tairement par ennui ou dégoût de la vie , ou
par mégarde ; il peut aussi avoir été empoisonné par des mains étrangères ou par méprise. Ces différentes circonstances ne concernent point l'expert : son ministère se borne
à constater l'existence et la nature du poison,
et aux moyens d'en prévenir ou d'en dissiper
les effets.

Je vais donc exposer 1°. les moyens de
reconnoître si un homme , encore vivant , a
été empoisonné ; 2°. les signes de poison que
peut présenter le cadavre ; 3°. les différentes
substances vénéneuses dont les scélérats ont
usé quelquefois , ou que le hasard met à
portée de nous nuire.

On donne le nom de poison aux choses
qui , prises intérieurement, ou appliquées de
quelque manière que ce soit sur un corps
vivant , sont capables d'éteindre les fonctions
vitales , ou de mettre les parties solides et
fluides hors d'état de continuer la vie. Mead.
regarde comme poison toute substance qui ,
à petite dose, peut produire de grands changemens sur les corps vivans. On conçoit par
cette définition, qu'il n'est point de venin ou
poison absolu, comme il n'existe point de
médicament absolu. Plusieurs substances ,
innocentes de leur nature , sont des poisons

pour quelques-uns ; et les médicamens eux-
mêmes , les plus actifs et les plus utiles ,
agissant à la manière des poisons , ne peuvent
être distingués de ces derniers que par la vue
rationnelle qui en dirige l'emploi : ils sont
donc confondus avec eux par l'abus qu'on
en peut faire.

Les poisons et les virus intérieurs, produits
par des dégénérations de parties , présentent
des effets très-analogues sur les corps vivans
ou animés , de-là naquit l'ancienne division
des poisons , adoptée par tous les auteurs ,
en venins intérieurs et externes.

Il suffit de connoître l'analogie qui se
trouve entre les effets des poisons et ceux
des virus intérieurs , pour concevoir que la
première et la plus importante question médico-légale consiste à évaluer les signes allégués pour cette distinction. Lorsque le témoignage oculaire ou d'autres signes dont je
parlerai bientôt , n'établissent point l'emploi
du poison, le premier objet de l'expert est
de résoudre la question proposée. Si l'existence du poison est constatée , il lui reste à
rechercher sa nature, pour décider s'il peut
être cause de mort.

Cette discussion suppose nécessairement
la connoissance de l'état naturel des parties

solides et fluides du corps, de l'influence des
passions de l'ame, des maladies contagieuses,
des causes de morts subites ou rapides, des
effets évidens des maladies les plus extraordinaires, etc. L'âge, le sexe, le tempérament,
le genre de vie, la condition du sujet, les
différentes causes antécédentes, et toutes les
circonstances accessoires, sont donc des élé-
mens essentiels à rassembler.

Les anciens regardoient tout poison,
miasme, matière morbifique des maladies
malignes ou cause délétère, comme attaquant directement le principe vital, suffo-
quant le *calidum innatum*, la flamme vitale,
portant un froid mortel au cœur. Cette vue
rationnelle les dirigea dans l'énumération des
signes du poison, et dans le choix des anti-
dotes. Tout ce qu'ils crurent capable de ranimer la chaleur et l'action du cœur, et de
repousser le vénin au-dehors par la transpiration, prit chez eux le nom d'alexipharmaque
ou contre-poison; de-là dériva l'usage de
traiter toutes les maladies malignes éruptives,
contagieuses, par les cordiaux, les sudori-
fiques, les bézoardiques. Cette méthode,
qui a duré jusqu'à ces derniers tems, est
aujourd'hui généralement reconnue comme
pernicieuse; elle n'est usitée que parmi les

R 5

charlatans, les barbiers et les gardes-malades;
qui n'ont pour oracle que quelques vieux for-
mulaires ; et l'on ne trouve aucune présomption raisonnable pour la soutenir.

Quelques phénomènes saisis précipitam-
ment, et beaucoup de préjugés, portèrent
encore les ancies à diviser les poisons en
froids et en chauds. Cette division, détruite
en partie par les observations contradictoires
de Wepfer et de plusieurs modernes, ne
peut être d'aucune ressource, lorsqu'il s'agira
d'évaluer avec précision et sévérité les signes
du poison sur le vivant et sur le cadavre. Il
seroit absurde d'adopter comme principe ou
comme règle ce que l'expérience a combattu
victorieusement, comme je le ferai voir
bientôt.

En rassemblant ce que Aëtius (*a*), Ville-
neuve (*b*), Cardan (*c*), Gaspard à Reies (*d*),
nous ont laissé sur les signes des poisons,
il paroît que ces signes les plus généraux sont
la prompte apparition de symptômes extraordinaires et inattendus : tels que le trouble,

---

(*a*) *Tetrabibl.* 4, serm. 4, cap. 47.
(*b*) *Lib. de venen.*
(*c*) Des signes des poisons.
(*d*) Camp. Elys.

les nausées, la douleur vive d'estomac ; les palpitations, les syncopes ou défaillances ; les rapports désagréables et fétides ; le vomissement de sang, de matières bilieuses ; le hoquet, le cours de ventre, les angoisses, l'abattement subit des forces ; l'inégalité, la petitesse du pouls ; les sueurs froides, gluantes ; le refroidissement des membres, la lividité des ongles, la pâleur, la bouffisssure ou l'œdème général, le météorisme du bas-ventre, la cessation subite et le prompt renouvellement des douleurs ; la noirceur et l'enflure des lèvres, la soif ardente, la voix éteinte, la lividité de la face, le vertige, les convulsions, le roulement et la saillie des yeux, la perte de la vue; la léthargie ; la suppression d'urines ; l'odeur fétide du corps ; les éruptions pourprées, livides, gangrèneuses ; l'aliénation d'esprit, etc.

Cardan avoit avancé que toute espèce de venin agissoit sur la bouche et dans le gosier, en excitant une chaleur et une irritation extraordinaires, suivies le plus souvent d'inflammations, que la déglutition en étoit pénible, et suivie de nausées et de vomissement : cette assertion est réfutée par le seul exposé.

R 4

Il suffit d'ailleurs de considérer les signes que je viens de rapporter, pour en conclure qu'ils sont presque tous équivoques. La rapidité dans l'apparition des symptômes convient à plusieurs morts subites, ou à plusieurs maladies très-malignes. Les taches livides, la gangrène, ne sont pas plus positives pour assurer l'existence du poison. Les affections propres à l'estomac peuvent dépendre de quelques sucs qu'il contient quelquefois; ce viscère et les intestins paroissent agir dans le trousse-galant (*cholera morbus*) et certaines dyssenteries, comme s'ils étoient irrités par la présence d'un poison.

Le vomissement subit, après un repas, peut dépendre du volume d'alimens qui surchargent l'estomac, ou de leurs qualités particulières qui l'incommodent : on connoît la sensibilité de cet organe et sa mobilité dans quelques sujets.

La toux, le crachement et le vomissement de sang, reconnoissent aussi plusieurs causes différentes.

La stupeur, la contraction des parties, les tremblemens, les convulsions, sont des affections nerveuses, dont les causes, très-souvent inconnues, sont excitées par des milliers de circonstances.

La lividité , la puanteur prompte d'un cadavre , sont encore des signes très-équivoques ; et l'espèce de contagion que Seldman attribue aux cadavres de ceux qui meurent empoisonnés , est encore moins fondée en raison , que tous les signes allégués.

C'est sans doute sur des fausses allégations que l'on avance que les médecins regardent comme un indice certain de poison , dans un corps mort , lorsqu'il se trouve un petit ulcère dans la partie supérieure de l'estomac : on ne voit dans aucun auteur remarquable ce signe allégué , seulement comme digne d'entrer en considération. On est encore plus étonné de trouver l'assertion suivante : *C'est une opinion commune que le cœur, étant une fois imbu du venin , ne peut être consumé par les flammes.* Cet auteur cite l'exemple de Germanicus et celui de la pucelle d'Orléans , comme des présomptions favorables à ce dogme : mais faut-il en bonne foi se repaître des absurdes superstitions de l'antiquité ? et Boucher-d'Argis ne trouvoit-il pas dans les auteurs qu'il a fouillés , des signes plus conformes à la philosophie et à l'expérience ? Il a sans doute cru à la lettre ce que disent Pline et Suétone sur le cadavre de deux individus qui moururent empoisonnés : il eût du aussi rapporter ce qu'ajoutent ces mêmes auteurs, et qui seroit peut-être plus fondé en raison : *les oiseaux de proie, disent-ils, et les animaux carnassiers n'en veulent point pour pâture*; mais il est possible qu'un virus, une maladie intérieure produisent le même effet. Thucydide rapporte que les animaux ne mangeoient point les cadavres de ceux qui moururent de la peste (d'Athènes).

Peut-être pourroit-on dire, après Gaspard à Reiès, que les vers vivans, trouvés dans l'estomac de ceux qu'on soupçonne avoir été empoisonnés, sont une preuve du contraire.

Quoiqu'il en soit de toutes cès erreurs, ou du peu de certitude de ces signes déja rapportés, il me paroit qu'un expert, mandé pour décider dans les cas où l'on présume l'emploi d'un poison, doit s'informer soigneusement, et avant tout, de l'âge, du sexe, du tempérament, des forces, du genre de vie, de la sensibilité du corps qu'il va examiner; s'il étoit sain ou malade; en quel tems et à quelle heure du jour on présume qu'il a pris le poison; combien de tems il l'a gardé dans le corps; quel tems s'est écoulé jusqu'à l'apparition des symptômes; sous quelle forme il peut avoir pris ce poison; s'il a avalé quelque

chose par-dessus ; ce que c'étoit , quelle espèce
de remèdes ou de médicamens il a pris, dans
quel véhicule le poison a été mêle ?

Une autre source de considérations essentielles, c'est de s'assurer si le sujet est pléthorique , colérique, cacochyme ; si, lorsqu'il
a pris le poison , il étoit ému ou tranquille ;
combien de tems il a vécu depuis le poison
pris ? De quelles incommodités il s'est plaint,
après avoir avalé ce qu'on présume être du poison, dans quel état et comment il est mort ; si,
avant ou après avoir pris le poison , il étoit affecté ou frappé de crainte , de douleur , de colère,
par des causes étrangères au poison ; quelle espèce de régime ou de conduite il a observée
après ; s'il étoit sujet à commettre, ou s'il auroit
commis des fautes dans le régime , avant le poison ; si les symptômes qu'on attribue au poison
ne lui étoient point ordinaires ou familiers
avant le poison ; s'il a vomi, ce qu'il a vomi, en
quelle quantité ; s'il a été secouru par un médecin expérimenté ou par des ignorans ?

J'avoue que la plupart des symptômes causés par les poisons, sont équivoques, et conviennent à des causes très-variées, lorsqu'on
les considère séparément dans ceux qu'on soupçonne avoir été empoisonnés ; mais la réunion
ou l'ensemble de ces mêmes signes n'a pas ce

défaut : qu'on les pèse collectivement, ils auront la force de l'évidence.

On peut, en interrogeant les personnes empoisonnées qui sont encore en vie, s'assurer
si l'aliment solide ou liquide qui a servi de
véhicule au poison avoit son goût naturel ou
ordinaire ; si elles ont senti quelque ardeur,
quelque irritation ou sécheresse extraordinaire
et subite dans le fond de la bouche et dans
l'œsophage ; s'il y a eu constriction ou sentiment d'étranglement dans les parties, si elles
ont éprouvé des envies de vomir opiniâtres,
accompagnées d'angoisses, de douleurs vives
d'estomac, de sentiment de feu, de ronge-
ment ou corrosion ; si de pareilles douleurs se
sont fait sentir dans les intestins ; s'il y a eu de
simples efforts pour vomir, ou s'il y a eu vomissement avec angoisses, défaillances ; si
elles ont senti une chaleur brûlante, intérieure, cantonnée dans quelque partie ou répandue ; si la soif a été ardente, la constipation
opiniâtre ; si les urines ont été entièrement
supprimées ; s'il y a eu hoquet, constriction ou
resserrement extraordinaire du diaphragme,
difficulté de respirer, ou respiration étouffée ;
s'il est survenu subitement une toux fréquente
et vive ; s'il y a eu des selles bilieuses, san-
glantes, accompagnées de vives tranchées ou

épreintes ; s'il y a eu ténesme opiniâtre , etc. ?

On doit joindre à ces signes le météorisme extraordinaire et douloureux de l'abdomen , les syncopes , la promptitude , et, pour ainsi dire, l'instantanéité du changement de la manière-d'être ; les renvois fétides ; le vomissement de matières noirâtres, atrabilaires ; le roidissement et le refroidissement extrême des membres ; la sueur froide , ou gluante , ou fétide ; l'enflure du col et de la face, la saillie des yeux ; le visage défiguré , l'œil hagard ; le pouls foible , abattu , irrégulier , inégal , intermittent ; l'enflure de la langue , l'inflammation de la bouche et du gosier, la gangrène de ces parties ; les vertiges fréquens ; la vue éteinte, ou présentant des objets fantastiques ; le délire, les convulsions, l'affaissement général des forces, le tremblement du cœur et des parties, la paralysie , l'étourdissement ou la stupeur générale des organes et de l'esprit ; la noirceur, l'enflûre , la rétraction ou l'inversion des lèvres.

Ces différens indices sont encore fortifiés par l'enflure générale du corps, par les efflorescences ou éruptions livides , pourprées, etc., par la lividité des ongles, la perte des sens, les palpitations, les hémorrhagies, l'ardeur d'urine ; par l'engourdissement ou l'as-

soupissement profond et involontaire , par l'a-
gitation excessive , la dilatation des veines de
la tête , la fièvre rapide et irrégulière , la roideur des extrêmités.

On observe quelquefois des vomissemens
extraordinaires , ou des cours de ventre pro-
digieux ; des douleurs de reins insupportables ;
la perte de la voix, ou un bruit sourd et plain-
tif, le resserrement de la poitrine ; l'enflûre
œdémateuse de la face; la pésanteur du corps ;
l'abondante salivation , ou l'écoulement d'une
bave quelquefois sanieuse; l'haleine brûlante;
la contraction des doigts , le tremblement des
lèvres ; et enfin, ce qui donne à tous ces signes
le caractère d'évidence , l'aveu du malade lui-
même qui se déclare empoisonné , et qui articule la plus grande partie des circonstances
qui prouvent qu'il l'a été.

Il suffit de résumer les signes que je viens de
rapporter , et qu'Alberti a rassemblés en grande partie dans son *Systema jurisprudentiæ
medicinæ* , pour être convaincu de la nécessité de ne jamais décider que sur leur ensemble. Les signes antécédens, les signes présens
ou concourans, et les signes consécutifs, sont
donc du ressort du médecin expert.

Lorsqu'on n'a qu'un cadavre à vérifier, les
ressources sont infiniment moindres, et se ré-

duisent aux deux chefs suivans : 1°. L'examen
des parties extérieures ; 2°. les particularités
que fournit l'ouverture des cadavres. Nous
verrons ensuite quelle espèce d'indices on peut
déduire de l'analyse des substances venimeu-
ses, lorsqu'elles peuvent être soumises à l'examen des experts.

Parmi les signes qu'on peut observer à l'extérieur, on compte l'excessive distension de
l'abdomen , au point d'en menacer la rupture ;
l'enflure générale de toutes les parties, au
point d'en faire disparoître les traits et la forme
naturelle ; les taches de différentes couleurs
sur toute la surface du corps, sur-tout au dos ,
aux pieds , et à l'épigastre ; la décoloration
rapide des parties, leur prompte dissolution
putride ; la puanteur insupportable , peu après
la mort ; la mollesse, ou même la collication
des chairs ; la noirceur , le raccornissement de
l'intérieur de la bouche, de la langue et de
l'œsophage ; la noirceur et la facile séparation
des ongles , la chûte des cheveux , etc.

Les signes fournis par l'ouverture du cadavre sont, le plus communément, l'érosion,
l'inflammation, la gangrène ; les taches épar-
ses dans le trajet de l'arrière-bouche, de l'œ-
sophage, de l'estomac, du pylore, des intestins, le sphacèle de ces parties ; on trouve quel-

quefois l'estomac lui-même percé à travers ses
membranes ; le sang coagulé dans ses différens vaisseaux, qui, pour l'ordinaire, sont
vuides dans les autres cadavres ; ce même liquide dissous ou fétide ; le péricarde rempli
ou abreuvé d'une sanie, ou d'un fluide jaunâtre, ou corrompu ; les autres viscères ramollis et comme dissous, parsemés d'hydatides, de pustules, de taches de différente
forme ou couleur ; le cœur flasque et comme
raccorni ; le sang qu'il contient très-noir et
presque solide ; le foie noirci, ou livide, ou
engorgé ; les parties de la génération tuméfiées et noirâtres.

Quelquefois même, en examinant l'intérieur de l'estomac avec attention, on peut y
trouver des fragmens ou des restes de la matière du poison. Il est vrai que si les vomissemens qui ont précédé la mort ont été fréquens
et copieux pour l'évacuation, ils auront dû
entraîner la plus grande partie de la substance
venimeuse ; mais il est possible qu'il en reste
encore une partie cantonnée dans les plis de
l'estomac ou des intestins. On observe quelquefois le froncement des membranes de ces
viscères, sur-tout si on a pris pour poison des
caustiques pareils à l'acide nitreux (acide nitrique), à l'acide de vitriol (acide sulphurique) ;

que); on voit même des eschères jaunâtres
ou noires dans le trajet de l'œsophage, de
l'estomac, des intestins ; d'autres fois on remarque un raccornissement extraordinaire
dans ces parties, qui sont rapetissées et comme
oblitérées : on les déchire quelquefois avec la
plus grande facilité. Il s'écoule par la bouche
une liqueur fétide de différente couleur ou
consistance ; l'abdomen, ou d'autres parties,
se crève ou présente des déchiremens. On voit
enfin, tant extérieurement qu'intérieurement,
des vessies dispersées çà et là, et remplies
d'une sérosité jaune ou obscure, et presque
toujours d'une odeur désagréable.

Il est clair qu'on doit constamment avoir
égard aux routes par lesquelles on présume
que le poison a été insinué. Comme c'est sur-
tout par les premières voies que les malfaiteurs
l'insinuent, ou que les méprises se commettent, on sent qu'il est plus essentiel d'insister
sur cette manière d'introduire le poison ; mais
l'atroce barbarie a quelquefois porté le rafine-
ment jusqu'à s'occuper des moyens de l'insi-
nuer par d'autres voies. On connoît la morsure
des animaux venimeux ; on sait que les vapeurs
qu'on respire avec l'air peuvent être assez subitement mortelles ; on sait encore qu'il existe
des hommes et des nations assez féroces pour

ajouter l'activité du poison aux effets de leurs armes, d'ailleurs assez meurtrières.

On peut donc, sans être crédule, admettre la pénétration des poisons par la respiration ; par les plaies, les injections ou lavemens, par l'espèce ou la qualité des armes offensives.

On a prétendu qu'on pouvoit imprégner, avec du poison, des habits, des lettres, des bijoux, etc. ; qu'on pouvoit le mêler dans des bains, des odeurs ; qu'on pouvoit, enfin, en empoisonner les sources de la vie, rendre funeste aux hommes l'attrait qui les porte à se reproduire.

Je n'ose prononcer sur ces possibilités ; je sais que l'homme féroce, qui étouffe le cri de l'honneur et de l'humanité, peut quelquefois emprunter tout l'art du génie, et je me félicite que cette science ténébreuse et horrible n'ait jamais été réservée qu'au très-petit nombre de ces êtres qui furent l'opprobre de l'espèce humaine.

Les différentes substances vénéneuses, dont les propriétés suspendent ou éteignent la vie de nos organes, se tirent des trois règnes de la nature. L'observation ayant démontré qu'il en est qui sont constamment suivies des mêmes effets dans les animaux vivans, et dont l'analyse chymique peut reconnoître les

traces, on voit que la solution des questions
médico-légales, concernant les poisons, doit
être nécessairement avancée par la connoissance de leur nature et de leurs espèces.

Les poisons sont simples ou composés, na-
turels ou artificiels. Il en est de caustiques ou
corrosifs, dont les effets, sur les parties vivan-
tes, sont très-sensibles; d'autres tuent en
s'opposant simplement à l'influence du principe de vie, sans rien oter du tissu des solides,
ni laisser des traces sensibles de leur action,
si ce n'est l'affaissement ou le relâchement
général des vaisseaux.

Il en est, enfin, qui étouffent en engourdis-
sant la sensibilité des parties, et d'autres qui
suspendent le cours des fluides, en les coagulant, ou en resserrant violemment les vaisseaux qui les contiennent.

Les corrosifs et les narcotiques tuent très-
promptement, et leurs effets s'annoncent avec
une rapidité qui ne laisse guères lieu de douter sur leur emploi. Les astringens tuent beaucoup plus tard, quoique leurs symptômes
soient prompts à paroître. Les autres donnent
souvent lieu à des maladies chroniques mortelles, dont il est difficile de soupçonner la
cause.

Parmi les substances minérales, qui agis-

S 2

sent sur le corps à la manière des poisons ,
sont : 1°. l'arsenic et les substances arséni-
cales, comme la cadmie ou cobalt, le réal-
gar (1), l'orpin (2).

L'arsenic est soluble dans tous les liquides,
en plus ou moins grande quantité; il agit à la
manière du sublimé , quoiqu'un peu moins
promptement; c'est le plus indomptable des
poisons ; il ne peut être mitigé , ni masqué
d'aucune manière ; et lorsque des charlatans
téméraires ont osé s'en servir, pour l'emploi
extérieur ou intérieur, avec tous les prétendus correctifs , on a toujours vu leur audace
suivie des effets les plus funestes. L'application extérieure de l'arsenic a des dangers qu'on
ne peut se dissimuler; et l'on sait, par les expériences de Sprœgel, que s'il est appliqué ,
sur une plaie ou sur des vaisseaux ouverts , il
cause une mort assez rapide. On peut reconnoître la présence de l'arsenic, dans les différentes substances avec lesquelles on l'a mêlé,
en jetant ces substances sur des charbons
allumés; l'odeur d'ail qui se manifeste dans
l'évaporation est un signe caractéristique des
substances arsenicales. Un second moyen,

_____

(1) Oxide d'arsenic sulphuré rouge.
(2) Oxide d'arsenic sulphuré jaune.

non moins utile et plus constamment praticable, c'est de verser une petite quantité
des alimens ou des matières qu'on soupçonne
mêlées à l'arsenic dans une dissolution de
litharge (1) : la noirceur subite de cette dissolution annonce la présence de l'arsenic dans
le mélange.

Je sais que des médecins célèbres ont
recommandé, dans quelques cas, l'usage
intérieur des substances les plus dangereuses. Frédéric Hoffman attribue à l'orpiment
natif (2), que les Grecs appeloient *Sandarac*,
une puissante vertu sudorifique, etc. Mais,
quoique cette autorité soit respectable, on ne
peut s'empêcher de regarder cette substance
comme très-suspecte : et d'ailleurs, un expert
appellé en justice a moins à décider quelles
sont les substances nuisibles, que celles qui
ont nui dans le cas pour lequel il est consulté;
il lui importe peu qu'une cause active ait été
sans effet quelquefois, pourvu qu'il reconnoisse qu'elle a agi dans ce même cas.

2°. *Le cuivre, la chaux* ou *vert-de-gris* (3).
Il faut, sans doute, éviter l'exagération, en

---

(1) Oxide de plomb demi-vitreux.
(2) Oxide d'arsenic sulphuré jaune.
(3) Oxide de cuivre vert.

§ 3.

taxant indistinctement le cuivre d'être pernicieux aux animaux vivans. Lorsque Mauchart
composa sa dissertation, intitulée *Mors in
Ollâ*, il poussa la chose à l'extrême ; on peut,
à l'aide de la propreté et de quelques précautions, faire servir le cuivre, sans aucun danger, pour mille usages économiques ; mais on
sait aussi, par des expériences, malheureuse-
ment familières, que lorsque le cuivre pénètre dans les corps vivans, soit en substance,
soit dissous, de quelque manière, il y produit
tous les effets des poisons. On peut lire, avec
fruit, à ce sujet, une dissertation de Thierry,
soutenue dans les écoles de la faculté de Médecine de Paris, sous la présidence de Falconet,
et qui a pour titre : *Ab omni re cibaria vasa
ænea prorsùs oblegandа.*

5°. Le plomb et ses préparations, comme
litharge (1), *minium* (2), *céruse* (3), *sucre
de Saturne* (4), etc. On connoît la maladie familière aux peintres, mineurs, doreurs et autres
ouvriers, qu'on appelle *colique de plomb* ou
de Poitou : On sait encore quels sont les fu-

---

(1) Oxide de plomb demi-vitreux.
(2) Oxide de plomb rouge.
(3) Oxide de plomb blanc par l'acide acéteux.
(4) Acétite de plomb.

nestes. effets produits par les vins austères
ou acides , qu'une friponnerie punissable fait
adoucir avec la litharge (1) ou le sucre de Saturne (2). Ces malheureuses expériences prouvent assez le danger du plomb pris intérieurement, quoique la rapidité des symptômes le
rende moins dangereux que les substances
dont il est parlé ci-dessus. La meilleure manière de reconnoître la présence du plomb
dans les vins falsifiés , c'est , selon Zeller,
d'y verser un peu de mélange de la lessive de
chaux vive (3) et d'orpiment (4); la moindre
particule de plomb devient facile à appercevoir
par la noirceur du vin ; et l'on peut soumettre
à cet examen, avec plus de fruit encore, la
lie du vin falsifié , après l'avoir exposé à un
feu de fonte.

4°. *Le sublimé corrosif* (5) et ses *différens*
précipités. Ces différentes substances salines,
dont l'activité et la causticité sont reconnues,
ne pourront jamais se présenter en substance
dans l'estomac des cadavres : ce n'est que par

(1) Oxide de plomb demi-vitreux.
(2) Acétite de plomb.
(3) Chaux.
(4) Oxide d'arsenic sulphuré jaune.
(5) Muriate de mercure corrosif.

S. 4.

les effets qu'on peut en juger. Le dégât dans les premières voies, et sur-tout l'état des glandes salivaires, pourront les faire présumer ; si l'on trouve dans l'estomac un liquide qu'on soupçonne contenir en dissolution du sublimé corrosif (1), ou du précipité, on verra ce liquide changer de couleur, et jaunir, en y versant une liqueur alkaline.

5°. Le *verre* (2), les *fleurs* (3), le *régule* (4), le *foie* (5) et le *beurre* (6) *d'antimoine*, dont les effets utiles, à très-petite dose, n'empêchent point qu'on ne doive les classer parmi les poisons, lorsque la dose en est excessive.

6°. Les différens acides minéraux, les vitriols, l'alun (7), la chaux vive (8), le plâtre (9), dont les propriétés nuisibles sont connues.

On peut ranger dans cette même classe les *lessives alkalines très-saturées*, la vapeur des charbons allumés, les météores des mines de

---

(1) Muriate de mercure corrosif.

(2) Oxide d'antimoine sulphuré vitreux.

(3) Oxide d'antimoine sublimé.

(4) Antimoine.

(5) Oxide d'antimoine sulphuré.

(6) Muriate d'antimoine sublimé.

(7) Sulphate d'alumine.

(8) Chaux.

(9) Sulphate calcaire, *ou* plâtre calciné.

charbon de terre, l'air renfermé depuis long-
tems, ou chargé d'exhalaisons minérales, animales ou végétales, échauffées ou corrompues;
la vapeur du soufre allumé; les exhalaisons
des corps fermentant, connues sous le nom de
gaz ou *esprits sauvages*; la foudre, les eaux
corrompues, etc., sont encore des causes
pernicieuses, dont l'extrême activité sur les
animaux vivans est attestée par l'observation
la plus commune.

La mort soudaine dont on est frappé par la
plupart de ces causes ne laisse pas le tems
d'appercevoir la gradation dans les symptômes. Le seul examen du cadavre, et la connoissance des lieux, peuvent éclairer l'expert.

Les expériences de Sproegel ont fait voir
que l'esprit-de-vin rectifié, l'esprit de sel et
l'huile de tartre, injectés dans les vaisseaux
sanguins d'un animal vivant, le tuent très-
promptement, en coagulant le sang. Le vinaigre distillé, injecté de la même manière, tue
avec la même promptitude, mais en dissolvant
le sang. Enfin, l'air seul, injecté dans les
vaisseaux, produit une mort presqu'aussi rapide. Langrish avoit déjà vu que la vapeur du
soufre, introduite dans la trachée-artère d'un
chien, le tuoit en quarante-cinq secondes de

tems. Il paroit, par le résultat des différentes
expériences, que la seule dilatation forcée des
vaisseaux, par des liquides quelconques, injectés, est suffisante pour causer la mort dès
animaux vivans sur lesquels on la pratique.

Mead, dans son Traité des Poisons, parle
d'une liqueur transparente et très-pesante,
qui étoit pourtant si volatile, qu'elle s'évapo-
roit en entier sans application de chaleur artificielle. Cette liqueur étoit si caustique, qu'elle
attaquoit la substance même du verre; et lorsqu'on plaçoit sur une table un flacon rempli
de cette liqueur, la flamme seule de la chandelle attiroit cette vapeur dans sa direction,
et la vapeur devenoit mortelle seulement pour
celui qui étoit placé auprès de la chandelle.
Cette détestable composition, dit Mead, étoit
formée du mélange de certains sels et de parties métalliques.

Le règne animal fournit plusieurs choses
pernicieuses à la vie des hommes. Les morsures des animaux enragés donnent rarement
lieu à des rapports en justice : il est inutile de
s'en occuper ici.

La morsure des animaux venimeux, tels
que la vipère, est un peu plus digne d'attention : on s'est long-tems occupé de la manière
dont le venin de cet animal s'insinue dans le

plaie qu'il a faite. Comme on trouve presque par-tout le détail des symptômes qui la suivent, je crois devoir me dispenser de le présenter, à cause du peu d'occasions qui rendent cette connoissance utile en justice. Le préjugé, bien plus que l'expérience, a fait regarder comme vénéneuses les morsures des araignées, des scorpions, des serpens ou couleuvres ordinaires que nous voyons en France, des rats, etc.

Il paroît, par les observations de Maupertuis, de Bohnius, de Sauvages, que parmi nos animaux indigènes, nous n'avons d'autre animal que la vipère dont la morsure soit véritablement venimeuse. On voit, à la vérité, dans d'autres climats, d'autres espèces de serpens dont la morsure est promptement mortelle. Tel est le serpent à sonnettes, qui, selon Sloane, peut se donner à lui-même une mort très-prompte en se mordant.

La morsure de la tarentule ne mérite pas même qu'on en fasse une exception, quoique Baglivi ait traité avec le plus grand détail les effets qu'elle produit, et l'espèce de curation qui lui convient. Koehler regarde cet accident comme une espèce de spleen que la musique soulage, et qui est familier aux Tarentins, soit à cause de leur genre de vie, soit à cause du climat qu'ils habitent : il observe que cette maladie n'attaque, pour l'ordinaire, que les femmes ou ceux d'entre les hommes qui mènent une vie très-sédentaire.

Laurenti, premier médecin du pape, assuroit que le tarentisme n'est attesté aujourd'hui que par quelques paysans.

Ce n'est pas par les seules plaies ou morsures que les animaux peuvent nous nuire. Il en est qui excitent des ravages considérables, en les avalant intérieurement, ou en les appliquant à l'extérieur. Les cantharides, mises sur la peau, produisent des inflammations, des ulcères : les crapauds eux-mêmes, s'il faut en croire quelques naturalistes, sont couverts de verrues remplies d'une matière laiteuse, qui produit sur la peau tous les effets des vésicatoires. Selon les observations de Roux et du baron d'Holbac, il s'élève d'une fourmillière une odeur forte et désagréable, qui tue en peu de minutes une grenouille vivante qu'on y expose ; elle suffoque même les fourmis qui l'exhalent, lorsqu'on les ramasse en grande quantité dans un petit espace : elle produit enfin sur la peau humaine l'effet des vésicatoires les plus forts. On peut rapporter à cette classe le suc d'une espèce de fourmi dont il est parlé dans l'Histoire Naturelle de l'Oré-noque, par Gamilla.

Parmi les plus dangereux de ces moyens, on doit ranger les cantharides, dont les effets sont si connus.

L'état des voies urinaires, et l'examen des matières des premières voies qui pourroient bien présenter des particules de ces animaux avalés, sont les signes les plus sensibles auxquels un expert puisse avoir recours dans le cas où l'on présume qu'elles ont été la matière du poison.

Les poisons tirés du règne végétal forment la classe la plus nombreuse. On les a divisés en âcres ou corrosifs, et stupéfians ou narcotiques. Mais cette division, qui peut convenir au plus grand nombre, n'est pas également fondée en raison, lorsqu'on compare la nature de ces différens poisons, et leur manière d'agir sur les corps vivans. Wepfer et plusieurs autres auteurs respectables se sont occupés de cette recherche, et ils ont souvent trouvé l'expérience en contradiction avec l'opinion reçue.

L'aconit ou napel ne ronge ni ne coagule, quoiqu'en dise l'antiquité : on connoît d'ailleurs ses propriétés médicinales, qui sont néanmoins très-bornées.

L'anthora, espèce de napel, n'est point venimeuse, comme la précédente, selon les observations de Sproegel.

L'*anacardium*, l'anémone (l'espèce connue sous le nom de pulsatille ; est la plus active), est épipastique : son eau distillée est fort émétique.

Il y a encore la renoncule (l'espèce surtout connue sous le nom de *ranunculus sceleratus*), l'apocyn, l'arnica, le pied de veau, l'épurge, le ricin (quoique certains Indiens se servent de son suc comme assaisonnement), l'herbe aux gueux, le garou, le colchique, le pain de pourceau, le concombre sauvage, les euphorbes, les tithymales, l'ellébore, le laurier-rose, certains champignons, le rhus-toxico-dendron du Canada ; le suc conservé de certaines plantes, tel que celui d'un rosier de l'île de Madagascar, dont l'activité est extrême selon le rapport des voyageurs ; la ciguë, que les expériences bien suivies de Wepfer ont démontré n'être point froide dans le sens de nos anciens, et ne point agir en coagulant ; l'opium, qu'on sait être le premier et le plus avéré des stupéfians ; la bella-dona,

la pomme épineuse, la douce-amère, la jusquiame, le solanum racemosum, la noix vomique, et quelques autres qu'il est inutile de
rappeler.

Il est évident qu'on ne peut s'assurer de la
nature de ces poisons, que lorsqu'on peut en
trouver des fragmens dans les premières voies.
Leurs effets sont d'ailleurs si variés et relatifs
à tant de circonstances, qu'on ne pourroit,
sans être téméraire, affirmer la moindre chose
sur leur compte, d'après les signes généraux
dont il a été fait mention.

On est encore moins fondé à prétendre affirmer quelque chose, lorsque le poison n'agit
que lentement, et donne simplement lieu à
des maladies mortelles ou dangereuses. On
peut consulter, sur les poisons, Dioscoride,
Mercurialis *de venenis et morbis venenosis;*
Paré, Wepfer, Wedel, Lanzoni *trait. de venenis;* Richard Mead *de venenis;* Stenglius
toxicologia pathologico-medica, et plusieurs
dissertations récentes publiées par différens
auteurs.

Je me dispenserai de réfuter sérieusement
l'opinion des philtres ou breuvages, que l'antiquité croyoit propres à inspirer l'amour ou
d'autres passions. La seule présomption fondée
qui ait pu donner lieu à cette opinion absurde,

semble se trouver dans les effets singuliers de
certaines substances. Il en est qui causent des
délires ou des manies, qui se dirigeant quelquefois sur des objets familiers ou desirés,
donnent aux actions et aux symptômes l'apparence d'une passion effrénée. On ne peut disconvenir que les effets des poisons sur les
corps vivans ne soient nombreux et évidens
pour la plupart : mais l'expérience la plus commune démontre aussi que des causes ou des
dégénérations intérieures peuvent produire les
mêmes effets. Les matières bilieuses produisent souvent des ravages terribles en peu de
tems. On peut consulter à ce sujet une dissertation de Frédéric Hoffman, qui a pour titre :
*De bile Medicinâ atq. veneno corporis hu-
mani.* Le trousse-galant (*chorera-morbus*),
les dyssenteries, les différentes espèces de
cachexies, et certaines morts subites, pourroient souvent donner lieu à des procédures
criminelles, qui, par le concours de quelques
circonstances singulières, deviendroient funestes à des innocens.

La présence du poison dans l'estomac, ou
dans les intestins, ôte toute espèce de doute ;
mais il en est de liquides, et d'autres qui sont
solubles par les sucs digestifs : leur absence
de la cavité de ces viscères ne doit pas toujours

jours être une preuve négative de poison.

On ne trouve donc qu'incertitude dans les signes qui tombent sous les sens ; mais si l'on rapproche toutes les circonstances , qu'on pèse collectivement tout ce qu'on a pu observer sur les vivans , sur les cadavres, et qu'on réfléchisse sur la nature du poison qu'on présume employé , on verra presque toujours la plus grande probabilité dériver comme conséquence de cet examen.

Je crois même avec Hébenstreit que le plus infaillible des signes du poison , est la séparation du velouté de l'estomac ; en effet , si l'on suppose un expert appellé pour examiner le cadavre d'un homme mort après un vomissement de sang , accompagné d'autres symptômes suspects , il est clair que , si ce vomissement vient de cause intérieure ou naturelle, on ne trouvera dans l'estomac d'autre vestige de lésion, que des vaisseaux dilatés ou rompus , des inflammations, des points gangreneux, etc. ; mais, si l'on trouve l'intérieur de ce viscère comme écorché ; qu'on reconnoisse des fragmens du velouté parmi les matières contenues, il paroît assez naturel de conclure qu'une pareille séparation n'a pu avoir lieu, que par l'application de quelque substance corrosive ou brûlante sur la surface

interne de l'estomac. Il n'est guères possible
de supposer que la seule putréfaction puisse
opérer sur ce velouté les mêmes effets qu'elle
produit sur l'épiderme des cadavres : car les
rugosités ou les plis de cette membrane intérieure du ventricule ne permettent pas cette
séparation subite, et d'ailleurs l'ouverture
très-fréquente de l'estomac des cadavres ne
m'a jamais présenté de séparation du velouté
produite par la putréfaction, lors même que
cette putréfaction étoit très-avancée dans,
toutes ses parties. Ces observations, constatées par celles d'Hébenstreit, me paroissent
autoriser des experts à considérer ce signe
comme le plus positif, quoique d'ailleurs on
puisse concevoir que dans le reflux de certaines matières atrabilaires, ceux qui sont
attaqués depuis long-tems de la maladie noire,
soient quelquefois dans le cas de présenter
des effets analogues. Si ce cas très-rare avoit
lieu, on auroit à justifier l'existence de cette
atrabile, soit par les vestiges qu'on trouveroit dans l'estomac, soit par les considérations
prises du tempérament du sujet et de ses maladies antécédentes.

Les plaies faites par des armes empoisonées
sont très-rares parmi nous; les hommes ont
d'ailleurs tant de moyens sûrs pour s'entre-

détruire ! Mais, en supposant qu'on voie des symptômes funestes se succéder avec rapidité, à la suite d'une plaie qu'on auroit crue simple, il ne faudroit pas toujours présumer, par ces signes extraordinaires, l'existence du poison. Le tempérament du sujet, ses infirmités, l'air très-froid ou très-chaud, ou chargé de mauvaises exhalaisons, sont autant de causes qui peuvent détériorer très-promptement des plaies qui eussent été légères sans ce concours.

Les secours que l'on peut apporter aux personnes empoisonnées étant plus du ressort du praticien que de l'expert, nous renvoyons nos lecteurs aux divers Traités de Médecine et de matière médicale, qui traitent de cette partie.

DES POISONS EN GÉNÉRAL.

» L'HOMICIDE commis volontairement, par
» poison, sera qualifié de crime d'empoison-
» nement, et puni de mort. (Code Pénal,
» p. 2, tit. II, sect. I, art. XII.) «

» L'homicide par poison, quoique non-con-
» sommé, sera puni de la peine portée en
» l'article XII, lorsque l'empoisonnement au-
» ra été effectué, et lorsque le poison aura été
» présenté ou mêlé avec des alimens ou breu-
» vages spécialement destinés, soit à l'usage
» de la personne contre laquelle ledit attentat
» aura été dirigé, soit à l'usage de toute une
» famille, société ou habitans d'une même
» maison, soit à l'usage du public. (C. P. t.
» id. a. XV., n°. I., §. I.) »

I. Rigoureusement parlant, l'on doit appeler *poison* toutes les substances qui, appliquées sur le corps humain, sont capables d'en
détruire la texture, soit en agissant mécaniquement ou par affinité chymique, soit en
agissant sur les nerfs et en altérant le *sensorium* d'une manière à nous inconnue. Telles

sont parmi les minéraux toutes les substances minérales et gazeuses; dans le règne animal, le venin de la vipère, et les exhalaisons fétides des animaux, et les acides qu'ils fournissent; dans le règne végétal, les résines, gommes-résines, et certains arômes appelés sédatifs, qui agissent puissamment sur le *sensorium*. Sous ce point de vue, la plupart des remèdes seroient aussi des poisons, comme la plupart des poisons, proprement dits, sont souvent des remèdes. Ainsi, l'oxide d'arsenic et son sulphure, ont été employés avec succès dans les fièvres intermittentes, par des charlatans, et dans les cancers, par de grands médecins. La ciguë a été employée utilement dans les obstructions; le muriate mercuriel sublimé l'est dans la vérole; la jusquiame et le stramonium dans la manie; l'aconit dans le rhumatisme et les douleurs arthritiques; la racine de belladone dans l'hydrophobie (*a*).

Effectivement, bien des remèdes sont certainement des poisons, donnés à trop grande dose ou mal-à-propos; de sorte que dans leur administration, la volonté et l'intention de celui qui les administre en fait des remèdes,

_____

(*a*) Riether, Bibl. Chir. Stork et Gmelin.

ou des poisons ; et que celui qui, sans être médecin, les administreroit, n'en doit pas moins
être·traité comme empoisonneur, s'ils avoient
un effet funeste.

II. Mais, l'usage a voulu qu'on n'ait donné le
nom de *poison* qu'à ces substances meurtrières,
loin de la classe des remèdes les plus usités,
et qui donnent infailliblement la mort, ou tout-
à-coup, ou par gradation, suivant leurs doses
et la manière dont on les a administrés. Les
jurisconsultes lès ont appelés venéneux *dans*
leur essence, quoique cette essence ait été inconnue jusqu'ici, et que peut-être ils n'agissent que par une loi d'affinité plus forte que
celle d'autres corps qui paroissent innocens.

III. Si une personne en bonne santé, aussi-
tôt après avoir pris quelqu'aliment, breuvage,
médicament, etc., se sent tout-à-coup attaquée de vertiges, de maux d'estomac, de coliques, de vomissement, de cholera-morbus,
de spasmes, convulsions, foiblesses, assoupissement, et que les lèvres, la langue, la gorge,
l'estomac et le ventre lui enflent avec un sentiment d'ardeur très-pénible ; s'il se joint à ces
symptômes, qu'il se trouve dans les matières
vomies ou évacuées, de l'herbe mâchée, des
indices de quelque racine, de champignons,
ou des sucs, poudres, sels ou pillules ; si le

malade se plaint de la mauvaise odeur et saveur des substances qu'il a rejetées ; si, enfin,
il ne règne aucune maladie épidémique ou spo-
radique qui commence par ces accidens, on
peut soupçonner un empoisonnement.

IV. Pour que ce soupçon devienne une certitude pour le médecin, il faut qu'il s'assure,
1°. que les symptômes qui se présentent appartiennent réellement à un poison quelconque. (N°. III.)

2°. Que la drogue que l'on suspecte est
réellement un poison. Il s'assurera de ce second point, soit en examinant l'échantillon
qu'on lui présentera, soit au défaut de cet
échantillon, en examinant, par les moyens
que nous indiquerons pour chaque espèce de
poison, les matières rendues par le vomissement, ou celles trouvées dans le cadavre, si
le malade meurt.

Dans quelques cas douteux, le médecin a besoin d'être éclairci sur ces trois points pour prononcer avec certitude. Dans d'autres, il suffit
de n'avoir aucun doute sur deux points seulement, pour pouvoir décider. Dans d'autres
cas, enfin, qui sont très-clairs, tel que celui
où le malade présente encore le reste du breuvage empoisonné qu'il n'avoit pas achevé d'a-

T 4

valer, un seul point suffit pour prononcer.

Je vais discuter chacune de ces choses en particulier.

V. La seule contemplation des symptômes, (n°. III), seroit une source d'erreurs funestes, si on s'y arrêtoit uniquement. Indépendamment de ce qu'ils peuvent être produits par toute autre cause que par le poison, ils sont très-souvent communs à plusieurs classes de poisons, sans qu'on puisse en déterminer même la classe d'après ces symptômes seuls. Par exemple, les poisons végétaux âcres, et les substances minérales caustiques, produisent à-peu-près les mêmes symptômes : les uns et les autres causent également un sentiment d'ardeur et de constriction à la langue, à la bouche, à l'œsophage, à l'estomac et aux intestins; une soif insatiable, l'anorexie, la cardialgie, le hoquet, la nausée, un vomissement douloureux, opiniâtre et quelquefois sanguin; à la suite de ces symptômes, des douleurs de coliques très-violentes, des déjections sanguinolentés, le pissement de sang, la dysurie, la strangurie, l'ischurie, l'émoptysie, l'hydropisie, une fièvre symptomatique violente, une chaleur brûlante, l'insomnie, la pâleur cadavéreuse du visage, des taches noires sur le corps, la lividité des ongles, les convulsions, le tremblement, le rire sardonique, les palpitations du cœur, enfin la mort.

VI. Indépendamment de cette identité de symptômes produits par ces deux classes générales de poisons, ces symptômes varient eux-mêmes infiniment suivant les individus, et ne se succèdent pas toujours suivant l'ordre énoncé, si on excepte le vomissement qui arrive constamment toutes les fois que quelque poison âcre s'est introduit dans le corps. Ainsi, on lit dans Morgagni (*a*), que les convulsions considérées par plusieurs auteurs comme un symptôme de l'empoisonnement par l'arsenic, ne paroissent pas toujours lorsqu'on a pris ce poison, et que souvent il n'y a que le vomissement, accompagné d'une grande foiblesse, de langueur, d'anxiété, et de douleurs de l'estomac et du ventre, souvent même légères.

VII. Il n'en est pas tout-à-fait de même des symptômes causés par les poisons narcotiques, tels que la stupeur, le sommeil, les vertiges, les tremblemens, le spasme, le délire, et quelquefois l'apoplexie, lesquels sont accom-

_____

(*a*) *De Caus. et sed. morb. per Anat.; indag.* Ep. 59, n°. 4.

pagnés d'un pouls foible, inégal et intermittent, avec l'absence des signes d'inflammation communs à tous les poisons âcres et caustiques, et qui sont suivis de la lividité et bouffissure du visage, de sueurs froides et d'hémorrhagies qui précèdent une mort très-prochaine. Quelquefois ces symptômes seuls peuvent indiquer qu'on a pris un poison narcotique, si, après un examen attentif, on ne peut présumer qu'ils sont l'effet d'une cause différente.

VIII. L'empoisonnement par le plomb a aussi ses symptômes particuliers et propres à ce poison, ainsi qu'on le verra ci-après.

IX. Après avoir examiné attentivement chaque symptôme, et l'avoir noté pour se le rappeler plus aisément, il faut procéder à l'examen de l'échantillon présenté, et à celui des matières vomies ou rendues par les selles, pour en faire la comparaison avec l'échantillon, ou au moins, à son défaut, pour rechercher si on y découvrira un poison.

Mais, avant de procéder à l'examen des matières vomies, il convient, soit pour l'honneur de l'art, soit pour ne pas favoriser, par un rapport chancelant, des soupçons injustes ou des passions haineuses, qui ne cherchent que trop souvent une occasion favorable de s'assouvir, il convient, dis-je, que le méde-

cin s'informe de quels alimens le p'aignant a
fait usage à ses derniers repas. Il peut arriver,
en effet, qu'un homme, dans l'espace de deux
ou trois jours qui ont précédé l'apparition des
symptômes du poison, ait mangé des alimens
difficiles à digérer, faciles à entrer en putréfaction, ou même déjà un peu corrompus;
qu'il ait fait usage d'alimens qu'il sait lui avoir
été nuisibles une autre fois. Il peut arriver,
dis-je, que quelque tems après, il se trouve
très-mal, et qu'il ait tous les symptômes du
poison jusqu'à mourir. Les champignons, par
exemple, quoique réputés non-vénéneux, ont
assez fréquemment produit cet effet. J'ai vu
une châtaigne rôtie, qu'on avoit avalée toute
entière, donner tous les signes d'un empoisonnement. Les substances glutineuses, telles
que les têtes et les pieds de veau, les écrevis-
ses, les huîtres, les escargots, les moules, ne
produisent pas moins quelquefois les mêmes
accidens. Les vins troubles et avariés ont très-
souvent aussi produit cet effet, ainsi que ceux
frelatés, même avec des substances végétales,
telles que les baies de sureau et les sommités
de sauge crispée.

Il convient aussi d'examiner dans quels ustensiles le malade fait sa cuisine, dans quels
vases il renferme l'eau, le vin, le vinaigre ou

les graisses dont il fait usage; s'ils sont de plomb, de cuivre, de terre mal vernissée, ou si l'étamage est endommagé.

Il est aussi certains mets pour lesquels certaines personnes ont une antipathie si marquée, que ces alimens leur donnent tous les symptômes du poison, si elles en ont avalé, même sans le savoir. Cette antipathie est telle quelquefois, que la vue seule leur en fait horreur. Tels sont, par exemple, le beurre, le fromage, le porc, certains poissons, etc. Or, il peut arriver que dans un festin il y ait de ces mets dont les convives auront mangé sans s'en appercevoir, et que delà il s'ensuive des symptômes très-graves, pareils aux symptômes du poison. Il est clair que le médecin doit s'informer avec soin de ces antipathies, et que, si quelques-unes des choses dont je viens de parler ait lieu, c'est elles qu'il faut accuser et non un poison.

X. Il est extrêmement difficile de reconnoître si le malade a été empoisonné par un poison végétal, et plus encore de distinguer la nature de ce poison, par l'inspection seule et l'examen des matières vomies, la botanique et la chymie n'ayant le plus souvent alors aucune prise sur des matieres machées et mêlangées avec d'autres alimens. On peut seule-

ment recueillir quelques notions, si ce poison
étoit ligneux, ou d'une nature coriace, telle
que les champignons, ou s'il avoit été administré en baies ou en graines. Dans le cas
contraire, si on n'a point d'échantillon, il
ne reste d'autre ressource que de recourir à
l'examen des symptômes, et de tirer quelques
inductions, suivant qu'ils paroissent appartenir à l'effet d'un poison âcre, ou a celui d'un
poison narcotique, après s'être cependant
assuré qu'aucune des causes citées n'a eu lieu,
et s'être environné de toutes les raisons mo-
rales qui font suspecter l'empoisonnement. Ces
inductions n'indiqueront néanmoins qu'une
suspicion, jusqu'à ce que, si la mort a lieu,
on puisse découvrir, par l'ouverture du cadavre, que la suspicion est réellement fondée
sur les principes que j'indiquerai plus bas.

XI. Ce ne peut être que par ignorance
que, dans plusieurs cas, on mêloit les matières
vomies avec d'autres alimens, et qu'on les
faisoit avaler ensuite à des animaux. On
concluoit, de ce que ces animaux mouroient ou ne mouroient pas, que ces matières étoient ou n'étoient pas empoisonnées.
Mais cette induction est ici, comme par-
tout ailleurs, la source des plus grandes

erreurs. En effet, il existe peu de poisons
absolus, c'est-à-dire, pour toutes les espèces
d'animaux : presque tous sont relatifs aux différentes espèces. Ainsi, la noix vomique, qui
est funeste à un si grand nombre, l'est très-
peu pour l'homme. L'aloes, dont nous nous
servons impunément, est un poison pour les
chiens et pour les renards. La doronique,
poison pour l'homme et pour les chiens, nour-
rit les chamois et les hirondelles. L'ache
tue les oiseaux, et le poivre les cochons. Les
amandes douces, dont l'homme fait usage,
sont un poison pour les renards, les chats, les
fouines et les poules. Les étourneaux se nou-
rissent de la graine de cigue puante, les fai-
sans de celle de stramonium, les cochons de
la racine de jusquiame ; on a vu des chiens
avaler impunément des doses très-considé-
rables de sublimé corrosif, etc. etc. Quelle
confiance peut-on donc avoir dans ces expériences où on voit mourir un animal après
avoir avalé une substance qui ne fait aucun
mal à l'homme, et ne ressentir aucun mal
après avoir pris ce qui est pour l'homme un
poison mortel ?

Ces expériences seront encore bien plus
illusoires, si, comme le pensoit Morgagni,

les animaux peuvent être empoisonnés par les humeurs viciées de l'homme. En voici un exemple remarquable (a) : un enfant, dit-il, mourut d'une fièvre tierce, qui, après l'avoir exténué, le conduisit à la mort au milieu de terribles convulsions. On trouva dans son estomac beaucoup de bile verte qui teignoit le scalpel en couleur violette. Ayant trempé la pointe du scapel dans cette bile, on en blessa deux pigeons, qui périrent presqu'à l'instant dans de violentes convulsions. On mêla cette bile avec du pain, et on en donna à un coq, qui périt aussi promptement que les pigeons, avec les mêmes symptômes et un tremblement universel.

Il résulte de toutes ces observations que l'on ne peut absolument tirer aucune conséquence des symptômes produits chez les animaux à qui l'on a fait avaler des matières rejetées par le vomissement, ou trouvées dans l'estomac de l'homme.

XII. Dans le cas où les matières rendues par le vomissement prouveroient que le malade a mangé beaucoup de végétaux, le médecin doit s'informer d'où on les a tirés : il se

_____

(a) *De sed. et caus. morb. per Anat. indag.* Ep. 59, n°. 18.

transportera dans les lieux où on les a cueillis.
Il est arrivé souvent que de cette manière on
a trouvé l'aconit, le napel, ou la ciguë à côté
de la plante potagère, et que la cause du mal
n'a plus été un problême.

XIII. Quoique, dans les cas d'empoisonnement par les substances végétales, il soit
presqu'impossible de reconnoître ces substances, sans échantillon, par l'examen seul des
matières rendues par le vomissement, on ne
doit pas moins se hâter de faire cet examen ;
car il peut se faire que ce ne soit pas un végétal
que l'on ait employé, mais bien un minéral.
L'on doit se garder d'être induit en erreur
là-dessus par la couleur verte des choses vomies. Cette couleur peut dépendre du verd-
de-gris, ou même de la bile qui aura pris
cette teinte par un effet de la grande irritation
causée, dans la région épigastrique, par de l'arsenic ou du sublimé. Si l'empoisonnement a
été commis par quelqu'une de ces substances,
il est aisé de les reconnoître par les procédés
chymiques.

XIV. Pour faire cet examen méthodique-
ment, il convient de diviser la matière en
plusieurs lots, pour faire subir à chacun une
épreuve particulière : sinon, on ne feroit que
quelques expériences triviales et communes
pour

pour tous les métaux, ce qui ne pourroit remplir ni les vues du médecin, ni celles de la
justice, puisque ce ne seroit que par le plus
grand hasard qu'on pourroit parvenir ainsi à
découvrir la nature du poison.

XV. La sûreté publique est grandement
intéressée à ce que cet examen se fasse non-
seulement quand les symptômes sont très-
graves, mais encore quand ils sont peu alarmans. En effet, un homme peut avoir été empoisonné dans un repas, vomir, et ne rien
souffrir du poison, parce qu'il aura avalé une
grande quantité de corps gras et onctueux :
mais, sans l'examen des matières vomies, il
ne peut y avoir lieu à perquisition ; et, si le
soupçon est juste, le crime triomphera à la
faveur des ténèbres, et aiguisera tranquille-
ment de nouveaux poignards,

. XVI. Cet examen est encore indispensable,
quand plusieurs personnes ayant mangé d'un
plat empoisonné, et toutes ayant vomi, cependant les unes guérissent, tandis que les autres
succombent. Il est à présumer, alors que celles
qui ont résisté au poison avoient déjà l'estomac plein quand elles l'ont avalé, tandis que
les autres l'avoient vuide. Mais, pour constater la cause du vomissement, il n'est d'autre
ressource que dans l'examen indiqué.

Ces deux circonstances opposées de prendre le poison quand l'estomac est plein ou vuide, méritent une considération particulière; car elles mettent une si grande différence dans les suites de l'empoisonnement, qu'on a trouvé quelquefois des estomacs presque sains, quoiqu'ils continssent de l'arsenic, parce qu'étant pleins d'alimens, ce poison n'avoit pu agir avec la même force sur les membranes de ce viscère.

XVII. Mais, quand on n'a pas été à tems d'examiner la matière du vomissement, que l'on n'a point d'échantillon, que les symptômes sont passés, et que le malade est guéri, peut-on tirer des indices suffisans pour un rapport d'empoisonnement, de l'assertion du plaignant et de celles des personnes qui l'ont assisté ? Je ne le pense pas. Je me suis déjà expliqué sur l'ambiguité des symptômes et du vomissement. J'ajouterai encore un exemple pour prouver combien peu l'on doit se fier aux assertions des plaignans.

Un médecin fut appelé pour examiner quatre personnes qui se plaignoient d'avoir été empoisonnées deux jours auparavant par le vin qu'un particulier leur avoit fait boire. Toutes quatre avoient vomi une heure environ après avoir bu, et elles ne seressentoient plus de leur accident. N'ayant pas l'échantillon de ce vin, le médecin les interrogea séparément, pour tâcher de reconnoître quel goût et quelle odeur avoit le vin. L'un dit qu'il avoit le goût du tabac, l'autre qu'il étoit doux, le troisième qu'il avoit celui de l'endormie, et le dernier, enfin, qu'il y avoit de l'arsenic; c'est-à-dire, que chacun d'eux s'exprima en raison de la haîne qui l'animoit, et il étoit facile de voir qu'ils étoient les ennemis du particulier qui avoit fourni le vin. Le médecin se transporta chez ce particulier à dix heures du soir, pour examiner sa cave, avec le juge qui informoit. Il apperçut en entrant un chauderon non étamé, contenant du vin qui dégoutoit d'un tonneau. Le particulier avoua qu'il avoit donné de ce vin, sans mauvaise intention, à ses quatre voisins, qu'il en buvoit lui-même, ainsi que sa famille; et il en but au même instant. Quelle différence prodigieuse entre le goût que le cuivre donne au vin, et celui que chacun des plaignans avoit indiqué !

XVIII. Mais il n'en est pas de même quand la personne est morte du poison. On peut trouver, dans la dissection du cadavre, des indices certains d'empoisonnement, et s'en assurer indépendamment des symptômes et du vomissement.

La roideur des membres et la tuméfaction
du ventre, citées par quelques auteurs comme
un signe d'empoisonnement, quand elles ont
lieu aussitôt après la mort, ne sont pas des
signes constans. Mais ce qu'il y a de constant
dans les cadavres des personnes qui ont péri
d'un poison âcre ou caustique, c'est de trouver l'œsophage, l'estomac, et les intestins
grêles atténués, enflammés, gangrenés, ron-
gés et souvent percés.

XIX. L'inspection anatomique exige une
attention très-minutieuse. On doit examiner
non-seulement l'estomac, mais encore tout le
trajet du canal alimentaire, depuis le palais,
la langue et le pharynx, jusqu'à la terminaison
des gros intestins, et en outre tous les viscères
de la poitrine et ceux de l'abdomen.

L'estomac sur-tout doit être perlustré exactement, étendu convenablement, et examiné
dans sa substance avec le secours de la lumière
d'une bougie, afin de discerner jusqu'aux
moindres taches. Par ce moyen, il est souvent
arrivé qu'on a trouvé l'estomac criblé, là où
l'on n'avoit cru voir que de simples taches, ce
qui est un signe non équivoque de poison. Il
faudroit cependant se garder de prendre pour
-signes de gangrène, certaines taches noires qui
peuvent se trouver au fond de ce sac du côté

gauche , extérieurement et intérieurement , taches qui sont dues uniquement au sang qui est resté dans les veines qui font partie des vaisseaux courts , *vasa brevia.*

Les substances métalliques administrées en poudre , séjournent ordinairement long-tems dans les plis de la tunique veloutée de l'estomac, où l'on peut les recueillir en lavant cette tunique avec de l'eau distillée. Cette précaution est toujours indispensable, même quand on n'appercevroit point de poudre , soit qu'elle ait déjà été dissoute, soit qu'on ait administré le poison sous forme liquide ; car il peut se faire qu'il en soit resté suffisamment d'imbibé à cette tunique, pour pouvoir être soumis aux expériences.

XX. Mais , si on ne trouve pas le poison qui aura été entraîné pendant la vie , soit par le vomissement, soit par les déjections , le médecin peut-il porter un jugement d'après les signes d'érosion trouvés sur le cadavre ? Je répondrai que , si le malade étoit en pleine santé au moment où l'on soupçonne qu'il a pris le poison , s'il est bien constaté qu'il n'étoit sujet à aucune colique périodique de l'estomac ou du canal intestinal, s'il ne règne aucune maladie dyssentérique épidémique ; si l'on est bien sûr qu'il n'a eu aucune indi-

V 3

gestion et qu'il n'a mangé d'aucuns mets capables d'exciter l'inflammation ; et si, après
avoir avalé quelque chose, il s'est d'abord
trouvé mal , s'il s'est plaint du goût extraordinaire qu'avoit ce qu'il a mangé et ce qu'il
a vomi, et que les symptômes qui se sont
manifestés soient ressemblans à ceux que produit un poison violent; si à tout cela se joignent
des indices probables tirés des perquisitions
judiciaires, je réponds, dis-je, que le médecin
peut prononcer affirmativement sur l'empoisonnement, si l'érosion , l'inflammation , la
gangrène et le sphacele se sont manifestés non-
seulement dans l'estomac et dans les intestins, mais encore à l'œsophage, au pharynx,
et à la langue , puisque tous ces maux sont
alors évidemment l'effet d'un caustique quelconque. Il paroît même qu'en pareil cas ,
la présence du poison n'ajoute autre chose à
la certitude du fait , que la facilité de pouvoir
déterminer son espèce , espèce qu'on déter-
minera alors par la dénomination générale de
poison âcre ou caustique.

L'on n'a pas la même facilité pour donner
un jugement décisif, quand la mort n'est
suivie ni d'érosion , ni d'inflammation.
Les poisons sédatifs éteignent souvent très-
promptement le principe vital sans laisser des

traces de leur action dans le canal alimentaire.
Il est vrai que l'on a trouvé souvent à la suite
de ces poisons des taches noires dans l'estomac, sans inflammation précédente, mais
causées par une effusion du sang comme putréfié dans toutes les veines, le foie engorgé
et plein de sang, la vésicule du fiel tuméfiée,
le cœur flasque et plein de sang, etc.; mais
il est vrai aussi que ces signes n'ont pas toujours existé, et que quelquefois le sang, loin
d'être dissous, s'est trouvé coagulé.

Alors, à moins qu'il ne reste un échantillon
du poison avalé, ou qu'on n'ait examiné la
matière rendue par le vomissement, ou res-
tant encore dans l'estomac, ce qui est difficile
à l'égard d'une matière végétale, susceptible
d'une prompte altération, il ne reste au médecin que des signes rationnels tirés de la
commémoration des signes antécédens : mais
dans ce cas son rapport ne pourra jamais faire
preuve, comme dans celui que nous avons
assigné précédemment.

XXI. Il peut se présenter un cas aussi épi-
neux, dont on lit un exemple dans Morgagni.
C'est celui où une personne étant déjà affectée
de maladie aigue, seroit alors empoisonnée
ou dans ses alimens ou dans ses médicamens.
On en a quelques indices pendant la vie, s'il

V 4

survient dans le cours de la maladie des
symptômes auxquels on n'avoit pas droit de
s'attendre, tels que le hoquet, les défaillances,
un froid universel, des coliques très-doulou-
reuses, l'excrétion sanguine, etc. Mais comment décider avec netteté si ces symptômes
ne sont pas les préludes de la mort, occasionnée par une maladie plus grave qu'on ne pensoit, sur-tout quand on ne s'attend pas au
poison ? Le signe le plus certain seroit de
trouver, après la mort, le poison dans l'estomac. Mais, si le poison n'y étoit plus, l'inflammation, la gangrène et les cribles de cet
organe, qui s'étendroient même le long de
l'œsophage jusqu'à la langue, seroient-ils ici
une preuve complette de poison ? Je ne le
pense pas, parce que, dans une maladie
aigue, si le malade a vomi, l'on peut objecter
que c'est à la bile âcre qui s'est dégorgée,
que sont dues les taches livides de ces parties : et comme ordinairement alors, on ne
songe guères à examiner chymiquement les
matières vomies, il s'ensuit que le médecin
ne peut guères porter un jugement définitif.

Il est certaines maladies, telles que la dys-
senterie, le choléra-morbus, les fièvres ar-
dentes, bilieuses, putrides et pestilentielles,
qui naissant, sont accompagnées aussi-tôt des

symptômes les plus violens, et emportant les malades en peu de jours, laissent sur les cadavres des traces peu différentes des signes ordinaires du poison. De même une éruption rentrée ; une affection scorbutique très-avancée, une bile très-àcre qui ayant séjournée long-tems dans la vésicule a régorgée dans le duodenum et dans l'estomac, laissent quelque fois des tachés noires ou livides sur les tuniques de ces organes ; mais par une contemplation réfléchie des causes antécédentes et des symptômes de la maladie, et par la comparaison que le médecin en fera avec les signes que porte le cadavre, il distinguera assez aisément les restes d'une maladie violente d'avec les caractères de l'empoisonnement.

XXIII. Les vers peuvent enflammer et gangrener l'estomac et les intestins, donner des coliques violentes, et tous les signes apparens de poison. Un soldat mourut subitement un instant après avoir été vu en bonne santé. On l'ouvrit. Tout étoit sain et selon la nature dans ce sujet ; mais en incisant le duodénum, on en vit sortir quantité de vers lombricaux, qui avoient piqué cet intestin et le pylore en plusieurs endroits, et dont un avoit insinué sa tête entre la tunique veloutée et la tunique musculaire de l'intestin.

Si l'on ne trouve point de poison, mais qu'il y ait inflammation et piqûre avec beaucoup de vers, il est clair que c'est à ces animaux qu'il convient d'attribuer la mort quelque prompte et extraordinaire qu'elle paroisse.

XXIV. L'ouverture des cadavres exhumés offre beaucoup d'incertitude, quant à l'inspection si nécessaire du canal alimentaire. Indépendamment de la putréfaction à laquelle sont particulièrement disposés les corps éteints par le poison, indépendamment encore de certaines saisons et de certaines expositions qui la favorisent principalement, en général, la dissolution commence toujours par les intestins, et elle se communique bientôt à l'estomac et à l'œsophage. Il faudroit donc bien se garder de prendre des taches livides, occasionnées par la putréfaction commencée, pour des taches produites par le poison. Pour moi, je me défierai toujours de l'examen d'un cadavre fait dans les saisons du printems, de l'été et de l'automne, quarante-huit heures après l'inhumation, à moins qu'on n'ait encore été à tems de trouver le poison dans l'estomac ou dans les intestins, ce qui est possible quand la putréfaction n'est que commencée.

XXV. Voici les caractères qui servent à distinguer les taches de la putréfaction d'avec les impressions des corps étrangers faites sur les corps vivans : si l'estomac ayant encore sa couleur naturelle , les taches qu'on y voit sont mêlées de rouge , et si le bord ou le fonds des ulcères est d'un rouge vif ou rouge pâle , c'est l'effet de l'impression faite sur le corps vivant ; si , au contraire , l'estomac est déjà pâle , livide ou verdâtre , parsemé de taches de même couleur , mais plus foncée , on doit les attribuer à la putréfaction , et l'inspection devient de nulle valeur.

Au reste , cette inspection doit de même s'étendre , comme on l'a dit , sur tout le canal alimentaire , à moins qu'on ne trouve l'estomac et le duodenum sains , et donnant des indices suffisans de ce qu'on recherche ; l'on peut alors se dispenser d'examiner les gros intestins qui déjà peut-être commencent à se putréfier.

XXVI. L'on s'est convaincu , je crois , de la grande difficulté qu'il y a à décider de l'existence et de la nature d'un empoisonnement prompt et violent. Quelle sagesse et quelle circonspection ne faudra-t-il pas pour prononcer sur les cas d'empoisonnement lent , empoisonnement où il est encore plus difficile

de se procurer l'échantillon du poison ; où le
poison, sans être d'abord suivi de symptômes alarmans et dignes d'attention, détruit
pourtant insensiblement le malade ; empoisonnement dont les symptômes, lorsque la
maladie est avancée, ressemblent si fort aux
symptômes de tant d'autres maux destruc-
teurs de notre organisation, qu'il n'y a guères
que le médecin ordinaire du malade qui puisse
les différencier avec quelque probabilité ?

Si, par exemple, un homme dont on connoît bien la constitution et l'état de santé,
se trouve tout-à-coup attaqué, sans raison
évidente, de maux d'estomac sourds et con-
tinuels, s'il éprouve sans cesse une pesanteur
à la région de cet organe, s'il perd l'appétit, s'il est opiniâtrement constipé, ou sans
cesse tourmenté de déjections sanguines avec
expression et ténesme, si le ventre lui enfle,
se durcit, et qu'une couleur jaune ou des
taches semblables se répandent sur toute la
surface du corps ; si ensuite à tous ces maux
se joignent l'insomnie, la fièvre étique, la
toux sèche, séreuse, ou sanguine, avec le
marasme ou la paralysie de quelque extrê-
mité : si, dis-je, tous ces symptômes arrivent et se succèdent pour venir se joindre à
des probabilités du ressort des tribunaux, on

aura alors un fort préjugé d'empoisonnement.

Ce préjugé deviendra encore plus légitime, et se changera même en certitude, si, ayant suivi de près le malade depuis l'origine de ses maux jusqu'à sa mort, on trouve à l'ouverture du cadavre quelques restes du poison, et si les viscères sont attaqués ainsi qu'il arrive ordinairement dans ces sortes de cas. On a trouvé, par exemple, les tuniques de l'intestin racornies, dures et tapissées, d'une sorte de croûte; le foie triple de son volume, et sa vésicule engorgée, les glandes du mésentère tuméfiées, les poumons ulcérés, le cœur flasque et peu irritable, le péricarde plein d'eau.

XXVII. Mais, si nous ne trouvons plus le poison, et que la maladie ait duré fort longtems, gardons-nous, quels que soient nos soupçons, d'en faire la base de notre rapport. Recherchons dans tous les viscères quelle est la cause de la mort, et bornons-nous à décrire cette cause. Car il est une infinité de maux sourds qui, augmentant insensiblement en intensité, peuvent avoir affligé un homme depuis longues années, sans qu'il s'en soit lui-même beaucoup aperçu, et qui, éclatant tout-à-coup, paroissent inconcevables à ceux qui ne sont pas au fait des divers acci-

dens de la vie , ou qui ont l'imagination
noire et préoccupée , d'autant plus que les
mélancoliques et les hypocondriaques ont
souvent des plaintes à faire à ce sujet , plaintes auxquelles il y auroit de l'imbécillité de
vouloir toujours ajouter foi.

XXVIII. Les poisons ne produisent pas les
mêmes effets chez tous les hommes. Une sensibilité plus obtuse, l'habitude et la force de résis-
ter aux causes de destruction , en diminuent
notablement l'action. On a vu des malades prendre impunément, et même avec avantage , de
grandes doses d'extrait de ciguë et de stramonium. Dans certains pays , des paysans avalent sans danger , pour se purger , le suc
d'une grosse pomme de coloquinte. Enfin
l'on connoît les doses considérables d'opium
que prennent les orientaux. Il peut donc arriver qu'une dose considérable de poison ne
fasse pas grand mal à un homme robuste ,
tandis qu'une très-petite quantité causera les
symptômes les plus violens à un individu foible. Il suit delà , qu'en notant les symptômes causés par un poison présumé , le médecin doit faire mention du plus ou du moins
de mobilité , de force ou de foiblesse du sujet , ainsi que des maladies auxquelles il est
le plus disposé , telles que l'apoplexie, l'hé-

moptysie, les coliques, etc. ; parce que cette
disposition particulière aggrave les symptômes, qui, sans elle, auroient pu être moins
violens, comme une santé très-robuste en
diminue l'intensité.

De même, en faisant l'ouverture d'un
homme mort de poison, et dont l'état de
santé étoit suspect, on doit scruter tous les
viscères, et rechercher si on n'y trouveroit
point quelque anévrisme rompu, ou le suc
de quelque abcès que l'action du poison auroit fait ouvrir. Il est clair que dans ces cas
la cause de la mort est, au moins, partagée
entre le poison et la maladie pré-existante.

Mais, si ces observations doivent être faites par le médecin, elles ne sauroient adoucir la peine que mérite une intention scélérate, qui ne tient pas à la foiblesse humaine,
mais à une conscience gangrenée qui ne se
corrigera jamais. S'il est indispensable de les
faire pour éclaircir les cas douteux, elles ne
sauroient affoiblir la juste horreur qu'inspire
la seule idée d'empoisonnement.

DES POISONS EN PARTICULIER.

La plupart des poisons sont administrés frauduleusement, soit avec les alimens, soit avec les médicamens, ou bien on les avale imprudemment. On les hume aussi avec l'air, on les reçoit dans les lavemens, on les absorbe par les onguens; on les prend par le souffre, la poudre à poudrer, ainsi qu'on en voit des exemples dans Fortunatus Fidelis (a) ; par la fumée d'un flambeau, comme Zacchias nous dit que fut empoisonné le pape Clément VII (b). Le poison peut aussi être communiqué par des armes empoisonnées.

On peut donc considérer la manière dont le poison s'introduit dans le corps humain, sous les cinq points de vue suivans :

1°. Par le nez, au moyen des odeurs ;

2°. Les poumons, au moyen de la respiration ;

5°. La bouche et l'œsophage ;

(a) *De Medic. respons.* L. IV , sect. 3.
(b) *Quæst. Med. leg.* L. 2., T. 2., Q. 2.

4°.

4°. L'anus;

5°. La peau, entière ou ulcérée, au moyen de l'application.

C'est ainsi que nous le considérerons en parlant de chacune de ses classes et de ses espèces.

Les poisons sont divisés en trois grandes classes, en poisons animaux, végétaux et minéraux.

Nous subdivisons ces trois classes en deux grands ordres; en poisons volatils et gazeux, et en poisons fixes et solides.

Ire. CLASSE. Ier. ORDRE.

Poisons animaux volatils et gazeux.

Gaz et vapeurs émanans:

Des animaux en putréfaction.
De la respiration.
De la transpiration.
Des cimetières.
Des hôpitaux.
Des prisons.
Des vaisseaux.
Des ulcères sordides.
Des excrémens dyssentériques.

Tome II. X

Du musc, du castor et de la civette (1).

L'on connoît combien est funeste l'air qu'ont respiré plusieurs animaux à-la-fois, rassemblés dans un même lieu resserré et non-ventilé. L'on sait aussi qu'une infinité de maladies contagieuses se contractent par absorption des miasmes virulens ou putrides des animaux, soit par les poumons, soit par l'estomac, soit par la peau. Nous verrons bientôt quels sont les symptômes généraux qui résultent de l'application de ces substances volatiles ou gazeuses, et à l'aide desquels on distingue la mort occasionnée par ces substances, d'avec celle qui est l'effet d'un poison qu'on pourroit soupçonner avoir été donné malicieusement.

IIe. CLASSE. 1er. ORDRE.

Poisons végétaux volatils.

Ils sont ou narcotiques et nauséabondes, ou aromatiques et agréables.

---

(1) Quoique ces trois dernières odeurs soient agréables, néanmoins, quand elles sont renfermées dans un endroit clos, elles peuvent occasionner des asphyxies et même l'apoplexie.

Les narcotiques sont les eilluves :

Du stramonium.

De la jusquiame.

De l'opium.

Du safran.

De la nicotiane.

De l'ivraye.

De la ciguë puante.

Des champignons vénéneux.

Du laurier-rose.

Du dracontium fétide.

De la mandragore.

De l'ellébore blanc.

Du toxico-dendron (1).

Du mancénilier.

Du lin.

Du chanvre.

Du noyer.

Du sureau.

Du figuier.

De l'olivier.

---

(1) Outre que les effluves du toxico-dendron sont nauséabondes, ils sont encore très-âcres.

(*Fontana* , *Expér. sur les poisons.*)

X 2

Les aromatiques sont les effluves :

Des violettes.

Des roses.

Du lys blanc.

De la tubereuse.

Du chèvre-feuille.

Du lyandre.

Des œillets.

Du gérofle.

Du camphre.

De l'ambre ambrosiaque.

Du satyrion nigrum.

Et, en général, les odeurs de toutes les fleurs renfermées dans des appartemens non-ventilés.

Du foin frais.

De l'alcool.

De toute espèce de fruits renfermés.

De l'huile de térébenthine.

Et de toutes les huiles grasses ou essentielles possibles.

Toutes ces odeurs, long-tems continuées, attaquent les nerfs désagréablement, et causent des douleurs de tête, des convulsions et spasmes, l'asphyxie, quelquefois même des apoplexies et paralysies, suivant la disposition des sujets qui s'y sont exposés.

IIIe. CLASSE. Ier. ORDRE.

Gaz minéraux.

Gaz sulphureux.
 sulphurique.
 nitreux.
 nitrique.
 muriatique.
 ——————— oxigéné.
 des différens acides.
 ammoniaque.
 azote.
 hydrogène.
 carbonique.

Et leurs différentes combinaisons aériformes.

Les gaz acides suffoquent, excitent la toux et l'éternuement, produisent le resserrement de poitrine et l'asthme; ils excitent le crachement de sang, et causent même une mort apoplectique, si on y reste long-tems exposé.

Les gaz azote, hydrogène et carbonique purs, n'étant pas aptes à la respiration, suffoquent aussi avec des convulsions; ils produisent l'asphyxie, et, si on y reste long-tems exposé, l'apoplexie et la mort. Si l'apoplexie

X 3

n'a été que commençante, et qu'on en échappe; le principe vital s'en ressent long-tems ; il reste souvent des paralysies, des tremblemens, et la perte de l'appétit.

IIIᵉ. CLASSE. Iᵉʳ. ORDRE.

Gaz mixtes.

Les émanations des marais.

des végétaux pourris.

de l'eau croupie.

des fosses d'aisance.

des mines.

des feuilles vertes, renfermées à l'ombre (1).

La plupart de ces émanations sont les causes les plus connues des fièvres intermittentes apparentes ou cachées, ainsi que des typhus. Non-seulement on les hume par le nez, on les avale par la bouche ; mais encore on les reçoit dans le sang par les pores de la peau.

(1) J'ai rangé ces émanations après les gaz minéraux, parce qu'elles sont ordinairement des gaz azote, carbonique, ammoniaque, hydrogène, hydrosulphure, etc., combinés les uns avec les autres, et même avec d'autres substances dont ils sont le véhicule. *Note de l'Auteur.*

Elles s'attachent même aux vêtemens, et de-viennent ainsi des foyers de contagion.

Si on y reste long-tems exposé dans un lieu renfermé, elles produisent les mêmes symptômes que les autres substances gazeuses et aériformes dont nous avons parlé.

Les personnes qui ont été exposées à ces gaz jusqu'à perdre la vie, ont les mêmes symptômes que ceux qui meurent suffoqués; les canaux des bronches sont pleins d'écume, le visage est rouge, les veines sont distendues.

En général, soit que des effluves quelconques aient vicié l'air, ou que l'on soit plongé dans différens gaz dont on a fait l'énumération, la respiration et l'action des nerfs sont les deux fonctions qui sont d'abord affectées. Mais il n'est pas aisé de distinguer sur le cadavre si c'est aux vapeurs narcotiques ou à des gaz non respirables que la mort est due; car l'inspection anatomique donne, dans tous les cas, les mêmes résultats, tels que les vaisseaux propres du cœur, les artères pulmonaires, le ventricule droit et son oreillette pleins de sang, tandis que le ventricule gauche et les veines pulmonaires sont presque vuides. La langue est enflée, le cadavre est tout enflé aussi, rouge et long-tems chaud. Ce dernier signe pourtant n'existe pas toujours.

X 4

Si on trouve un cadavre avec ces caractères, et que peu auparavant la personne ait été vue en bonne santé, si on la trouve encore dans des lieux où existent de semblables causes délétères, si on sait qu'elle y a été, ou si son corps et ses habits répandent une odeur analogue à l'odeur de quelques-uns des gaz, ou émanations dont on a parlé, il est clair que la mort doit être attribuée à ces causes.

Le médecin doit toujours s'informer de l'état, du genre de vie et des habitudes du mort. En effet, quand même la cause de la mort lui seroit cachée, il peut tirer delà quelques indices ; et, quand même il n'en tireroit aucun, si l'inspection anatomique lui démontre tous les signes dont nous venons de parler, sans qu'il existe rien de délétère dans l'estomac, comme ces signes n'appartiennent pas à un poison avalé, s'il n'y a d'ailleurs aucun indice d'étranglement, il est dans la raison d'attribuer tout simplement la mort à un épanchement subit de sang, ou à telle autre cause d'apoplexie instantanée qu'il faut rechercher dans le cadavre.

IIIe. CLASSE. Ier. ORDRE.

Minéraux réduits en vapeurs.

Les vapeurs de l'arsenic.

du plomb.

de l'antimoine.

du mercure.

du gips et de la chaux.

Quelques auteurs ajoutent les vapeurs du cuivre; mais il paroît, d'après quelques faits bien authentiques, que les mauvais effets de ces derniers peuvent être relatifs.

La vapeur de l'arsenic est une des plus funestes à la vie. Elle rend d'abord la langue et la gorge sèches, arides et enflammées. Elle produit l'éternuement d'abord, puis la suffocation, l'asthme, une toux sèche, des vomissemens, des anxiétés, des vertiges, une douleur de tête et de jambe; et, quand elle ne tue pas, elle conduit à la phthisie.

Il est aisé de la reconnoître par l'odeur d'ail qu'elle répand même de très-loin.

La vapeur du plomb n'est pas moins dangereuse, quoique ses effets soient plus lents; elle produit le plus souvent la colique dite des peintres, la paralysie de quelque membre,

quelquefois des douleurs vagues ressemblant
aux douleurs arthritiques long-tems continuées : ces vapeurs produisent le même effet
que celles de l'arsenic.

Les vapeurs de l'antimoine peuvent se comparer, pour leurs effets, à celles de l'arsenic.

L'on sait combien facilement le mercure
entre en expansion. Ses vapeurs sont extrêmement funestes, quand elles sont long-tems
humées : elles occasionnent sur-tout le tremblement des mains, les vertiges, l'hémoptysie, l'asthme, et elles rendent le visage pâle
et bouffi. Leur principal caractère est d'exciter le ptyalisme, de noircir les dents et de les
rendre vacillantes. On a des exemples de gens
qui sont devenus stupides, sourds et muets
pour y avoir été quelque tems exposés ; elles
ont enfin occasionné l'apoplexie.

Les effluves du sulphate de chaux ou gips,
et de la chaux, sont reconnus de tout le monde comme très-contraires à la santé. Conduits
par l'air dans les bronches, ils y occasionnent
des concrétions calcaires, ils excitent la toux
sèche, l'asthme, et conduisent à la phthisie.
Ils causent de même des concrétions dans les
voies alimentaires, dans les glandes mésentériques ; avalés avec l'air ou avec les alimens,
ils sèchent la langue et le gosier, et rendent

cachectiques et bouffis, et successivement, hectiques, ceux qui s'y sont habituellement exposés, tels que les maçons, les tailleurs de pierre, les marbriers, les statuaires en plâtre, et même ceux qui ont l'imprudence d'habiter des maisons construites, ou reblanchies nou- vellement.

Comme les effets de ces vapeurs et de celles du plomb sont analogues à ceux que produi- sent les poisons lents; quand on a un rapport à faire sur ces derniers, l'on doit s'informer si le malade n'a point été exposé à ces sortes de vapeurs, et, dans ce cas, si ce n'est point à leur action qu'on doit attribuer les maux dont il se plaint.

Iʳᵉ. CLASSE. IIᵉ. ORDRE.

Poisons animaux fixes.

Il y a très-peu de chose à dire sur les poi- sons animaux, tels que le venin de la vipère, la piqûre du scorpion et d'autres insectes, les commotions de la torpille, le virus hy- drophobique, les maladies contagieuses, etc.: parce que ces objets n'ont aucun rapport avec la Médecine légale, dépendant presque tous de quelques accidens involontaires.

Nous nous bornerons à observer qu'il n'est pas bien sûr que la chair des animaux tués avec des instrumens empoisonnés, ou avec du poison mêlé aux alimens, ou la chair des animaux qui se nourrissent de plantes vénéneuses, soient absolument exemptes de danger pour l'homme.

La chair conserve toujours au moins l'arome des substances qui ont servi à sa nutrition, comme les os conservent la couleur de la garance, sur-tout si les animaux ont été tués quelque tems après qu'ils ont été nourris de substances vénéneuses. Or, qui me répondra que la chair d'un cochon qui vient de se nourrir de racines de jusquiame, est moins la cause des accidens qui arrivent à une personne, qu'un poison qu'on soupçonne lui avoir été donné ? Beaucoup de poisons n'agissent que par l'arome, et cette substance est plus tenace qu'on ne pense, malgré la coction, ainsi qu'on en verra un exemple ci-après. Il n'est donc pas impossible que, si on a mangé considérablement de ces viandes, elles puissent devenir nuisibles.

On pense aussi généralement, d'après Mead et Fontana, que les poisons qui sont tels quand ils sont inoculés dans les vaisseaux, cessent de l'être quand on les avale. On cite

l'exemple du venin de la vipère , et du poison
africain , le ticunas , qui , avalés en petite
quantité , ont été innocens. Mais ils n'ont
peut-être fait aucun mal , parce que naturellement on n'avoit osé faire l'essai que sur de très-
petites doses : et n'y auroit-il aucun risque à
manger des viandes dans lesquelles ces poisons ou autres auroient été inoculés ? Je fais
ces observations , afin que, dans la circonstance , le médecin les ait sous les yeux et les
mette à profit dans ses recherches

Les viandes, les poissons et les œufs pourris
sont certainement des poisons très-dangereux:
mais , heureusement , il est rare qu'ils fassent
un grand effet , parce que , dès qu'on s'en
apperçoit , on ne continue pas à en manger
à moins d'une distraction ou d'une faim dévo-
rante. Les vomissemens , les renvois punais
et la syncope qui en résultent , dénotent très-
promptement leur origine et les remèdes convenables. Le médecin doit cependant dans
certains cas ne pas négliger de s'instruire de
ces circonstances.

C'est ici le lieu de parler des grains et lé-
gumes vermoulus. Ces substances chargées
du cadavre et des dépouilles des vers et
autres insectes qui y ont séjourné , portent
la pourriture et la mort dans le corps humain,

Elles font naître des fièvres nerveuses et putrides contagieuses, accompagnées du sphacele dès les premiers jours : et ceux qui sont exempts de ces maladies, traînent une vie languissante, comme s'ils avoient pris un poison lent. Le médecin doit donc faire attention à la qualité des subsistances, quand des épidémies semblables se manifestent dans un pays.

L'unique poison animal dont il nous reste encore à parler, ce sont les cantharides, administrées intérieurement depuis la dose de cinq grains, elles doivent être considérées comme poison. Leurs effets ordinaires sont : l'inflammation et la gangrène de la vessie et de toutes les voies urinaires, ainsi que l'hématurie ; des coliques affreuses ainsi que l'inflammation de l'estomac et des intestins, des déjections sanguines avec tenesme, un priapisme continuel, la fièvre ardente, quelquefois la manie, enfin la mort. Il sera toujours aisé de distinguer leur action d'avec celle des autres poisons, par le priapisme, et leurs effets sur les voies urinaires.

IIᶜ. Classe. IIᶜ. Ordre.

Poisons simplement narcotiques.

Le pavot blanc, ou pavot somnifère, et l'opium qui en est préparé, donné à la dose de cinq à six grains en une seule fois et à une personne qui n'y est pas habituée.

Les racines du *physalis somnifera*, L., ou *solanum somniferum. Alkekenge* ou *coqueret.*

Les baies et feuilles du *solanum nigrum* ou morelle à fruit noir.

Celle de la morelle à fruit jaune.

Les racines et les feuilles de *l'atropa mandragora*, L., ou mandragore.

Les tiges, feuilles et fruits du *datura stramonium*, L., ou pomme épineuse.

Toute la plante du jusquiame noir, et celle du jusquiame blanc, qui toutefois est moins fort que le noir.

Toute la plante de la laitue vireuse, et de la laitue sauvage épineuse.

Toute la plante et les baies du *paris quadrifolia*, L., *raisin de renard* ou *pariette.*

Toute la plante du *laurier-cerise.*

Les baies de l'if.

Les semences de l'ivraye, et celles de l'ers.

Les semences du *lathirus cicera*, L., espèce de gerfe.

L'eau distillée des feuilles de laurier-cerise.
des noyaux de cerise noire,
quand elle est concentrée.
des amandes amères, et des
amandes amères de pêcher,
et peut-être aussi de leurs
feuilles, quand ces eaux
sont concentrées.

Ces différentes plantes vénéneuses agissent, administrées non-seulement en substance, mais encore en extraits préparés au bain-marie, et en eaux distillées; et, comme leur vénénosité consiste principalement en un certain arome insensible à l'odorat, leurs eaux distillées qui en sont particulièrement chargées, sont plus malfaisantes que les extraits, qui laissent toujours échapper une partie de cet arome dans leur préparation, ce qui fait qu'on les emploie souvent sans danger dans plusieurs maladies chroniques. L'herbe récente a infiniment plus de force que celle qui est desséchée, quoique cette dernière, quand elle est desséchée à l'ombre, ne soit pas sans danger, témoins ce *tabac de l'endormie* qu'administroient quelques scélérats au commencement de ce siècle. Leur force varie

aussi

aussi beaucoup suivant les climats et les différentes expositions.

Le propre de ces plantes est, comme nous
l'avons dit, d'éteindre l'action du cerveau et
des nerfs, de causer un profond assoupissement, la stupeur, le délire, l'apoplexie et
la mort, sans douleur ni inflammation.

A l'ouverture des cadavres, on ne trouve
point l'estomac enflammé : mais, cet organe
est souvent tapissé d'un mucus visqueux, et
les veines pulmonaires et abdominales sont
pleines d'un sang noir, tandis que les artères
sont vuides. (a)

IIᵉ. Genre.

Poisons végétaux narcotico-âcres.

L'arbre et la pomme du mancenilier.
La fève de Saint-Ignace.
Les exhalaisons et le suc de toutes les par-
ties de l'arbre dit, poison de macassar. (b)
Le ticunas. (c)
Toute la plante du laurier-rose.
Les feuilles et les baies de la bella-donna.

(a) V. Fontana, Expé. sur les Pois., t. 2, p. 125 et suiv
(b) Murray, Op. Med., t. I., p. 376.
(c) Fontana, Tr. des Pois., p. 83.
Tome II. Y

La nicotiane ordinaire, ou le tabac.

La nicotiane glutineuse, ou le tabac glutineux.

Les racines de la bryone blanche, à baies rouges ou noires.

Les racines de cerfeuil sauvage.

Les racines et l'herbe de la petite ciguë, *ou* æthuse à forme de persil.

Les racines de la cicutaire aquatique.

Toute la plante du *conium maculatum*, L., ou grande ciguë puante.

La *mercurialis perennis*, L., mercuriale de montagne, suiv. Hans-Sloane.

Tous les champignons vénéneux, tels que *agaricus integer venenatus*, L., *le chapeau rouge* ou *amanite rouge*.

Caractère. Son pédicle a un anneau, sa peau est d'un rouge de sang, les feuillets blancs, la peau flasque.

Agaricus muscarius, L., l'amanite moucheté.

Caractère. Chapeau à différentes couleurs, fond ventre de biche, feuillets blancs

Agaricus piperatus, L., amanite poivré.

Caractère. Ombilic blanc, contenant un lait très-âcre dans la partie charnue qui est sous la peau.

Agaricus lactifluus, L., amanite lacté.

Caractère. Amanite à feuillets et à chapeau jaune sans anneau.

Agaricus violaceus, L., amanite violet.

Caractère. Pétiole bulbeux garni d'un anneau, chapeau plane.

Agaricus viscidus, L.

Caractère. L'amanite gluant, s'attachant aux doigts.

L'amanite rayé, celui qui est bigarré, lustré, variqueux.

Et en général, tous les champignons noirs, visqueux, à chapeau en capuchon, ayant le pétiole blanc et fistuleux.

Tous les champignons à chapeau plat, visqueux, jaunes, et qui ont leurs lames écartées.

Les champignons blancs, visqueux, multipliés sur la même base, portant chapeau en forme de cloche, avec un pétiole très-mince et cylindrique.

La vesce-de-loup.

Les eaux distillées de ces différentes plantes, sur-tout si elles sont concentrées.

Certains poisons préparés par l'art, tels que les huiles éthérées et les huiles empyreumatiques, parmi lesquelles celle de tabac est des plus pernicieuses, tant extérieurement qu'in-térieurement

Le seigle ergoté.

Le froment, l'orge, l'avoine, etc. rouillés, cariés, ou niellés, produisent quelquefois les mêmes symptômes que le seigle ergoté, quand ils entrent dans le pain en très-grande proportion.

Tels sont les principaux poisons narcotico-acres, à l'énumération desquels je crois devoir me restreindre. Ces substances recèlent particulièrement leurs qualités vénéneuses dans la partie extractive et extracto-résineuse, puisque quand l'art les en a séparées, la fé-cule qui reste est absolument innocente.

On les distingue des premiers par leur odeur et leur saveur âcres et nauséabondes, et parce qu'au caractère narcotique ils joignent une acrimonie particulière. Les symptômes qu'ils excitent sont communs aux poisons âcres et aux poisons narcotiques : tels sont la stupeur, les vertiges, un mal d'estomac soporeux, le spasme, l'hémorragie, la dissolution du sang, et quelquefois la gangrène ou la paralysie des extrémités, ce qui particulièrement est l'effet du seigle ergoté.

A l'ouverture du cadavre, on trouve l'œso-

phage excorié , et un commencement d'inflammation dans l'estomac et les intestins ,
outre les autres caractères communs aux poisons simplement narcotiques.

Il est très-essentiel que le médecin connoisse
les caractères propres aux champignons vénéneux, pour que dans l'occasion il sache distinguer si les symptômes du poison sont dus à
ce qu'on en a mangé, ou s'ils doivent être at-
tribués à un autre poison mêlé à dessein parmi
les champignons, pour faire croire que ceux-
ci sont la cause du mal qu'on a voulu faire.

En général, on doit se défier de tous les champignons qui ont une mauvaise odeur et une saveur âcre et caustique , ainsi que de ceux qui
se fondent d'abord d'eux-mêmes en un muci-
lage putride. La couleur décide peu sur leur
bonté , ainsi que les autres caractères qui ne
sont pas botaniques , parce qu'ils ne sont pas
constans. Il convient toujours , avant de préparer des champignons réputés pour bons ,
d'en mâcher un petit morceau , et , s'ils sont
âcres , de les rejeter. C'est, certainement, la
règle la plus sûre.

IIIᵉ. Genre.

Poisons végétaux âcres.

Atropa manihot, L., La racine fraîche et le suc du manihot, ou manioc.

Le ricin indien, ou le bois des Moluques.

Le *convolvulus scammonea*, L., La scammonée.

La gomme-gutte.

Les graines de ricin, *ou palma christi.*

Le lait épaissi du concombre d'âne sauvage, ou *elaterium.*

La pomme de coloquinte.

Toute la plante et sur-tout la racine de l'ellébore blanc.

La racine de l'ellébore noir.

Des semences de staphysaigre, et de sabadille (1).

Le bois et le fruit de l'ahovai du Brésil et des Indes.

Toute la plante du *rhodo-dendron chrysantum*, L.

------

(1) Toutes ces substances, et beaucoup d'autres qu'on emploie comme évacuans, sont réellement des poisons très-âcres, depuis la dose d'environ dix à douze grains, plus ou moins, suivant les individus.

Toute la plante de la digitale pourprée.

Les bulbes du colchique, cueillis en été et en automne.

Le lait du *convolvulus arvensis*, L., ou petit liseron.

Toute la plante des apocyns, gobe-mouche, à fleurs herbacées, maritimes.

Toute la plante de l'asclépiade velue et de l'asclépiade dompte-venin.

Les racines de l'œnanthe, ou filipendule aquatique, ou persil de marais.

La clématite à larges feuilles.

         rampante.

         droite.

         flammule. Enfin, toute la plante des diverses clématites.

Toute la plante de l'anémone pulsatile et de l'anémone des bois, et de celle à fleurs jaunes.

Le souci des marais.

Les vieilles racines de pastenade.

La racine d'aconit-napel.

      —————— tue-loup.

Les racines fraîches de l'arum tacheté, ou pied de veau.

Les baies et l'écorce de daphné-mézéréon, et, en général, de toutes les variétés des thymelées.

Toute la plante du *rhus-toxico-dendron*, L. , et celle du *rhus-vernix*, L. , ou rhoux.

Toute la plante de l'euphorbe officinale, et de toutes les variétés de cette famille et de celle des tithymales.

Toute la plante de la renoncule des prés,

> des jardins.
> des Alpes.
> des marais.

Cette dernière sur-tout, appellée *scélérate*, est la plus meurtrière. En général, toutes les renoncules sont plus ou moins vénéneuses, même pour le bétail.

Telles sont la plupart des plantes vénéneuses âcres qui, étant introduites dans le corps humain, y causent souvent des ravages mortels. Leur force, chez la plupart, paroît résider dans leur principe résineux. Appliquées sur la peau, elles l'excorient, y font lever des vessies, y excitent souvent des ulcères profonds ; enfin, y produisent les mêmes symptômes que dans les voies alimentaires, quand elles y sont introduites. Quelques-unes agissent à petites doses, d'autres à des doses plus fortes, suivant la sensibilité et l'irritabilité des sujets. Employées avec art et précaution, il n'en est point, tant de celles-ci que des précédentes, qui ne puisse être très-

utile dans les maladies chroniques opiniâtres,
où il faut des remèdes héroïques , et non des
substances douées de peu d'énergie.

On reconnoît ces plantes à leur saveur très-
âcre , qui brûle le gosier , et produit une
cardialgie brûlante , des vomissemens , des
coliques , des ténesmes et des flux de sang.
L'esprit , au commencement de leur action ,
n'est pas aussi aliéné que dans les cas pré-
cédens.

A l'ouverture des cadavres, on trouve la
langue , la bouche , le gosier , l'œsophage,
l'estomac et les intestins excoriés , enflammés
et gangrenés. Les vaisseaux sont remplis d'un
sang dissous et comme putréfié.

IIIᵉ. CLASSE. IIᵉ. ORDRE.

Poisons minéraux fixes.

La manière d'agir de ces poisons doit les
faire distinguer en deux genres ; en poisons
mécaniques, et en poisons chymiques.

Iᵉʳ. GENRE.

Poisons minéraux mécaniques.

Le verre pilé.
L'émail pilé.

La silice en poudre.

Le sulphate calcaire ou gips.

L'alumine.

La baryte.

Les trois premières substances agissent purement mécaniquement sur les tuniques du tube alimentaire, en les irritant et les déchirant par leurs surfaces anguleuses.

Les trois autres agissent de plus, en se mêlant avec le mucus des intestins, et en formant ainsi une pâte qui en tapisse les parois et bouche les ouvertures des pores inhalans et exhalans : elles empêchent par-là la digestion et l'absorption du chyle, d'où s'ensuit le marasme et la mort.

Les symptômes qu'elles produisent sont la douleur d'estomac et un poids continuel à ce viscère, les vomissemens, l'anorexie, une constipation opiniâtre, enfin, la fièvre hectique qui termine tous ces maux.

Ces substances peuvent être mises au nombre des poisons lents dont se servent quelques scélérats pour assouvir leur haine d'une manière cachée. Il est arrivé que des boulangers, de mauvaise foi, en ont mêlé avec la farine pour faire peser davantage le pain. On mêle aussi frauduleusement cette substance avec le sucre et la cassonade.

Il est des eaux très-chargées de sulphate calcaire, qui causent naturellement les mêmes maux, étant bues froides, que ceux qu'on pourroit attribuer à une intention perfide. Il n'est donc pas inutile d'avertir le médecin, que lorsqu'un malade se plaint de pesanteur à l'estomac, etc., il doit examiner l'eau dont il fait usage, avant d'aller plus loin.

A l'ouverture du cadavre des personnes mortes de ces poisons, on trouve l'estomac et les intestins tapissés d'une croûte tuffacée. Cette croûte, soumise à l'analyse, ne se dissout pas dans l'eau, mais s'y précipite. En y versant dessus de l'acide sulphurique, il se fait une effervescence, et il résulte un sel neutre de la nature de la base.

Si c'est un sel alumineux, il est insoluble à une quantité d'eau chaude moindre du double de son poids, et les alkalis précipitent l'alumine avec des caractères qui lui sont propres. La synthèse en refait de l'alun.

Le sulphate barytique se reconnoît principalement par son indissolubilité, et parce que les alkalis ne peuvent le décomposer, ou au moins n'agissent que très-peu.

Si cette croûte est formée de sulfate de chaux déjà saturée, on la reconnoît, 1°. parce que l'acide sulphurique ne l'attaque pas, et qu'il ne se fait point d'effervescence ; 2°. par son indissolubilité, à moins de sept cents fois son poids d'eau bouillante; 3°. par le sulphure de chaux qu'elle forme, si on peut en avoir assez pour la traiter par la voie sèche.

IIe. GENRE.

Poisons minéraux chymiques.

Je les divise en poisons chymiques proprement dits, et en poisons métallico-chymiques.

Poisons chymiques.

Les acides sulphuriques.
nitrique.
muriatique.
——————— oxigéné.
nitro-muriatique, et tous les autres acides animaux, végétaux ou minéraux, plus ou moins concentrés.

Les alkalis purs de potasse.
soude.
amoniaque.
la chaux.

Les acides introduits dans l'estomac enflamment, brûlent et resserrent la bouche, la langue, le gosier, l'œsophage, l'estomac, et portent la destruction dans toutes ces parties. Ils font des ravages semblables pris en lavement. Mais il est rare qu'on se serve de ces poisons. Car, comme on les reconnoît à la première goute qu'on met sur la langue, on n'en avale pas davantage, à moins qu'ils ne soient très-étendus d'eau, et pour lors ils ne sont nuisibles que quand on en fait usage trop long-tems.

Si on en avoit donné malicieusement en lavement, à un homme endormi, on les reconnoîtroit d'abord par l'effervescence qu'ils produisent avec les carbonates d'alkali.

Le goût des alkalis est âcre, brûlant, lixiviel. Ils font les mêmes ravages que les acides, sans resserrer. Il est rare aussi qu'on se serve de ces poisons, sans qu'ils soient très-étendus et imperceptibles ; et pour lors il en est de même que des acides. Dans l'occasion, il est facile de reconnoître leur présence par les sels neutres qu'ils forment avec les acides.

Poisons métallico - chymiques.

L'arsenic.

Le mercure.

Le cuivre.

Le plomb.

L'antimoine.

Avant de traiter de chacun des ces poisons en particulier, je crois indispensable de faire précéder les observations suivantes, qui expliqueront pourquoi je les ai nommés *métallico-chymiques*.

1º. Il paroît que les métaux n'agissent comme de vrais poisons qu'en tant qu'ils sont devenus solubles, c'est-à-dire, qu'ils ont pris un commencement d'acidité par l'oxidation : jusques-là, ils n'agissent que méchaniquement. Ainsi, il est des observations de personnes qui ont avalé impunément du cuivre, du plomb, du mercure, et de l'antimoine, et qui les ont même conservés long-tems dans l'estomac, sans en avoir été incommodées, les ayant ensuite rendus par les selles. .

2º. Il est des observations opposées qui constatent que ces métaux, pris en substance, ont été très-nuisibles : ce qui semble démontrer que les liqueurs digestives de certaines personnes sont plus fournies d'oxigène, lequel se porte sur le métal et l'oxide.

3º. Ces deux propositions sont prouvées par celle-ci, qui est très-évidente : savoir, que les métaux qui s'oxident plus aisément, et ceux qui prennent plus d'oxigène, qu'il n'en faut pour être simplement oxidés, et qui par-là

commencent à être acides, sont aussi les plus
puissans poisons. Tel est l'arsenic. Aussi, d'a-
près ces principes, je ne doute pas que s'il
étoit possible de donner à tous les métaux autant d'affinité avec l'oxigène qu'en a l'arsenic,
et de les en sursaturer comme l'arsenic, ils ne
devinssent tous des poisons aussi terribles que
l'arsenic.

4°. Tous ces poisons métalliques, à l'exception de l'arsenic, saturés d'acide, et devenus simplement sels neutres parfaits, sont
moins violens que leurs oxides, et ils agissent
ordinairement par les selles ou par le vomissement, et sont par-là chassés du corps, où
ils n'ont pas le tems de causer de grands ravages. L'acide arsenic même, saturé d'une
base alkaline, n'est pas dangereux à la même
quantité qu'en état d'oxide.

5°. Au contraire, tous ces métaux saturés
d'acide et sursaturés d'oxigène, n'agissent plus
alors comme vomitifs ou comme purgatifs,
mais comme poisons : ainsi, tous les sels mé-
tallico-muriates-oxigénés, et nitro-muriati-
ques, sont des poisons violens.

6°. Il suit de-là que les métaux déjà oxidés,
puis unis à un acide, sont plus actifs que le
sel neutre formé immédiatement du métal
et de l'acide ; quoiqu'il soit vrai de dire que

dans cette combinaison, l'oxidation précède.
toujours l'acidification. Ainsi, l'acétite de saturne, formé de l'oxide jaune ou rouge du
plomb, est un poison plus actif que celui formé
immédiatement du plomb et de l'acide acéteux, par la même raison que l'acétate de
plomb est plus actif que celui-ci.

7°. Il me paroît démontré que les sels métalliques, formés avec un acide dans lequel
l'oxigène n'a pas une forte affinité avec sa base,
sont plus actifs que les autres. Tels sont les.
nitrates.

8°. Je conclus de ces principes, que l'oxigène, fixé à un métal, est la principale cause
de sa causticité, et de son action désorganisa-
trice. Il paroît agir de deux manières sur le
corps vivant : par affinité avec l'azote, principe
de la fibre musculaire et peut-être aussi de la
fibre nerveuse, d'où il résulte qu'il attaque
directement le *sensorium* et désorganise l'endroit où il s'applique; en second lieu, il rend
soluble, dans nos humeurs, le métal qu'il
oxide, lequel étant absorbé et porté dans le
sang, entraîne après lui la destruction des
frêles vaissseaux par lesquels il passe, sur-tout
de ceux des poumons où il est porté directement au sortir du canal thorachique.

Ce que je viens de dire ne sera pas inutile
pour

pour expliquer plusieurs anomalies que présentent les métaux introduits dans le corps
humain ; telle, par exemple, que celle où des
métaux réellement poisons ont été innocem-
ment administrés en substance ou en sels neutres, comme le cuivre, que les académiciens
de Berlin n'ont pas regardé décidément comme
poison, et qu'on avale souvent impunément
dans des substances alimentaires.

ARSENIC.

Variété I. *Oxide d'arsenic. Arsenic
blanc.*

C'est une des plus puissantes modifications
de ce demi-métal. Quelques grains de cette
substance donnent à la bouche une saveur austère : le malade est obligé à crachoter continuellement ; il a le gosier resserré et les dents
agacées, comme après avoir pris un autre minéral. Il se sent attaqué de vertiges, d'ar-
deurs et des plus cruelles douleurs. Bientôt
l'inflammation se fait sentir aux lèvres, à la
langue, au palais, à la gorge et tout le long
du canal alimentaire. On a vu cette inflammation se terminer à la langue par un escarre
qui en couvroit toute la racine. Ces symptômes sont accompagnés de fièvre, d'une soif

inextinguible, de nausées et du vomissement
de tout ce qu'on a avalé, du hoquet, de la
palpitation et d'un abattement total. Bientôt
la respiration ne se fait plus qu'avec peine;
le délire survient, un cercle livide entoure les
paupières, le corps s'enfle, les pieds et les
mains perdent le sentiment. Les convulsions
succèdent; elles sont accompagnées d'un priapisme insupportable, d'un pouls lent et inégal, et de démangeaisons sur toute la peau,
qui se recouvre de taches jaunes ou roussàtres.
La bouche devient puante, les évacuations,
par haut et par bas, noires et cadavéreuses,
l'urine sanguinolente. Les cheveux tombent;
les soupirs et les foiblesses se succèdent, et
finissent enfin par la dernière de toutes, la
mort, accompagnée ordinairement de la chûte
de l'épiderme, et d'un commencement de putréfaction par tout le corps.

A l'ouverture du cadavre, on trouve l'œsophage, l'estomac et les intestins, quelquefois
aussi les parties génitales, gangrenés et spha-
celés. L'estomac et le duodenum sont souvent
minces comme du papier, et criblés.

Telle est la série la plus ordinaire des symptômes de l'empoisonnement par l'arsenic,
quand ils doivent se terminer promptement
par la mort. J'ai vu plusieurs cas d'empoison-

hérient par l'oxide arsénical ; quelques-uns
se sont terminés ainsi ;. d'autres n'ont pas été
aussitôt funestes, parce que le malade, aussi-
tôt qu'il s'étoit apperçu du poison , s'étoit
procuré des évacuations abondantes par haut
et par bas. Mais les malades n'en guérissent
jamais radicalement : il leur reste, pendant
long-tems , une toux sèche , un ptyalisme fréquent, une soif impérieuse, des taches jaunes
à la peau, une foiblesse et un tremblement
accompagnés de la fièvre hectique , quelquefois de la paralysie et de plusieurs autres incommodités qui les conduisent à la mort avant
le terme ordinaire.

On a vu l'oxide arsenical appliqué sur la
peau, ou comme remède, ou malicieusement,
faire les mêmes ravages que quand il est pris
intérieurement.

On reconnoit ce poison, trouvé, soit dans
l'estomac, soit autrement, par les caractères
suivans :

A. Blanc comme du sucre en poudre, mais
spécifiquement plus pesant.

B. Brûlé sur un charbon ; odeur d'ail , et
fumée blanche.

C. Une lame de cuivre exposée à cette fumée, devient noire ou d'un blanc sale.

D. En dissolvant cette poudre dans l'eau et

y versant une solution de sulphure alcalin, il se fait un précipité jaune.

E. En la dissolvant dans l'acide muriatique, et en versant dessus quelques gouttes de prussiate de potasse, il se fait un précipité vert et jaune mêlangés.

F. Mêlée avec de l'eau de chaux, le mêlange prend une couleur noire.

VARIÉTÉ II. *Sulph. d'ars. jaune.*⎫
VARIÉTÉ III. . . . . . *rouge.*⎭ *Orpiment.*

L'arsenic mêlé avec le souffre est d'autant moins à craindre que les proportions du souffre sont plus fortes, *et vice versâ.* Mais il est toujours très-dangereux.

On le reconnoît en faisant digérer la poudre dans l'acide muriatique, et en ajoutant un peu d'acide nitrique pour aider la dissolution. On filtre, le souffre reste sur le filtre, on précipite ensuite l'arsenic, sous forme métallique, par le zinc, en ajoutant au mêlange un peu d'alcool, ainsi que l'indique Bergman, (Op. T. 2, p. 442.) On examine ensuite la poudre par le procédé que nous avons indiqué à la page précédente.

VARIÉTÉ IV. *Acide arsenique.*

Ce poison est le plus terrible de tous, et il l'est d'autant plus, qu'on prétend que cet acide uni au plomb forme la trop fameuse *acqua*

toffana ou *acquetta*, en Italie, pour les poisons lents.

Il n'est pas difficile de reconnoître l'acide
arsenique. On le neutralise, et ses sels neutres
desséchés et mis sur un charbon, exhalent bien
vite l'odeur d'ail, avec un peu de détonation :
si on veut avoir une analyse plus parfaite, on
traite cet acide avec du souffre. Il se fait bientôt du sulphate d'arsenic. On précipite le métal, et on l'examine comme je l'ai dit.

VARIÉTÉ V. *Arsenicates de potasse ou de
soude.*

VARIÉTÉ VI. *Arsenic.*

La Variété V est moins violente que les autres : mais elle est toujours dangereuse. La
Variété VI, c'est-à-dire, l'arsenic en métal,
est peu dangereuse ; mais comme l'arsenic
prend aisément les qualités salines, il seroit
très-imprudent d'essayer d'en avaler.

POISONS MERCURIELS.

VARIÉTÉ I. *Muriate oxigéné de mercure,
ou sublimé corrosif.*

Le sublimé, avalé à la dose de plus d'un ou
deux grains, est un poison terrible qui tue
promptement, après d'affreuses convulsions,
des vomissemens énormes, des déjections
dyssentériques et sanguines ; enfin, à-peu-

Z 3

près avec les mêmes symptômes que quand on a pris l'arsenic.

A l'ouverture des cadavres, on trouve également l'œsophage, l'estomac et les intestins, enflammés et gangrenés.

Donné à moindre dose, et sur-tout continué très-long-tems, il est fréquemment suivi d'effets funestes chez les personnes délicates. Il attaque sur-tout les poumons, et produit l'hémoptysie, la toux et le marasme, sans compter les autres symptômes produits par les mercuriels.

Il peut occasionner plusieurs de ces accidens, même administré à l'extérieur, dans des pommades, etc.

On distingue le sublimé corrosif d'avec l'arsenic, par les caractères suivans:

. A. Il est crystallisé en longues aiguilles, en forme de poignards.

B. Exposé au feu, il répand une fumée épaisse, blanche, inodore, et dangereuse à respirer.

C. Une lame de cuivre exposée à cette fumée, blanchit d'abord.

D. Il a un goût métallique, austère, et très-désagréable.

E. L'eau de chaux précipite de sa dissolution une poudre jaune-citron.

F. La potasse le précipite en jaune-orangé, qui passe au rouge de brique.

G. L'ammoniaque le précipite en blanc, qui devient ardoisé.

H. Le sulphure de potasse donne sur-le-champ le sulphure de mercure ou l'œthiops.

VARIÉTÉ II. *Oxide de mercure par lui-même*, ou *précipité per se.*

VARIÉTÉ III. *Oxide de mercure par l'acide nitrique*, ou *précipité rouge.*

Ces deux poudres se distinguent aisément du kermès minéral ou du minium, en ce que, dissoutes dans l'acide nitrique, elles donnent les précipités suivans :

A. Avec le carbonate de soude, couleur de brique.

B. Avec la soude, plus jaune.

C. Avec le prussiate de potasse, blanc et jaune, avec des taches vertes.

VARIÉTÉ IV, etc. *Nitrates, muriates et sulphates mercuriels.*

Dissous dans l'eau distillée, ils donnent par les réactifs les mêmes précipités que ci-dessus. En général, il est facile de découvrir le mercure dans toutes ses formes; en dissolvant la poudre ou les sels mercuriels dans l'acide nitrique, et en trempant dans cette dissolution

Z 4

une lame de cuivre, on sait qu'elle blanchit aussi-tôt.

POISONS CUIVREUX.

VARIÉTÍ I. *Oxide de cuvre. Vert-de-gris.*

Les malades qui ont avalé ce poison se sentent une grande aridité dans la bouche, la langue et la gorge, à laquelle succèdent une soif extrême, de grandes douleurs dans l'estomac et les intestins, des vomissemens énormes, des déjections fréquentes avec tenesme, une grande difficulté de respirer, enfin les symptômes que nous avons décrits dans les autres empoisonnemens par ces minéraux.

-On trouve pareillement à l'ouverture du cadavre, l'estomac et les intestins enflammés et gangrenés.

Dans les cas où ce poison ne donne pas la mort, il laisse toujours une empreinte funeste de son action. Il agit sur les poumons comme les autres poisons métalliques, donne des foiblesses et des maux de nerfs : enfin, il laisse une santé très-vacillante.

On le reconnoît particulièrement aux signes suivans :

A. Il est vert.

B. Il a une odeur à lui propre.

C. Il a une saveur métallique très-nauséa-bonde.

D. Dissous dans l'acide nitrique, il donne avec les alkalis les précipités suivans :

E. Avec le carbonate de soude, vert bleuâtre.

F. Avec la soude, brun grisâtre.

G. Avec l'ammoniaque, bleu saphir.

H. Avec le prussiate de potasse, rouge-foncé.

I. Une lame de fer trempée dans une dissolution quelconque de cuivre, jaunit.

Ceci est applicable à tous les cas où des poisons cuivreux se rencontrent dans les alimens ou boissons, l'analyse étant par-tout la même.

VARIÉTÉ II. *Acétite et acétate de cuivre.*

VARIÉTÉ. III. *Nitrate de cuivre.*

Ces trois préparations de cuivre sont très-violentes, sur-tout l'accétate de cuivre.

VARIÉTÉ IV. *Sulphate de cuivre.*

VARIÉTÉ V. *Muriate de cuivre et ammoniaque.*

Ces deux variétés sont funestes, prises à grande dose; mais à petite dose, comme de un ou deux grains, bien loin de nuire, elles ont été utiles dans l'épilepsie par atonie, et

Cullen avoue s'en être souvent servi avec quelque succès. (a)

VARIÉTÉ VI. *Le cuivre.*

Ce métal ne paroît pas dangereux tant qu'il n'est pas attaqué par l'oxigène avec lequel il a une très-grande affinité, ou par les acides sur-tout animaux et végétaux, ce qui doit le rendre très-suspect, étant avalé sur-tout en limaille; mais, quoiqu'il en soit, la facilité avec laquelle il se dissout, doit le faire bannir entièrement des usages domestiques. Il a probablement occasionné souvent des empoisonnemens dont on a ignoré la cause. On ne s'en est guères défié, parce que ce métal ayant la singulière propriété de se dissoudre moins aisément à chaud qu'à froid, on y fait impunément fondre des graisses, bouillir l'eau, cailler le lait, et même la compote verte dans la Bohême et une partie de l'Allemagne. Mais, si on y laisse refroidir quelqu'une de ces substances, le vert-de-gris se forme bientôt, sur-tout si ce sont des graisses ou des acides. L'eau même qui a séjourné quelque tems dans des vaisseaux de cuivre, oxide ce métal par la décomposition qu'il lui fait éprouver.

Je répéterai donc ce que j'ai déjà dit que

_____

(a) Mat. Méd., t. 2, des astringens.

dans tous les cas d'empoisonnement, le médecin doit d'abord examiner les ustensiles dont
s'est servi le malade.

POISONS SATURNINS.

VARIÉTÉ I. *Acétite de plomb. Sucre de
saturne.*

VARIÉTÉ II. *Tous les sels neutres quelconques de plomb.*

On doit regarder le plomb comme le poison
le plus dangereux qu'il y ait parmi les métaux.
Semblable à certaines fièvres qu'on a à juste
titre appelées malignes, ce poison n'est presque pas apperçu quand on l'avale, il paroît
d'abord innocent, et il ne manifeste sa véne-
nosité qu'après avoir déjà fait de grands ravages ; aussi a-t-il été de tout tems le métal
sur lequel les scélérats fondoient de préfé-
rence leurs espérances perfides. Il est sur-tout
très-dangereux, même pris sous sa forme
métallique, à cause de sa grande affinité avec
l'oxigène, dont il se surcharge avant de s'a-
cidifier.

Les personnes qui ont avalé du plomb res-
sentent quelque-tems après un mal-aise universel, un poids sur l'estomac, la perte de
l'appétit, des forces et du sommeil ; ces maux

sont suivis de l'anxiété , de vertiges et de défaillances ; ils deviennent pâles et maigres ; ensuite surviennent, le hoquet , l'asthme sec , des nausées , des vomissemens, la fièvre hectique , la jaunisse, le tremblement, des palpitations , des douleurs dans les membres, semblables aux douleurs arthritiques , des coliques insupportables de l'estomac et des intestins , avec une inflammation lente des viscères de l'abdomen. Les excrémens de ces malades ressemblent à ceux des brebis , le ventre se serre en dedans, et le canal alimentaire se contracte au point de ne pouvoir admettre la canule d'une seringue. Enfin , viennent l'ischurie, la dysurie , les sueurs froides , les convulsions et la mort.

On a observé trois symptômes pathognomoniques de l'empoisonnement par le plomb. Le premier et le plus constant, c'est le pouls dur comme du bois , et tendu comme une corde. Le deuxième , c'est le ventre dur , resserré et résistant. Le troisième, qui n'existe, que quand les coliques sont très-violentes , c'est le resserrement de l'anus , la rétraction du nombril, et le continuel vomissement d'une matière verte et jaunâtre.

L'ouverture du cadavre montre pareillement l'estomac et tout le canal alimentaire

contractés, enflammés et gangrenés. Ordinairement l'on y trouve le poison fixé profondément ; et au lieu d'employer l'eau distillée,
il convient de laver l'estomac dans du vinaigre, pour les expériences suivantes.

Il n'est pas facile de déterminer la quantité
de plomb précisément nécessaire pour produire les maux les plus graves dont j'ai parlé.
Il paroît seulement qu'il en faut une dose de
dix grains, plus ou moins. Il paroît encore
que les accidens s'aggravent journellement à
mesure qu'on en avale, et qu'ils deviennent
tout-à-coup très-graves quand l'estomac et les
intestins en recèlent la quantité suffisante.
C'est ce qui arrive aux ouvriers qui emploient
les préparations de plomb dans leurs ateliers:
ils commencent, à ressentir les premiers
symptômes que j'ai énoncés ; puis tout-à-coup
se développe cette colique affreuse, comme
sous le nom de *colique* des peintres.

Il paroît d'ailleurs par les violens drastiques
qu'il faut employer pour guérir cette colique,
que l'oxide de plomb est fixé profondément
dans les tuniques de l'intestin.

Les malades qui ont une fois été attaqués
de la colique de plomb, quoiqu'ils en
échappent, ne se rétablissent jamais parfaitement. Il leur reste ordinairement des

vertiges , des tremblemens , et souvent des
paralysies aux extrémités , et autres incommodités qui les empêchent de vaquer aux actions ordinaires de la vie.

Ce poison peut être introduit dans le corps
humain par la bouche, par le nez , et en lavement. Peut-il être absorbé, appliqué sur la
peau ? Le fréquent usage qu'on en fait de
cette manière , sur-tout d'après l'expérience
de l'illustre Dessault, ne permet pas de croire
qu'il soit aussi à craindre à l'extérieur que
plusieurs médecins l'ont prétendu , et je suis
entièrement de l'avis de Cullen (a), que le
plomb n'est réellement dangereux à l'extérieur , qu'appliqué sur une partie ulcérée ,
d'où il peut être résorbé.

On reconnoît le plomb aux caractères suivans :

A. Par la couleur de ses sels, d'un blanc mat.

B. Par leur pesanteur.

C. Par leur saveur douceâtre , métallique
et un peu astringente.

D. Ces sels dissous dans l'eau distillée
donnent les précipités suivans :

E. Par la dissolution de muriate de soude ,
grains blancs.

(a) Mat. Méd., t. II., des astringens.

F. Par une dissolution du sulphure de potasse, couleur noire.

C. Par une dissolution de sulphure d'arsenic et chaux, précipité brun.

H. Par le prussiate de potasse, précipité jaune-verdâtre, et au bout de quelque tems, blanc.

I. Traités avec du charbon, ils se réduisent bientôt en métal.

VARIÉTÉ III. *Les vins contenant du plomb.*

Le vin peut contenir du plomb par ignorance, par fraude, ou par méchanceté. Les marchands de vin, peu délicats sur l'article de la probité, corrigent souvent l'acidité du vin verd, et de celui qui tourne à l'aigre, avec du plomb : on prétend même que cette pratique criminelle est fort d'usage en Autriche, pour ces vins durs qu'on fait boire aux pauvres gens. Aussi, dit Sikora, (*a*) les coliques sont-elles extremement fréquentes dans ce pays. L'on sait d'ailleurs qu'il est très-aisé d'être trompé par ces vins plombés, qui ont une saveur douceâtre qui plaît au palais de ceux qui ne s'y connoissent pas, mais que les connoisseurs ne s'y méprennent point.

On s'assure qu'un vin contient du plomb,

_____

(*a*) Consp. Méd. leg., p. 124.

par les procédés indiqués ci-dessus, et si l'on
veut en connoître au juste la quantité, on
convertit en charbon l'extrait obtenu par
l'évaporation d'une mesure donnée de ce vin,
on pousse à la fusion ce charbon placé dans
un creuset avec un peu de potasse, et re-
couvert de muriate de soude. Le plomb se ré-
vivifie, et on le pèse.

VARIÉTÉ IV. *Oxide jaune*
      de plomb.   } *Litharge et*
VARIÉTÉ V. *Oxide rouge* }   *minium.*
      de plomb.

On analyse aisément ces oxides en les dissolvant dans le vinaigre, et ensuite en les
traitant comme ci-dessus.

VARIÉTÉ VI. *Oxide blanc de plomb et
chaux*, ou *céruse.*

Des scélérats ont su mêler cette substance
avec de la farine, pour faire du pain. D'autres
l'ont mêlée avec du beurre, pour augmenter
le poids. On la découvre dans les alimens, en
délayant ceux-ci dans l'eau, et en décantant
avec précaution. La céruse, comme plus pe-
sante, va au fond du vase, et on la soumet
aux expériences ci-dessus. La céruse mêlée
avec le beurre se précipite quand on le fait
fondre. On la soumet de même aux expériences.

VARIÉTÉ

VARIÉTÉ VII. *L'eau contenant du plomb.*

L'eau froide et chaude, renfermée dans des vaisseaux de plomb, ou mise à infuser sur de 'oxide ou de la limaille de ce métal, en disout assez pour faire beaucoup de mal, si l'on 'en sert en boisson, ou pour préparer des alimens.

On reconnoît facilement qu'une eau conient du plomb, par son goût douceâtre et astringent. Si l'on veut s'en assurer mieux, on verse, dans un demi-verre de cette eau, une goutte de la dissolution de nitrate d'argent; elle prend aussitôt une couleur lilas.

VARIÉTÉ VIII. *Le plomb.*

Ce métal pulvérisé est décidément un poison; car, dans cet état, il est facilement oxidé. On employoit autrefois des balles de plomb, dans les coliques dites *de miserere.* Outre que cette pratique ne peut être que celle d'un ignorant, je doute fort si ces balles ayant séjourné quelque temps dans les intestins, n'ont pas ajouté une maladie de poison à une autre terrible maladie, ces balles ayant pu être facilement corrodées par les sucs digestifs, dans un lieu chaud et humide, et dans un cas où ces sucs peuvent avoir une acrimonie plus considérable.

TOME II.   A a

VARIÉTÉ IX. *Le plomb allié avec l'étain.*

L'étain fin ouvragé contient environ dix livres de plomb par quintal; mais l'étain commun en contient souvent jusqu'à 25 livres sur la même quantité, proportion énorme, et qui en rend l'usage très-dangereux. C'est cependant avec cet étain qu'on fait communément les ustensiles les plus en usage, tels que les mesures de vin, etc.

Dans le cas de soupçon d'empoisonnement par ce métal, on prend deux onces de l'étain soupçonné, et on les dissout dans cinq onces de bon acide nitrique. L'étain se précipite en oxide blanc, qu'on a soin de filtrer et de laver à l'eau distillée, ensuite de sécher et peser. D'autre part, on fait évaporer la dissolution de nitrate de plomb jusqu'à siccité; on calcine ensuite ce nitrate, et on pèse; en défalquant deux grains pour le poids de l'air qui sert à l'oxidation, on connoît la surabondance de plomb qu'il y a dans l'alliage.

Ces diverses considérations sur les effets meurtriers du plomb, regardé sous tous les points de vue, devroient engager les gouvernemens à bannir ce métal des usages les plus ordinaires de la vie : par exemple, ils devroient proscrire entièrement les vernis de plomb qu'on donne à la vaisselle la plus grossière employée par les pauvres et par les habitans des campagnes. Combien d'accidens n'en sont pas résultés, qui ont été ensévelis dans les entrailles de la terre avec leurs tristes victimes !

Les gouvernemens devroient veiller, avec le plus grand soin, sur la pureté de l'étain qui sert, soit à faire des vases, soit à l'étamage (1). Ils devroient même peut-être détruire tous ces aqueducs de plomb qui existent encore. Enfin ils devroient proscrire, des arts de la dorure et de la peinture, tous les oxides de

---

(1) On peut même assurer que dans les villes tous ceux qui font le métier d'étamer ne se servent pas d'étain pur, qui, à ce qu'il paroît, ne réussit pas aussi bien. C'est un mélange d'étain et de plomb. Il s'y trouve aussi du bismuth et de l'arsenic ; ce dernier en très-petite quantité.

Est-il étonnant, d'après cela, que dans les villes on se plaigne si souvent de maux d'estomac, de maux de tête ? Je sais qu'il y a encore bien d'autres causes de ces maladies de foiblesse, que l'on remarque dans les villes ; mais certainement celle-ci doit y contribuer beaucoup.

En Allemagne, toute la cuisine se fait dans des pots de fer. Ce metal, qui n'est nullement funeste à l'homme, n'est cependant pas employé à cet usage en France, pays où l'on use cependant des ragoûts plus qu'en tout autre de l'Europe.

ce métal, et en rechercher, parmi les substan
ces métalliques non nuisibles, qui pussent
remplir le même but ; et quand ces arts devroient tomber par la proscription du plomb,
périssent avec eux tous ces arts de luxe , si
leur existence doit coûter la vie ou la santé
à un seul de nos frères !

POISONS ANTIMONIAUX.

L'antimoine est encore une preuve de ce
que nous disions, que les métaux, pour
être poisons, ont besoin d'être unis avec l'oxigène. Ils ont même besoin de cette union pour
entrer dans le sang , et agir comme altérans ,
sans quoi ils passent rapidement par les selles.
En effet, l'antimoine en métal ou régule d'antimoine , le sulphure d'antimoine , ou antimoine cru , sont absolument sans action, tant
qu'ils n'ont pas été mis en état d'être dissous
par les sucs gastriques , ou qu'ils ne sont pas
unis à un acide. (V. Cullen , Mat. médic. t. II.
des émétiques.)

Ce qu'on appelle *Kermès minéral* et souffre doré , ne me paroît avoir d'action qu'en
tant que les proportions de l'oxide d'antimoine
sont plus considérables que celles du sulphure , ce qui rend ce remède très-incertain, et

ce qui devroit engager le gouvernement à en
faire faire dans toute la France des préparations uniformes. La vertu de ce remède paroît exister dans sa propriété d'exciter les nausées, d'où résultent l'expectoration et la transpiration. Mais s'il contient trop d'oxide, il est
poison : s'il est trop chargé de souffre, il est
inactif aux doses auxquelles la prudence permet de le donner.

Variété I. *Oxide pur d'antimoine, soit
par la calcination, soit par la décomposition
de l'acide nitrique, soit par la précipitation.*

Variété II. *Tartrite d'antimoine.*

Variété III. *Vin antimonié.*

Variété IV. *Muriate d'antimoine.*

Variété V. *Nitrate d'antimoine, et autres préparations, qui, n'étant connues que
des chymistes, n'ont pas lieu ici.*

L'antimoine oxidé est un poison très-vio-
lent : uni à un acide, il n'est pas moins puissant, d'autant plus qu'il s'oxide toujours avant
de se neutraliser.

L'on sait que ses différentes préparations
sont un des plus grands remèdes de la médecine, administrées avec sagesse. Leur principale action est sur l'estomac qu'elles exci-

tent au vomissement, et sur les intestins où elles agissent comme purgatifs. Mais données à de trop grandes doses, elles excitent des évacuations énormes par haut et par bas, accompagnées de douleurs atroces, de convulsions de tout le corps, de difficulté de respirer, d'hémorragies et d'enflures extraordinaires du ventre, avec inflammation et érosion de l'estomac et des intestins, la gangrène et la mort.

Leur administration, ainsi que celle des autres émétiques, faite même aux quantités déterminées par l'art, n'est pas toujours exempte de danger pour certaines personnes, telles que celles qui ont des dispositions à l'apoplexie, dont le cou est court, la poitrine foible, qui sont sujettes à l'hémoptysie. Quand les émétiques ont été funestes à de pareils individus, le Médecin peut être taxé, à juste titre, ou d'ignorance, ou d'inattention.

On reconnoît l'antimoine aux caractères suivans :

A. Par son goût métallique particulier.

B. Par les symptômes décrits ci-dessus, et qui se manifestent d'abord.

C. En dissolvant le sel antimonial dans l'eau distilée, il donne les précipités suivans :

D. Avec quelques gouttes de sulphure de potasse, précipité rouge.

E. Avec quelques gouttes de prusslate de potasse, précipité bleu.

INFANTICIDE.

On appelle infanticide la mort violente et méditée d'un enfant né vivant, ou prêt à naître.

Ce délit, considéré dans le sens le plus général, s'étend sur l'embryon et le fœtus encore renfermés dans la matrice, et conséquemment tout ce qui a rapport aux avortemens par cause violente appartient à l'infanticide, considéré sous ce point de vue : mais l'étendue de la matière et sa complication me déterminent à n'appeller de ce nom que l'attentat fait sur la vie d'un enfant à terme, né ou prêt à naître.

Cet attentat diffère de l'homicide proprement dit, en ce qu'outre le genre de causes que des mères dénaturées ou des scélérats peuvent mettre en usage pour ôter la vie à ces foibles victimes, la seule omission ou la négligence des secours nécessaires peut également leur donner la mort.

Le crime est le même dans les deux cas, si la mauvaise volonté est démontrée ; plu-

sieurs circonstances néanmoins en diminuent
l'atrocité dans le second cas principalement;
et c'est ce qu'il importe beaucoup de distinguer.

Le malheureux empire du préjugé , qui
nous aveugle sur la nature des vices , nous
exagère tous ceux qu'il est impossible de couvrir du manteau de la vertu. Nous réservons
l'infamie à la foiblesse d'un moment, et nous
punissons avec la dernière rigueur les tristes
effets que la crainte de cette infamie produit sur des ames foibles , pour la plupart ,
qui ne sont criminelles que pour être trop
vivement frappées de la perte de leur honneur.
Le cri de la nature n'est pas étouffé dans ces
mères criminelles et malheureuses tout-à-la-
fois , mais la force en est affoiblie par la
crainte de l'opprobre qui les attend : doit-on
s'étonner que ce mal , dont peu supportent
l'idée , l'emporte sur la pitié qu'excite un enfant incapable de sentir la perte de la vie ,
lorsqu'elles sont soutenues par l'espoir de
l'impunité et du secret ?

La justice civile est par-tout occupée des
moyens de découvrir le crime et ses auteurs; on donne , pour ainsi dire , la torture
aux esprits, dans la vue de ne laisser aucun

nuage qui le cache ; les médecins sont consultés , les expériences encouragées , les lois multipliées , les punitions fréquentes : on n'oublie que les précautions nécessaires pour le prévenir. Je pourrois me dispenser d'entrer dans un détail odieux pour tout homme sensible , humiliant pour l'humanité , et qui coûte beaucoup à mon cœur , si l'on eût écouté les vœux de tant d'hommes illustres (*l'Ami des Hommes* et *Beccaria*) : les établissemens qu'ils ont proposé n'ont rien de chimérique , l'exécution en est facile et les effets très-avantageux. Tant d'autres projets bien moins importans et plus dispendieux , ont été mis à exécution ! Mais je sais que la cause publique n'a presque jamais l'activité requise pour persuader , tant qu'elle est isolée : trop d'intérêts particuliers se croisent, et tous les efforts sont lâches ou épuisés , lorsqu'il n'est question que du bien général.

Je vais donc remplir ma pénible tâche , en faisant des vœux pour qu'elle soit mise un jour au rang des connoissances superflues que le défaut d'emploi fait oublier. Il me suffit de dire avec un auteur , ami de l'humanité , *qu'on ne peut appeler précisément juste ou nécessaire, la punition d'un crime , tant*

que la loi n'a pas employé, pour le pré-
venir, les meilleurs moyens possibles.
(Beccaria.)

Toute femme enceinte qui cache sa gros-
-sesse devient suspecte, et les lois obligent les filles qui ne sont pas mariées de la
déclarer. Il est pourtant des subterfuges dont
le crime se sert pour se masquer : quelquefois
même il est des circonstances qui le rendent
moins punissable.

1°. *Incertitude des signes de la grossesse.*
Quelques auteurs ont prétendu qu'à raison
de l'incertitude des signes de grossesse, une
femme enceinte pouvoit ignorer son état,
sur-tout si cette grossesse n'avoit pas été pré-
cédée par d'autres, qui puissent lui donner
quelque expérience.

Je conviens que la suppression des règles
ne constitue pas la grossesse assez spécialement, pour qu'on ne puisse l'attribuer à quelqu'autre cause : l'enflure ou l'élévation du
ventre, principalement vers la région de la
matrice, peut encore dépendre du sang ou
des sérosités épanchées dans ce viscère ; il
peut y avoir des hydatides considérables placées dans cette cavité ou vers les ligamens
larges et les ovaires, comme on en trouve
assez communément : le mésantère peut être

squirreux ; il peut y avoir ascite. Les mouvemens de l'enfant peuvent être d'ailleurs si
imperceptibles , qu'il soit aisé de les confondre avec des borborygmes.

Toutes ces possibilités ne suffisent pas cependant pour excuser une femme qui porte à
terme un enfant vigoureux et bien formé.
Elle peut être novice au point de se méprendre au commencement de sa grossesse,
sur-tout si son éducation et sa manière de
vivre l'ont mise hors de portée de s'instruire
des particularités du sexe : quelques circonstances , bien rares, sans doute, peuvent encore contribuer à perpétuer cette ignorance :
si dormiens , vel convulsa , vel temulenta
comprimatur.

Mais une femme qui a souffert le commerce
d'un homme ; qui , selon toutes les probabilités , savoit qu'elle étoit dans le cas de devenir mère ; qui s'est apperçue du changement
successif de son état ; qui a vu enfin son sein
se gonfler , et le lait s'échapper par les mamelles : une pareille femme , dis-je , ne peut
être soupçonnée , sous aucun prétexte , d'a-
voir ignoré sa grossesse, si le fœtus est parvenu vers son terme , et s'il est du volume
ordinaire. Les conformations extraordinaires,
du fœtus ne sont une allégation légitime ,

qu'autant qu'il est petit, infirme, exténué, et la mère valétudinaire ou malade.

2⁰. *Promptitude de l'accouchement.* L'accouchement est-il assez prompt, pour qu'une femme n'ait pas le tems de s'appercevoir qu'elle va enfanter, et prendre les précautions nécessaires ?

Cette question est encore liée aux moyens d'excuser l'infanticide. Plusieurs observations prouvent qu'il est des femmes assez heureusement conformées, pour que l'enfant s'échappe avec facilité dans les premières douleurs. Harvée, Bartholin, Péchlin, Schenekius, et plusieurs autres en rapportent des exemples. J'ai vu, dit Lafosse, dans un hôpital une femme qui, sentant les premières angoisses de l'accouchement, s'imagina qu'elles dépendoient d'une cause différente, et se leva pour aller à la selle : elle ne fut désabusée, que lorsque l'enfant fut à demi sorti ; et l'on fut heureusement assez prompt pour le recevoir et en prévenir la chûte.

Si c'est une première grossesse, il paroît difficile d'imaginer que la dilatation des parties se fasse avec cette rapidité : on sait que les premiers accouchemens sont beaucoup plus laborieux que les suivans, et presque toujours précédés par de vives attaques qui laissent des intervalles. Il n'est pourtant pas impossible que, par des exceptions qui, sans être communes, ne laissent pas d'avoir lieu ; une jeune femme accouche la première fois avec la facilité qu'on observe dans celles qui ont fait beaucoup d'enfans. La nature n'est pas uniforme dans ses procédés : dans un corps robuste, dont les parties sont avantageusement conformées, la dilatation est pour l'ordinaire facile et prompte.

3°. *Impossibilité de donner à l'enfant les premiers soins.* Une femme qui vient d'accoucher peut-elle être censée hors d'état de prendre les précautions absolument nécessaires pour conserver la vie de son enfant ?

Cette troisième question, dont les mères dénaturées se servent souvent pour pallier leur mauvaise foi, ne peut avoir lieu que par le concours de quelques circonstances. Il faut qu'une femme se trouve seule ou hors de portée de tout secours ; qu'elle soit saisie subitement par le travail de l'accouchement ; et pour rendre l'excuse plus sensible, il faut encore qu'elle soit incertaine sur le tems de sa grossesse, ou qu'elle l'ignore, ou bien que par défaut d'expérience, elle n'ait point connoissance du tems de l'accouchement et des dangers qui en résultent. Ce concours

supposé , il paroît encore très-difficile de croire
qu'une mère, bien intentionnée soit réduite
au point d'abandonner son enfant après l'avoir
mis au monde , et de le laisser périr d'hémorrhagie ; de froid , par une chute , ou toute
autre cause semblable.

Il arrive quelquefois que l'accouchement
est accompagné de pertes excessives , de syncopes , de convulsions qui précèdent même
l'instant de la sortie de l'enfant. Ces accidens
persévérant encore après l'accouchement , il
est clair que la mère ne jouit point de ses
sens ; elle peut être dans l'impossibilité de
prendre une situation favorable qui prévienne
la chute de l'enfant , lorsqu'il sera sorti de la
matrice ; si ces défaillances ou ces convulsions durent encore , il pourra s'écouler un
tems suffisant pour que l'hémorrhagie ou le
froid porte une atteinte mortelle à l'enfant.
Mais tous ces cas sont extraordinaires, et ne
doivent être admis qu'avec des preuves suffisantes. Il est possible de s'assurer par l'examen de la mère , si l'accouchement a été précédé de pareils accidens : ils laissent des vestiges qui les annoncent. La pâleur , la foiblesse , l'œdème , les évanouissemens sont
leurs suites ordinaires : l'état du pouls , celui
des parties de la génération , le volume de

l'enfant et de l'arrière-faix, le tempérament de la mère, son genre de vie sur-tout, et la quantité de sang qu'elle a perdu dans l'accouchement, comparée aux pertes ordinaires, portent très-souvent le jour le plus complet dans cette recherche.

Si ces indices manquent, et s'il n'est pas clair que les accidens ont été suffisans pour ôter toute connoissance à la mère, il me paroît qu'elle est criminelle d'avoir résisté à l'impulsion si naturelle et si pressante, qui la portoit à donner des secours à l'infortuné qu'elle a mis au monde.

Ce tendre mouvement, que la nature excite dans toutes les mères pour la conservation de leur fruit, est une espèce de nécessité physique inhérente à leur être : l'amour maternel se peint avec douceur dans les animaux les plus féroces, leur vigilance est extrême, leurs efforts étonnans lorsqu'ils défendent leurs petits, et le désespoir le plus vif les accable lorsqu'il deviennent la proie d'un aggresseur. Nos femmes, qui vivent en société et sous la protection des loix, sont presque toujours à l'abri de la cruelle nécessité de défendre leurs enfans contre de pareilles attaques ; les secours mutuels qu'elles se donnent suppléent aux soins que chaque mère doit prendre, dans

l'institution

l'institution primitive. Mais cet arrangement de convention ne détruit point le désir intérieur qu'elle sent d'être utile par elle-même. Ce sentiment est aussi involontaire et aussi indépendant que celui qui rapproche les deux sexes. C'est envain que l'usage force une mère à se reposer, des petits soins de son fruit, sur des femmes mercénaires qui l'entourent : elle veut le contempler, le presser contre son sein, et l'arroser de larmes délicieuses qui effacent sa peine passée, et sont le sceau de l'union qu'elle contracte.

La foiblesse qu'éprouve une femme qui vient d'accoucher ne suffit pas pour éteindre le charme que procure l'idée d'avoir un enfant ; il semble, au contraire, qu'elle reprend ses forces, et que l'instinct, qui l'attire vers ce nouvel être, est en même proportion que la peine qu'il lui a causée.

Je ne crains point de m'arrêter sur une vérité de sentiment qui tient de si près à l'ordre. Si je parois exagérer ce principe, n'en accusons que la funeste habitude où nous sommes de ne juger que par le fait, et de ne croire aux impulsions naturelles qu'avec les modifications que leur donnent les préjugés de l'éducation.

Dans tous les cas d'infanticide, on a, pour

l'ordinaire, plusieurs objets à discuter à la
fois : 1°. Si l'enfant étoit capable de vie après
la naissance; 2°. s'il étoit mort ou vivant avant
l'accouchement; 3°. s'il est né mort ou vivant, et s'il a vécu après l'accouchement;
4°. quelles sont les causes de sa mort avant ou
après l'accouchement; 5°. si la femme qu'on
accuse a réellement accouchée dans le tems
supposé; 6°. depuis quel tems l'accouchement
a eu lieu.

1°. *L'enfant né vivant étoit-il viable?*
Quand j'ai parlé de l'avortement, j'ai exposé
les signes qui peuvent faire distinguer les avortons des fœtus viables. Le développement
des parties d'un enfant, sa parfaite organisation s'annoncent suffisamment par le premier
coup-d'œil. Tout enfant qui parvient à terme,
sans accident durant la gestation, sans dépravation dans les organes essentiels, et qui étoit
vivant dans le sein de sa mère à cette époque,
doit être censé viable.

2°. *Étoit-il mort avant l'accouchement?*
Les signes du fœtus mort avant l'accouchement sont, selon Alberti, la souplesse et la
flexibilité de son cadavre, la rugosité ou la
mollesse de sa peau, sa couleur jaune ou
même livide, l'affaissement du bas-ventre, le
changement dans l'ensemble de toutes les par-

ies qui ressemblent plus à un adulte qu'à un
enfant, les commencemens de putréfaction,
les taches livides ou de différente couleur répandues sur la peau, les crevasses ou les ger-
çures, la sanie putride qui s'en écoule ou qui
sort par les autres ouvertures, la putréfaction
manifeste, vers le nombril principalement,
le cordon ombilical flasque, jaunâtre, livide
et comme dissous, la fontanelle affaissée,
l'anus béant, l'aspect cachectique ou œdéma-
teux de tout le corps du fœtus.

L'état du cordon ombilical, dont Alberti
se sert pour prouver la mort du fœtus dans le
sein de sa mère, peut encore induire quelquefois en erreur. La seule action de l'air sur le
cordon le dessèche, le racornit, le rend jaunâtre ou livide, et facile à déchirer.

Il est toujours utile de joindre l'examen du
placenta et du cordon à celui de l'enfant; il
ajoute à la certitude des signes dont je viens
de parler : et de l'ensemble de ces signes recueillis sur un enfant récemment sorti, on
peut conclure qu'il étoit mort avant l'accouchement. On n'est pourtant pas en droit de décider, par la raison des contraires, qu'un fœtus, qui ne présente pas les signes énoncés,
est né vivant.

Presque tous ces signes sont l'effet de la

putréfaction : or, il est possible qu'un fœtus soit mort dans l'utérus peu de tems avant l'accouchement, indépendamment de toute cause violente extérieure ; et d'ailleurs on a une infinité d'exemples de fœtus qui ont été conservés morts pendant long-tems dans la matrice, et qui, après leur sortie, n'ont offert aucun signe évident de putréfaction (a). Ces fœtus, nageant dans la liqueur de l'amnios, et enveloppés par leurs membranes, sont à l'abri de l'air extérieur, et doivent être dans ce cas considérés comme des corps étrangers qui, par leur position, éludent l'action de l'une des principales causes putréfactives. On voit pourtant dans ces fœtus que les enveloppes et le placenta ont une mollesse qui n'est pas ordinaire, on trouve du sang grumelé dans la veine ombilicale, et tout le corps de ces fœtus est sec et racorni.

3°. *S'il est né mort ou vivant, et s'il a vécu après l'accouchement ?* Il est encore essentiel d'établir le tems depuis lequel l'enfant est né. Car, si l'examen qu'on en fait est de long-tems postérieur à l'accouchement, et que le climat, la saison, le lieu où on l'a trouvé, indiquent une chaleur considérable ; alors cette putréfaction, ou les signes qui l'annoncent

_____

(a) *V.* Héister, Mauriceau, Alberti, Hébenstreit.

pourront être un accident étranger à la mort
dans l'utérus, et seront aussi justement impu-
tés à ces causes extérieures. L'enfant peut,
dans ce cas, être né vivant, et présenter tous
les signes d'un enfant mort avant sa naissance.

Les épanchemens de sang qu'on trouve dans
quelques enfans ne sont pas toujours une
preuve qu'ils sont nés vivans. On sait que la
putréfaction dénature peu-à-peu les parties ;
elle opère sur les vaisseaux veineux qui contiennent le sang, après la mort ; ces vaisseaux sont assez souvent rompus par l'air
qu'elle dégage, le liquide contenu s'épanche
par ces ouvertures, et l'on voit quelquefois le
sang des parties les plus éloignées se porter
insensiblement vers l'issue qui lui est offerte,
et rendre l'extravasation très-considérable. Il
n'est pas rare de voir dans les cadavres des
hémorrhagies considérables se faire par le nez,
la bouche et les autres orifices. Delà résultoit
jadis l'opinion absurde de l'hémorrhagie,
comme indice contre un accusé.

Dans cette incertitude, que les circonstances rendent souvent inévitable, on examine
si l'enfant présente des signes d'après lesquels
on puisse conclure qu'il a vécu. Lors, par
exemple, qu'on trouve des marques de violence extérieure, comme coups, blessures,

Bb 3

contusions ; l'examen attentif de ces lésions
peut les faire distinguer des différens accidens
qui sont susceptibles de dénaturer un cadavre.
Le sang s'écoule par une plaie faite par un
corps vivant ; les contusions, les coups procu-
rent des échymoses plus ou moins étendues,
et si ces lésions sont récentes, l'état des chairs
annonce facilement qu'elles ont été faites sur
un enfant qui vivoit. Il est encore clair que
l'enfant a vécu après la naissance, si l'on
trouve des preuves qu'il a respiré : mais l'absence de ces preuves ne prouve pas toujours
qu'il est né mort, comme je le ferai voir
bientôt. Le défaut d'hémorrhagie par les artères ombilicales, lorsqu'elles ne sont point
liées, est l'une des preuves les plus positives
de la mort du fœtus avant l'accouchement.

On peut joindre à ces considérations, prises
de l'état de l'enfant, le détail des accidens
éprouvés par la mère durant la grossesse, les
chûtes, les coups, les efforts considérables,
les situations extraordinaires et forcées, les
terreurs subites, et plusieurs causes de ce
genre qui, agissant sur la mère pendant sa
grossesse, peuvent attaquer la vie du fœtus
quoique renfermé dans son sein. Le fœtus
même avancé peut expirer subitement par
l'action de ces causes ; ou bien il peut en con-

tracter des maladies qui deviennent mortelles
quelque tems après. Les recueils des consultations des facultés de Leipsick, de Wirtemberg, d'Helmsadt, etc., présentent une foule
de cas semblables.

Quoique l'enfant ne présente aucune preuve
qu'il ait respiré, il ne s'ensuit pas toujours
delà qu'il étoit mort avant l'accouchement.
Cette opinion s'étoit répandue parmi tous les
anciens, et on regardoit la respiration, même
dans les nouveaux nés, comme inséparable de
la vie. (*Gal. de Loc. aff. cap.* 5) Une légère attention suffit néanmoins pour indiquer
que le fœtus vit dans les membranes sans respiration; qu'il ne peut respirer que lorsqu'elles sont rompues, et qu'il est sorti de l'utérus; qu'il est encore une foule de causes qui,
après sa sortie, peuvent s'opposer à sa respiration sans le faire cesser de vivre. On voit
naître des enfans si foibles, qu'après leur
sortie, ils sont sans mouvement, sans sentiment, sans respiration, même pendant plusieurs heures : les fomentations, les lotions
avec les spiritueux raniment chez eux le principe vital; ils donnent des signes de vie et
jouissent ensuite d'une assez bonne santé. Les
enfans les plus vigoureux, en apparence,
ne sont pas à l'abri de cet inconvénient, qui

ne dépend pas toujours de la foiblesse de leur organisation. Le placenta détaché trop tôt de l'utérus, la rupture du cordon ombilical donnent lieu à des hémorrhagies qui les affoiblissent ; la pression qu'ils endurent au passage agit sur leurs membres, principalement sur leur tête, leur poitrine, y cause des contusions, intercepte l'action des nerfs, et les fait tomber en syncope ou dans l'assoupissement. Tout enfant qui vient de naître par l'accouchement le plus simple et le plus naturel pleure ou crie : ce n'est pas, sans doute, se méprendre que d'attribuer ces plaintes à la sensation incommode qu'il a souffert en passant par les voies étroites de l'accouchement. Combien d'accidens encore plus graves sont la suite de cette compression ! Zeller, Bohn, Alberti, et plusieurs facultés conviennent de la possibilité de ce que j'avance. Bohn ajoute encore le témoignage de l'expérience à ce que l'observation indique : des petits chiens nouvellement mis bas et saisis au passage vivent encore long-tems, quoique étranglés, sans cependant jouir d'aucun mouvement de respiration. La circulation du fœtus est différente de celle de l'adulte ; et ces différences ne disparoissent que par succession de tems, après la dilatation des poumons par l'abord de l'air.

Le sang, qui, dans le fœtus, passoit librement par le trou ovale et le canal artériel,
avant cette dilatation, y passe encore après la
naissance, tant que les poumons, par leur
expansion, ne dérangent point cet appareil,
et n'interceptent point ce passage. La circulation persiste donc dans ce cas, et la vie, qui
lui est essentiellement liée, se continue.

La continuation du battement du cœur et
de la circulation du sang, en général, est un
indice bien plus sûr de la vie de l'enfant après
la naissance. Cette fonction est, de toutes
celles qui tombent sous les sens, la plus importante de l'économie animale. On peut soupçonner sa continuation après la sortie de l'enfant,
si, à la suite de quelque lésion faite extérieurement et directement sur son corps, on apperçoit quelque échymose. On sait que le sang
s'extravase pendant la vie dans les intervalles
des fibres du corps à la suite de différens coups:
ces extravasations supposent le mouvement
du sang vers les parties, et conséquemment
la vie, (Bohn , Héister , Hébenstreit.) Je
crois pourtant qu'elles ne sont pas toutes indistinctement des preuves positives de la circulation ; il se forme aussi des échymoses sur
les cadavres : J'ai indiqué ailleurs les signes
qui peuvent les différencier.

Quelques auteurs du nombre de ceux qui prétendent que l'enfant ne peut vivre sans respirer, allèguent, en faveur de leur opinion, les cas où l'on voit des fœtus morts par le seul entortillement du cordon autour du col, assurant que la pression de ce cordon sur la trachée-artère les suffoque, en interceptant la circulation.

Cette explication triviale suppose ce qui est en question. Je demande si, lorsque le cordon s'entortille autour des bras, du corps, ou des jambes, il s'ensuit le même inconvénient pour la respiration ? Non, sans doute : cependant le fœtus n'en meurt pas moins quelquefois (comme le savent les sages-femmes) , s'il reste dans cette situation durant quelque-tems, et sur-tout si le cordon est tendu. Il faut donc recourir à quelque autre cause. On la trouve dans la seule pression du cordon ombilical, par laquelle les vaisseaux de ce cordon étant oblitérés, la circulation de la mère au fœtus se trouve interrompue (le cordon ombilical peut encore, dans quelques cas rares, être noué dans son trajet, comme Mauriceau l'a vu quelquefois); ou même, les vaisseaux du cou, lorsqu'il est entouré par le cordon, transmettant le sang moins librement vers les parties inférieures, ce sang s'accumule dans la tête, et peut y procurer les différens effets qui résultent des engorgemens dans le cerveau. Il paroit d'ailleurs que la circulation de la mère au fœtus ne peut être interrompue, sans la mort de celui-ci, qu'après qu'il a respiré, et que le sang a pris d'autres routes.

Il suit de tout ce que je viens de dire, qu'une mère mal intentionnée peut avoir attenté à la vie de son enfant, lorsqu'il étoit encore dans son sein, qu'il étoit sur le point d'en sortir, ou même après sa naissance, sans qu'il ait respiré.

Le principal signe par lequel on découvre si l'enfant a respiré avant sa mort, est fondé sur une expérience admise par la plupart des médecins, et connue de tous ceux qui prennent quelque intérêt aux questions médico-légale. On jete dans l'eau une partie du poumon de l'enfant qu'on examine; si elle se précipite, on conclut que l'enfant n'a point respiré; si elle surnage, on juge le contraire.

Les poumons dans le fœtus sont denses, colorés; ils occupent un petit espace de la poitrine, et sont appliqués vers la partie postérieure et un peu supérieure, de façon que le cœur et son péricarde se trouvent à découvert. Leur tissu, quoique spongieux, n'est pas développé; et leur gravité spécifique est plus grande dans cet état que celle de l'eau. Lorsque l'air les a pénétrés, leurs cellules sont ouvertes, distendues, leur volume augmente, et leur légèreté est relativement plus grande. Cette expérience est décisive. Mais ôte-t-elle tout lieu de douter, et n'y a-t-il point d'accidens qui puissent la rendre suspecte ?

On a multiplié les objections contre la certitude de cette expérience. Zeller (*de pulmonum in aquis subsidentiá*), (Hippocrate, Galien, Vanderwiel, Nymman, Camérarius, Boyle, Needham, Lanzoni soutiennent son opinion,) prétend que le fœtus peut respirer dans la liqueur de l'amnios, parce qu'on y trouve de l'air : il cite l'exemple des enfans qui ont crié ou parlé dans le sein de leurs mères. Bohn lui-même le rapporte comme témoin ; il s'appuie de l'autorité de Boyle, de Sennert. Mais toutes les autorités possibles suffisent-elles pour garantir un fait aussi extraordinaire ? Peu d'auteurs disent, comme Bohn, qu'ils ont entendu par eux-mêmes : les trois-quarts citent des oui-dire, et nomment des témoins. L'amour du merveilleux grossit souvent les faits ; il en crée, et trouve toujours des approbateurs, des prosélytes. Un savant homme, un physicien, n'est pas à l'abri de la surprise ; et s'il n'est pas en lui

de prendre toutes les précautions possibles
pour l'éviter, du moins est-il inexcusable d'a-
jouter foi, sur de simples témoignages, aux
choses qui ne peuvent exister sans miracle.
On peut, sur le rapport d'un fait attesté par
de graves personnages, suspendre sa décision, tant qu'il n'a rien de contradictoire;
mais la conviction est un degré d'assenti-
ment bien éloigné, et qui requiert d'autres
preuves. Bohn peut avoir été trompé par la
femme de son ministre, il peut avoir entendu
quelque gargouillement, et le besoin ou le
desir qu'il avoit de recueillir des faits en
preuves, peut l'avoir séduit. On parvient par
cette manière de raisonner et d'apprécier les
faits, à croire fermement que l'enfant dont
parle Tite-Live, cria dans le ventre de sa
mère, *io triumphe*. On a poussé le ridicule
jusqu'a écrire, que des enfans avoient ri et
pleuré dans le sein de leurs mères.

Héister prétend que l'expérience de la
pesanteur spécifique des poumons est suspecte, parce qu'il a vu les poumons squirreux d'un phthisique se précipiter au fond de
l'eau, et qu'il est possible qu'un enfant ait les
poumons également viciés. Je conviens qu'un
squirrhe ou un tubercule pris dans la substance
des poumons se précipitera dans l'eau : mais
tous les poumons sont-ils squirrheux? Héister

n'a-t-il pa vu les autres parties des poumons
de cet homme surnager , lorsqu'il n'y avoit
pas de squirrhe ? S'il ne l'a pas fait , il auroit
dû le faire.

Je ne dirai pas comme Hébenstreit , que
le fœtus ne porte jamais de squirrhe ou de
tubercule dans les poumons , parce que je
crois que toutes les maladies qui nous attaquent
hors du sein de nos mères peuvent encore nous
attaquer dans ce retranchement. Je sais que
nos parens peuvent , en nous donnant l'être,
nous faire participer à toutes leurs infirmités :
mais on peut répondre à Héister que si l'on
prend la précaution de couper le poumon en
plusieurs parties, il pourra s'en trouver quelqu'une qui surnage , et que celte seule partie
suffit pour établir le passage de l'air dans l'intérieur des poumons. Le même Héister ajoute
qu'il a vu les poumons d'un nouveau né qui
avoit crié et vécu pendant vingt heures , se
précipiter au fond de l'eau. On est en droit de
se plaindre de ce qu'Héister ne parle point de
fragmens de poumons, ni de poumons entiers.
On sait qu'il y a une différence bien grande
entre l'immersion des poumons en leur entier
et l'immersion d'une partie qu'on en coupe.
La quantité d'eau qu'on emploie peut encore
causer, à cet égard, quelques différences.

Ne sait-on pas que tous les enfans qui
naissent, ne jouissent pas dans ces premiers
instans d'une vigueur égale ? On en voit qui
ne respirent que très foiblement, ou à demi ;
il est possible qu'une si petite force inspirante
ne suffise pas pour distendre tous les lobes des
poumons, mais seulement quelques parties :
Bohn en rapporte des exemples. On conçoit
aussi qu'un enfant qui, dans l'instant où il
vient de naître, est précipité contre le pavé,
dans un cloaque, etc., n'a pas le tems de faire
des inspirations profondes et successives. De-
là s'ensuit la nécessité de couper les poumons
et d'en plonger différentes parties.

Les plus fameux auteurs de Médecine légale
ont assuré que la putréfaction pouvoit, en dégageant l'air des parties intérieures, distendre
les cellules pulmonaires, au point d'empêcher
la précipitation des poumons dans l'eau : d'où
ils ont conclu que cette expérience pouvoit
encore induire en erreur. Héister, Alberti,
Bohn ont appuyé cette objection de tout ce que
la physiologie et l'observation ont de plus
imposant. Je ne connois que Hébenstreit et
Teichmeyer qui, en réduisant cette difficulté
à ses vrais principes, aient démontré son insuffisance dans les cas dont il est question.

L'expérience est entièrement contraire à

ce que la réflexion paroît rendre concluant: Les poumons des fœtus entièrement pourris dans le sein de leurs mères, se précipitent toujours au fond de l'eau; et nulle observation bien constatée et bien faite, n'a jusqu'à présent prouvé le contraire. Je puis citer quelques expériences faites par Faissole et Champeau sur différens animaux noyés. On y voit la putréfaction la plus développée dans tout le corps, laisser encore les poumons dans leur état naturel. Enfin, j'ai toujours vu dans les cadavres, dont je me suis servi dans mes recherches anatomiques, les poumons se conserver dans un état très-naturel et très-entier; lorsque la plupart des autres parties extérieures étoient dénaturées. Quelques circonstances, dont il est inutile de parler, ont pu en imposer à ceux qui, ayant eu occasion d'examiner quelques poumons dans les fœtus putréfiés, n'ont pas poussé l'examen au point de couper ces poumons et de les plonger dans de l'eau commune.

Si la putréfaction des corps est assez avancée pour que les poumons en soient atteints, il vaut mieux alors ne rien conclure, et laisser aux magistrats le soin de trouver d'autres indices.

On oppose encore à l'expérience citée les

cas

cas où le fœtus, enclavé entre le coccix et les
os du bassin, peut respirer après l'écoulement
des eaux, et mourir néanmoins par les
obstacles qu'il rencontre à son passage. On
peut répondre que ces cas étant du nombre des
accouchémens laborieux ou difficiles, ils
exigent, pour l'ordinaire, la main des accou-
cheurs ou des sages-femmes; au lieu que la
plupart des infanticides ne concernent que des
accouchemens clandestins et faciles : un accoucheur vole bientôt dans ces cas au secours
d'une mère accusée, et donne la solution des
difficultés. Il faut d'ailleurs observer que cette
supposition de la respiration du fœtus avant la
sortie est assez hasardée. Il n'y a qu'un cas
assez clair dans lequel le fœtus puisse respirer
librement avant ce tems ; c'est lorsque la
bouche se présente, après l'ouverture des
membranes, à l'ouverture de l'utérus : or,
on sait que cette manière de se présenter est
une de celles qui rendent l'accouchement laborieux, et qui exigent des personnes instruites
pour le terminer. Dans toute autre situation,
tant que le fœtus est dans la matrice, et lors
même que la tête se présente à l'orifice par son
sommet, il me paroît impossible que le fœtus
respire. Si la bouche porte sur les parois ou
les bords de l'orifice, l'air ne peut point s'insi-

ruer , et la contractilité de l'utérus , jointe à
la pression que fait l'enfant , ne laisse aucun
interstice pour laisser glisser l'air , à moins
qu'une main étrangère ne vienne augmenter
la dilatation de l'orifice.

Si l'enfant a déjà passé la tête hors du vagin ,
il paroît très-difficile que le reste ne vienne
pas , et qu'il meure dans cette position par le
seul travail de l'accouchement. Toutes les
autres parties sont moins volumineuses. D'ailleurs fut-il retenu dans cette situation , la respiration ne se fait pas par la bouche seulement :
il faut une dilatation de la poitrine ; les côtes
doivent s'écarter les unes des autres , et l'espace intercostal s'aggrandit. Si l'on suppose
la poitrine comprimée par l'orifice de l'utérus
ou du vagin , cette dilatation nécessaire à la
respiration me paroît impossible.

J'avoue cependant qu'il n'est pas impossible , comme le veut Hébenstreit , que l'enfant meure dans cette situation. Il peut avoir
reçu quelque atteinte considérable dans la matrice ; il peut être déjà foible dans l'instant où
il est à demi-sorti ; le cordon peut s'être
coupé dans le travail de l'accouchement , et
l'hémorrhagie être considérable : dans ces circonstances , je conçois qu'après avoir respiré
quelques instans , si la poitrine est dégagée ,

il est possible qu'il meure avant de sortir en entier, et dès-lors l'expérience des poumons, en démontrant qu'il a respiré, ne prouvera rien contre sa mère, ou même n'établira point la vie de l'enfant après sa naissance. Que résoudre dans cette extrémité ? rien d'affirmatif sans doute. Il faut une extrême circonspection dans le jugement que l'on porte sur ces matières, et s'arrêter par-tout où les faits nous abandonnent.

Je range cette dernière objection à côté de celle qui suppose qu'une mère alarmée, ou un assistant touché de pitié, souffle dans la bouche d'un enfant qui vient de naître et qui ne donne point de signes de vie. Quoiqu'il ne soit pas démontré que le souffle introduit par la bouche, pénètre aisément dans la trachée-artère d'un enfant mort, à cause des viscosités qui se trouvent aux environs de la glotte, je sais pourtant qu'en forçant un peu ce souffle, ou en se servant de tuyaux recourbés, l'air peut y parvenir; et d'ailleurs ces viscosités qui s'opposent à son passage ne sont pas toujours accumulées en égale quantité, et la glotte n'a pas toujours le même diamètre.

Cette incertitude me fait admirer l'extrême confiance de tant de faiseurs de rapports qui, sur de simples apparences, ne balancent pas

Cc 2

d'asseoir le jugement le plus décisif. Les siècles passés nous en offrent mille ex mp es, et je frémis en disant que le nôtre même nous en a fait voir un très-grand nombre.

La différence de couleur des poumons n'est pas un signe sur lequel on puisse compter; quoiqu'en général les poumons des fœtus qui n'ont pas respiré soient très-colorés, tandis qu'ils sont pâles après la respiratio. Il est p'usieurs causes accidentelles qui peuvent produire des variétés: le travail de l'accou-chement, les pressions que l'enfant éprouve peuvent déterminer une plus grande quantité de sang dans la substance des poumons, et leur imprimer une couleur bien plus foncée; lors même que l'air les a pénétrés.

La situation des poumons dans la poitrine de l'enfant paroît fournir une preuve assez concluante pour décider s'il a respiré ou non. La connoissance de leur position dans les fœtus qui n'ont pas respiré, est alors néces-saire, pour juger des changemens qu'ils ont éprouvés. Du reste, quoiqu'on puisse parvenir à prouver que le fœtus n'a pas respiré, on n'est pas en droit d'en conclure qu'il est né mort: ces deux conséquences ne découlent pas l'une de l'autre.

La sortie du méconium dans les enfans nou

veaux nés n'est pas une preuve de leur vie
après la naissance. Il est vrai que c'est une
force vitale qui fait descendre les matières
jusqu'à l'anus ; mais la seule pression du
ventre peut opérer cette sortie dans les cadavres , et d'ailleurs un commencement de
putréfaction peut imiter quelquefois , à cet
égard , l'action vitale des intestins. Si l'on
remue un animal quelconque qui commence
à se pourrir , on sent très-souvent l'air s'é-
chapper par les orifices, et porter au loin son
infection : cet air ne s'échappe pas seul, il
entraîne assez souvent des matières dans son
passage , et sort quelquefois avec explosion.
Cette observation est très-commune.

Le changement de position dans les viscères
du bas-ventre est l'un des signes les plus clairs
pour décider si l'enfant a vécu hors du sein de
sa mère, et s'il a respiré. La dépression du
foie, de l'estomac, la saillie ou le boursouflement des intestins, l'abaissement des côtes,
l'applatissement du diaphragme , suivent de
nécessité la dilatation des poumons lorsque
l'air les pénètre.

4°. *Quelles sont les causes de sa mort ?*
Lorsqu'il est démontré que l'enfant est né vivant, et qu'il a vécu après l'accouchement, il
faut encore décider quelles sont les causes de

sa mort; si elles dépendent d'un cas fortuit, ou bien de la malice ou de la négligence de la mère. (L'oblitération précoce du trou botal, par l'application de sa valvule, est une cause de mort assez singulière : cette observation de Laborie me paroît même fournir l'explication de plusieurs morts sans cause évidente, et je croirois cette oblitération bien plus commune que plusieurs autres causes auxquelles on a recours.) Ces causes sont exactement les mêmes que celles qui portent atteinte à la vie des adultes. Il n'y en a qu'une seule qui soit particulière au fœtus ou à l'enfant qui vient de naître : c'est l'hémorrhagie par le cordon ombilical, lorsqu'il n'est pas lié.

Parmi les causes de mort des enfans, qui leur soit communes avec les adultes, sont les différentes lésions de la tête ou des autres parties. Ces lésions peuvent s'annoncer sensiblement aux yeux et au tact. Mais, outre la différence de leurs suites, qui sont quelquefois peu dangereuses pour les premiers, elles diffèrent encore par la difficulté du traitement. Les enfans ne peuvent être soumis à la régularité des moyens que l'art indique : l'opération du trépan n'est point praticable sur eux à cause de la mobilité des os du crâne.

Les compressions violentes du cerveau, que

les adultes supportent difficilement, se font très-souvent sans aucun inconvénient sur les enfans. Dans les accouchemens difficiles, ceux qui ont la tête un peu volumineuse sont froissés au passage, leur tête s'applatit, s'allonge au point de changer de forme, et l'on est obligé, après l'accouchement, par des compressions, faites dans un autre sens, de la remettre dans sa forme primitive. Il faut, pour ainsi dire, pétrir la tête des enfans nouveaux nés, non pas, comme disoit Rousseau, dans la vue de lui donner une forme à notre fantaisie, mais seulement pour réparer ce que l'accouchement a occasionné de défectueux (1). La forme extraordinaire de la tête, chez certains peuples, (tête applatie des Caraïbes, Hunaud, mém. de l'Acad. des Sc. 1740) prouve assez avec quelle facilité et combien peu d'inconvé-

---

(1) Plusieurs auteurs pensent que loin que cette action de pétrir la tête des enfans soit salutaire, elle peut être et est souvent pernicieuse. Dans l'accouchement, ce n'est que par degrés presqu'insensibles, que la compression a eu lieu. Si ensuite on laisse l'enfant, la tête reprend insensiblement aussi sa forme primitive, au lieu que, par les compressions, on peut faire passer trop rapidement le cerveau d'une forme à une autre, et causer une paralysie ou même la mort.

C c 4

niens, ont fait subir au cerveau des enfans, les compressio s es p'us considérables.

Lorsqu'on trouve plusieurs coups portés sur un enfant, comme, par exemple, sur la tête, la poitrine, le bas-ventre, que le cordon ombilical est sans ligature, il importe de connoître, en premier lieu, quels sont les coups mortels (en supposant toujours que l'enfant ait respiré). On examine l'extérieur des plaies, pour voir si elles sont accompagnées d'échymoses ; on parvient ensuite dans la cavité du corps qui leur correspond, pour découvrir l'épanchement : si l'on n'en trouve nulle part, et qu'on trouve d'ailleurs les vaisseaux veineux vuides de sang, il est clair que l'enfant est mort par hémorragie du cordon. Le sang épanché dans la tête, la poitrine ou le bas-ventre, ou même dans les bronches, si la plaie est portée au gosier, indique bien aisément que les plaies ont été faites sur un enfant qui vivoit ; et la quantité de l'épanchement, le siège de la plaie, les parties ou les viscères lésés, etc., annoncent bientôt si la blessure étoit mortelle.

L'examen de ces blessures exige la plus grande circonspection, pour découvrir successivement leur étendue, leur siège, leur figure, les échymoses, les fractures, le siège et la quantité des épanchemens, et sur-tout pour ne pas confondre les accidens qui se font pendant l'ouverture ou la dissection, avec ceux qui sont la suite des coups.

On a vu des scélérats assez artificieux pour donner la mort à des enfans, en enfonçant une aiguille dans la substance du cerveau, par les tempes, la fontanelle ou la nuque. Gui-Patin, rapporte qu'on pendit, à Paris, une sage-femme qui avoit tué, par ce moyen, plusieurs enfans, lorsqu'ils étoient encore dans l'utérus, et qu'ils ne présentoient que la tête à l'orifice. Alberti, Brendel, rapportent de pareils exemples. On trouve, dans ces cas, en rasant la tête, avec soin, une légère échymose autour de la blessure.

Les épanchemens, qui facilitent la découverte des causes de la mort dans les enfans, n'ont lieu que dans les cas où il y a rupture des vaisseaux : mais la cruauté de quelques mères ne laisse pas toujours des traces aussi sensibles. Toutes les causes de mort, qui dépendent des lésions de nerfs, sont dans ce dernier cas.

On a vu des enfans qui avoient été tués par la seule torsion du cou, soit en le pliant avec force, soit en le contournant d'avant en arrière. La moelle épinière est, pour l'ordinaire, froissée ou déchirée par les vertèbres,

dont les ligamens sont quelquefois rompus
dans ces dislocations, et l'on sait que la mort
suit de près les lésions de cet organe. Dans ces
cas, on trouve un peu de sang répandu dans les
muscles du cou, dans le canal vertébral, et il
y a même fracture à l'une des deux premières
vertèbres, ou à toutes les deux en même-
tems.

Toutes ces différentes contusions ou échymoses doivent être distinguées avec soin, des
taches ou des lividités qui paroissent à l'extérieur dans un commencement de putréfaction.

La suffocation, dans les nouveaux nés, peut
dépendre de plusieurs causes. Celle qui résulte de l'étranglement présente les mêmes
signes que dans les adultes : on voit des taches livides, des échymoses sur le cou ou au
gosier ; la face est livide ou noire ; la langue
enflée, saillante ; les vaisseaux de la pie-mère
et les veines jugulaires sont engorgés ; les
poumons livides, parsemés de taches ; la bouche écumeuse ; etc. : quelquefois même on
trouve, sur le cou, les traces d'une corde.
Ces signes indiquent assez bien que l'étranglement a eu lieu, pourvu que d'ailleurs on
ne reconnoisse pas qu'ils ont été l'effet d'une
suffocation accidentelle faite dans la matrice.
Ainsi, par exemple, il est possible que l'en-

tortillement du cordon, autour du cou du fœtus, dans la matrice, ait produit l'impression circulaire du cou et les autres signes d'étranglement : mais, dans ce cas, le fœtus n'aura pas respiré, il sera né mort, et ce ne sera pas la suffocation, proprement dite, qui en sera la cause, mais l'apoplexie, ou, pour mieux dire, l'engorgement des vaisseaux sanguins de la tête. Les signes de la respiration de l'enfant sont dans ce cas le moyen de décider si la cause est accidentelle, ou si elle est l'effet d'une violence extérieure qu'on puisse attribuer à la mère ou à d'autres personnes. Je ne voudrois pourtant pas trop me fier à ce moyen, pour établir que ce genre de violence a été employé. Car si, par hasard, cet étranglement avoit été fait par le cordon, durant le travail de l'accouchement, lorsque le fœtus est comme balloté dans la matrice, ou qu'il y prend différentes positions, il me paroit possible que l'impression du cordon fût telle, qu'elle procurât une apolexie mortelle, accompagnée de tous les signes d'engorgement dont j'ai parlé, et qu'ensuite le fœtus, sorti de la matrice, respirât encore avant de mourir.

Les effets de l'apoplexie ou des engorgemens sanguins, ne sont pas d'intercepter tout de suite la respiration : on la voit au contraire égale , profonde et même libre , dans les momens où le mouvement du cœur et des artères souffre les changemens les plus considérables. Le pouls est presque imperceptible vers la fin des apoplexies mortelles , lorsque la respiration est encore sensible : elle ne fait que devenir moins fréquente , jusqu'à ce qu'elle soit tout à fait suspendue par la mort.

Si le cou ne présente point de signes de violence , il est très-difficile d'assigner la véritable cause des autres signes de suffocation. Ils peuvent être l'effet d'un froid considérable, d'un accouchement laborieux , sur-tout si la tête de l'enfant est volumineuse. On trouve encore quelquefois différentes substances dans la bouche des enfans , comme des pailles , des plumes, de la terre, des matières stercorales même, ou des linges, lorsqu'ils sont nés vivans, et qu'ils ont été suffoqués entre des matelats , dans des tas de paille , de foin , qu'ils ont été jetés dans des cloaques, etc. On connut , par la lividité des poumons, au rapport d'Alberti , qu'une femme ayoit étouffé son enfant avec la vapeur du souffre allumé.

Ces causes de mort , qui supposent une action criminelle de la part de la mère ou des assistans , ne sont pas les seules. L'enfant

peut aussi perdre la vie par l'omission des secours qu'exige sa foiblesse. S'il reste couché
sur le ventre , et que la bouche porte sur
quelque corps , le passage de l'air peut en
être interrompu , la dilatation de la poitrine
laborieuse ou incommode ; et comme il est
dans l'impossibilité de se retourner , il peut
être suffoqué dans cette position. S'il reste
couché sur le dos , les mucosités , dont sa
bouche et ses narines sont remplies , peuvent tomber dans la trachée-artère , l'obstruer
ou même exciter des toux convulsives , qui
sont suivies de la mort toutes les fois que la
cause n'est pas enlevée. Les sages-femmes
observent aussi la précaution de les coucher
sur le côté , et comme cette pratique univer-
sellement reçue est à la portée de tout le monde , il peut se faire qu'une mère mal i en-
tionnée profite de cette connoissance pour
se défaire de son enfant , et se dérober aux
poursuites de la justice.

La prompte séparation du placenta avec
le fœtus est importante , à cause du peu de
vie dont il jouit , lorsqu'il est séparé de l'u-
terus ; le sang qui va du placenta à l'enfant
après l'accouchement , est un sang à demi-
coagulé , froid , même de mauvais caractère ;

et l'on doit blâmer la pratique de quelques sages-femmes qui, voyant des enfans foibles,
croient les ranimer, en poussant avec leurs
doigts le sang contenu dans le cordon vers
le fœtus. (Spiegel et Sennert ont appuyé cette
pratique sur des vues bien peu fondées.) Il
n'est pas difficile de concevoir qu'une masse
spongieuse comme l'arrière-faix, exposée
sans vie et sans chaleur à l'action de l'air,
dégénère bientôt, et ne peut fournir à
l'enfant que des sucs d'un usage très-perni-
cieux.

L'habitude où nous sommes de laver les
enfans nouveaux nés et de les envelopper dans
des linges chauds est fondée sur des vues
fort utiles. L'enfant sort humide ou couvert
de mucosités, il s'échappe d'un lieu chaud,
et le nouvel ordre de fonctions qui se déve-
loppent en lui, exige quelques précautions.
Il est nécessaire que ses pores soient libres,
pour que la transpiration s'exécute librement.
Il paroît qu'un passage trop subit du chaud
au froid blesseroit son organisation délicate.
Faudroit-il néammoins taxer de crime l'omission de ces précautions, parce qu'elles sont
reçues parmi nous ? Je n'en vois pas la néces-
cité, à moins qu'il ne fût évident qu'il en est

resulté quelque chose de funeste à l'enfant,
et qu'il y a eu mauvaise intention de la part
de la mère ou des autres. Si le froid
est rigoureux, on sent bien que l'enfant peut
en souffrir : mais, outre que notre méthode
n'est pas essentiellement bonne, l'exemple
de tant d'autres peuples qui agissent différem-
ment, nous apprend à ne donner jamais pour
règle du bien, ce que l'usage seul auto-
rise.

5°. *Si la femme qu'on accuse a réellement
accouché dans le tems supposé.* On a souvent
recours aux signes qui peuvent indiquer dans
une femme, si elle a réellement accouché, lorsqu'on est dans la nécessité de rechercher les auteurs d'un infanticide. J'ai déjà dit, en parlant
de l'avortement, quels étoient ceux qui pouvoient nous éclairer dans cette recherche : il
n'y a aucune différence, à cet égard, entre
l'avortement et l'accouchement à terme, si
ce n'est que dans ce dernier cas, ces signes
sont encore plus sensibles, et durent plus
long-tems. Il est pourtant essentiel, comme
je l'ai déjà dit, de procéder à cet examen
aussi promptement qu'il est possible : toutes
les parties se remettent dans leur état primi-
tif, quelques jours après l'accouchement ; et
ce rétablissement est d'autant plus prompt,

que la femme est plus vigoureuse et mieux
organisée. Or, on sait, en général, que les
femmes, qui attentent à la vie de leur fruit, se
rassurent sur leur crime, par l'espoir du secret,
à la confiance qu'elles ont en la vigueur de
leur tempérament, et sa facilité à se rétablir.

, 6°. *Depuis quel tems accouchement a eu
lieu.* Lorsqu'on n'a que des présomptions contre les auteurs d'un infanticide, il est très-
essentiel d'établir un rapport entre le tems de
la naissance de l'enfant qu'on a trouvé mort,
et les signes de l'accouchement qu'on observe
sur la femme soupçonnée : la fraîcheur du cadavre de l'enfant, la fermeté des chairs, leur
couleur vermeille, l'absence de la putréfaction indiquent un accouchement très-récent ;
et conséquemment, l'on doit trouver sur cette
femme, si elle en est la mère, les signes dé-
monstratifs d'un accouchement fait depuis peu.
Si ce rapport manque, et qu'on n'apperçoive
que des signes équivoques, et qui sont la suite
éloignée des accouchemens, il est évident
que la présomption est douteuse. Cette attention, qui me paroît de la plus grande importance, a souvent été négligée, sur-tout dans
les cas où les experts nommés, prévenus par
la rumeur publique, et jugeant, pour ainsi
dire,

dire, par anticipation, n'ont pas su se garantir de l'esprit de vertige qui fait passer les apparences pour des preuves.

CORDON OMBILICAL.

Dans la plupart des cas d'infanticide rapportés par les auteurs de Médecine légale, ainsi que de ceux qui se présentent dans la pratique journalière, rien n'est plus ordinaire que de trouver la ligature du cordon ombilical, ou faite avec une négligence criminelle, ou même omise entièrement. Nous croyons donc devoir entrer dans quelques détails sur la nature de cette espèce de preuve d'un crime qui attire sur les coupables toute la sévérité des lois; afin de dissiper tout ce qu'elle peut avoir d'obscur et d'équivoque, et mettre à portée de l'apprécier à sa juste valeur dans toutes les circonstances possibles.

Le fœtus communique avec la mère par l'intermédiaire d'un cordon d'apparence charnue, qui tient, par une de ses extrémités à l'ombilic de l'enfant, et par l'autre au placenta. Ce cordon renferme trois vaisseaux; une veine et deux artères. La veine porte le sang du placenta, auquel il est fourni par la mère, au sinus de la veine-porte du fœtus, qui reçoit, par ce moyen, la nourriture qui lui est nécessaire. Les deux artères, qui partent le plus ordinairement des deux iliaques internes du fœtus, ramènent au placenta, et du placenta à la mère le sang surabondant.

Du moment que l'enfant est né, le cordon ombilical devient inutile : il faut le couper. Mais, cette section laissant ouverts trois vaisseaux d'un calibre assez considérable, le fœtus pourroit perdre son sang par ces trois ouvertures, et il périroit ainsi bientôt d'hémorrhagie, comme une infinité d'exemples l'a prouvé, si on ne lioit pas avec un fil suffisamment fort la partie du cordon qui tient encore à l'enfant, ou si on n'exerçoit pas sur elle une compression convenable. Aussi cette pratique a-t-elle eu lieu dans tous les tems et chez tous les peuples de la terre : et les médecins, pour la plupart, ont regardé comme une maxime générale, que le défaut de ligature du cordon ombilical, doit occasionner au fœtus une hémorrhagie *nécessairement* et *absolument* mortelle.

Cette assertion avoit été même regardée, jusqu'à nos jours, comme certaine et irréfragable; et personne ne songeoit à la restrein-

D d 2

dre dans son application. Ainsi, quand on
agitoit la question si un enfant, mort sans que
la ligature du cordon eût été faite, avoit péri
de mort violente (*a causâ violentâ*), non-
seulement les médecins dans leurs rapports en
justice, mais encore les différens colléges de
médecine dans leurs décisions Médico-légales,
prononçoient que cet enfant avoit cessé de
vivre par l'effet de l'hémorrhagie du cordon
ombilical, soit qu'on eût omis de le lier de dessein prémédité, soit que cela ne fut arrivé que
par ignorance ou par négligence. Nous nous
contenterons de citer la vingt-unième consul-
tation recueillie par Valentini dans ses pan-
dectes Médico-légales (part. 2, sect. 7.) Un
enfant né vivant étoit tombé de très-haut sur
le plancher, et on l'avoit placé sur un lit, où
il expira avant qu'on lui fît la ligature du cordon. On observa, en faisant l'ouverture du
cadavre, que l'os occipital avoit été déprimé,
et qu'il y avoit du sang épanché sous le crâne.
Cependant la Faculté de Médecine de Leipsick
déclare dans sa réponse au magistrat, qu'elle
regarde l'omission de la ligature comme la
vraie cause de la mort. *Utique præsentissi-
mam mortem et lethalitatem absolutam caus-
satur non facta vasorum umbilicalium deli-*

gatio dùm hac ratione infans sanguine et spiritibus vitalibus privatur, prout experientia suffragiis suis hoc comprobat. Ideò etiam medici sine exceptione non factam umbilicalium vasorum deligationem pro absolutâ et simpliciter lethali reputant.

Schultzius, professeur dans l'Université de Hall, fut le premier qui, dans une dissertation publiée en 1733, mit en problème la nécessité de la ligature du cordon ombilical dans les enfans nouveaux nés. (*an umbilici deligatio in nuper-natis absolutè necessaria sit ?*) Sa conclusion étoit négative, et il s'efforce de prouver que l'hémorrhagie, par le cordon ombilical, ne sauroit être assez abondante, dans un nouveau né bien portant, pour devenir funeste, et qu'ainsi la ligature omise ne doit pas être regardée comme une cause de mort absolue. Il tire un argument en faveur de son opinion de l'analogie de structure qui existe entre les vaisseaux ombilicaux de l'homme et ceux des animaux, pour lesquels la ligature n'a point lieu. Un autre argument est la propriété dont les vaisseaux ombilicaux jouissent, selon lui, de se retirer sur eux-mêmes, lorsqu'ils sont coupés ou rompus, et d'opposer, par cette rétraction, un obstacle suffisant à la sörtie du sang. Enfin, Schultzius rapporte quelques observations favorables à sa conclusion. La première est celle d'une femme qui mit au monde deux enfans jumeaux : le premier né, dont le cordon avoit été rompu, resta sans ligature fort long-tems, jusqu'à ce que la sage-femme survint, qui s'occupa d'abord d'extraire le second enfant et l'arriere - faix. Ce ne fut qu'après cette besogne achevée qu'elle s'apperçut que l'autre n'avoit point perdu de sang et étoit plein de vie. La seconde observation atteste qu'un fœtus laissé sans ligature, et ayant perdu fort peu de sang, mourut du froid qu'il avoit souffert pendant une nuit toute entière. A l'ouverture du cadavre, on n'apperçut aucun signe qui prouvât que le sujet étoit dépourvu de sang.

En 1751, Kaltsmidt soutint la même proposition à Jena. La contraction spontanée des artères, qui suffit souvent toute seule pour arrêter l'hémorrhagie dans certaines opérations de chirurgie, la ressemblance qui existe entre la conformation des vaisseaux du cordon ombilical chez les grands animaux, et celle qu'on observe chez l'homme, lui firent conclure que dans l'enfant nouveau né il ne doit pas se faire une hémorrhagie mortelle par les vaisseaux

ombilicaux (*quod et in infante lethalis he-*
morrhagia ex vasis umbilicalibus oriri non
debeat.) Il n'hésita pas même à en faire l'expérience sur deux enfans, dont l'un perdit à
peine dix goutes de sang, et l'autre vingt.

Alberti (a) rapporte que le cordon ombilical
s'étant rompu près du ventre, il n'en résulta
aucune perte de sang, quoique l'enfant en rendit par la bouche. Cet enfant étant mort six
heures après, on l'ouvrit : on trouva des échymoses à la tête, du sang épanché entre les tégumens et le crâne, et entre le crâne et les
ménynges. Le médecin conclut, dans son
rapport, que la rupture du cordon ombilical
avoit été la cause de la mort, quoique, par le
rapport même, il fut constaté qu'il n'y avoit
point eu d'hémorrhagie par les vaisseaux auxquels il sert de gaîne. Mais la Faculté de Médecine de Hall décida, au contraire, que la
perte de l'enfant étoit due à d'autres causes. Le
même Alberti, qui nous a fourni cette observation, atteste d'ailleurs que l'on ne manque
pas d'exemples de ligatures du cordon ombilical omises, sans qu'il en ait résulté de détriment. *Non desunt observationes funiculi om-*

(a) *Syst. Jurispr. Med.*, T. 3 , c. 13, p. 138.

bilicalis non deligati, unde vitæ infantis nullum contigit damnum.

Il résulte de ce que nous venons de dire, que quelques-uns des enfans, à l'égard desquels la ligature avoit été omise, n'ont point éprouvé d'hémorrhagie, et que, chez d'autres, où l'hémorrhagie a eu lieu, elle n'a point été mortelle. Par conséquent, on est autorisé à nier que cette omission soit une cause de mort absolue.

Mais un bien plus grand nombre de faits nous apprenant que de cette omission, ou de la négligence avec laquelle la ligature avoit été pratiquée, la perte de la vie des nouveaux nés résultoit le plus ordinairement ; toutes les fois qu'elle se rencontre dans l'exercice de la Médecine légale, les experts doivent chercher à s'assurer, par l'examen du cadavre et par toutes les autres circonstances, si la mort a été réellement l'effet physique de l'hémorrhagie. Cet effet ne peut être censé exister qu'autant que la quantité du sang, versé par les vaisseaux ombilicaux, aura été assez abondante pour laisser le cœur et les vaisseaux presqu'entièrement vuidés, dans l'impossibilité de réagir sur ce fluide et de le faire circuler. L'anatomie-pratique nous apprend que, dans les cadavres de ceux-là même qui ne sont pas morts

d'hémorrhagie, on trouve les artères dépourvues de sang, tandis que les veines, le cœur
et ses oreillettes, en sont gorgés. Il faut donc
que ceux qui périssent par cette cause, aient
non-seulement les artères, mais même les
veines, le cœur et les oreillettes, entièrement
ou presqu'entièrement vuides; et c'est ce que
l'anatomie nous démontre encore. Héister
(*Compendium anatomicum*), rapporte avoir
fait l'ouverture du cadavre d'une femme, qui,
étant déjà délivrée d'un enfant bien portant,
périt en un quart-d'heure d'une hémorrhagie
énorme de la matrice, avant qu'on eût pu la
délivrer du second enfant qu'elle portoit. Il
trouva le cœur et les vaisseaux sanguins, soit
de la mère, soit de ce dernier enfant, totalement vuides.

Nous pensons que l'on doit tirer de tout
ceci les deux conclusions suivantes : 1°. Lorsque par l'ouverture d'un fœtus, il est constaté que le cœur et ses oreillettes, les veines
principales, et sur-tout la veine-cave, tant supérieure qu'inférieure, ainsi que la veine-
porte, sont pleines de sang, ce fœtus n'est
point mort d'hémorrhagie : ainsi l'omission de
la ligature du cordon ne doit point être réputée la cause de la mort; 2°. au contraire, si
on a trouvé ces cavités et ces canaux absolument ou presqu'absolument épuisés, la perte

de sang qui a eu lieu faute de ligature est certainement la cause de la mort de l'enfant. On
suppose, dans ce dernier cas, qu'il n'a reçu
aucune blessure, au moyen de laquelle la
perte du sang ait pu également le faire
périr.

Ainsi, un médecin requis de procéder à
l'ouverture du cadavre d'un enfant que l'on
soupçonne avoir succombé à une cause de
mort violente, est obligé d'examiner scrupuleusement, non-seulement les régions externes du corps, mais encore les parties contenues dans les trois cavités principales. Il commencera par la tête, le cerveau et le cou; ensuite, il passera à la poitrine, il lèvera le sternum, et, avant d'enlever les poumons, pour
les soumettre aux épreuves qui leur sont particulières, il ouvrira l'abdomen. Alors, le
cœur et les grandes veines qui s'y rendent
s'offrant toutes entières à ses regards, il pourra
constater, et en voyant et en touchant, si
leurs cavités sont remplies de sang, ou si elles
en sont dépourvues. Cette manière d'opérer
est bien moins embarrassante et bien plus précise dans ses résultats, que si, sans inciser le
ventre, il tiroit de la cavité du thorax les poumons et le cœur, ce qui ne peut se faire sans
endommager la portion des vaisseaux contenus
dans cette même cavité, dans laquelle se ré-

pand alors le sang du cœur et de la veine-cave,
tant supérieure qu'inférieure.

L'état de plénitude, ou celui de vacuité,
étant bien constaté, et par le médecin, et par
les assistans, quels qu'ils soient, puisque pour
cela il ne faut que des yeux, on le consignera
dans le rapport, ainsi que les conséquences
essentielles qui en dérivent nécessairement.

Quelques auteurs, entr'autres Bohnius, ont
conseillé d'examiner les linges dans lesquels
l'enfant est enveloppé. Mais, qui assurera que
le sang dont ils sont maculés vient de l'enfant
plutôt que de la mère? On peut dire la même
chose de celui que l'on trouve répandu par
terre dans l'endroit où est l'enfant. D'ailleurs,
comme l'observe judicieusement Alberti, des
mères, aussi adroites qu'elles sont criminelles,
ne pourroient-elles pas nétoyer un enfant
mort d'hémorrhagie, et l'envelopper dans des
langes blancs? Ne pourroient-elles pas également laver le plancher qui auroit été souillé
de son sang? Cet indice est donc bien incertain.

On trouve, dans le grand ouvrage d'Alberti,
une foule de rapports en faveur de la méthode
que nous proposons, pour apprécier le degré
de confiance que mérite le genre de preuve de
l'infanticide, qui se tire de l'omission de la ligature du cordon ombilical. Les auteurs de

ces rapports constatent que tout le système
vasculaire étoit épuisé de sang ; que les viscères, ordinairement rouges, étoient pâles et
décolorés ; que la dissection des jeunes sujets
s'étoit opérée sans effusion de sang : on voit
aussi, soit par l'aveu de l'accusée, soit par les
dépositions des témoins, que véritablement
les nouveaux nés avoient souffert une hémorrhagie très-forte des vaisseaux ombilicaux.
Cette opinion est celle d'Alberti lui-même,
ainsi que de Teichmeyer, de Bohnius et de la
Faculté de Médecine d'Helmstadt.

Il est même certain que cette méthode est la
seule que l'on puisse sûrement employer. En
effet, il arrive quelquefois que la ligature du
cordon n'étoit pas nécessaire, et que des ban-
dages ou des langes, en comprimant convenablement, ou bien le froid extérieur, ou la
foiblesse du fœtus, ou enfin la conformation
particulière des vaisseaux ombilicaux dans le
sujet qu'on examine, ont empêché l'hémorrhagie d'avoir lieu. Cependant l'enfant aura péri
de cause interne ; il y a des signes qui annoncent qu'il a vécu hors du sein de sa mère, et
la ligature n'a pas été faite. Il a pu arriver
que, la tête ayant sorti la première de l'utérus,
l'enfant ait respiré, étant encore dans le passage ; et que, l'accouchement ne s'étant pas
terminé promptement, il ait tellement souffert,

qu'il soit mort bientôt après, sans que la mère soit aucunement criminelle, ou même simplement répréhensible, de n'avoir pas pratiqué la ligature. L'ouverture du cadavre prouvant que l'enfant a eu vie, et la plénitude des vaisseaux constatant qu'il n'a pu y avoir d'hémorrhagie mortelle, le défaut de ligature du cordon ne sauroit être réputé la cause de la mort : et, s'il n'y a pas d'autres indices d'infanticide, les soupçons violens qu'une grossesse dissimulée, ou un accouchement clandestin, auroit fait naître, doivent s'évanouir entièrement.

C'est ainsi que la science du médecin-légiste, perfectionnée, peut arracher au supplice des mères innocentes, que des décisions hasardées y faisoient autrefois condamner ; et que, d'un autre côté, elle découvrira la criminelle adresse avec laquelle des femmes barbares savent dérober aux experts peu attentifs la cause de la mort des malheureuses victimes de leur férocité, en faisant la ligature du cordon après que l'hémorrhagie a fait périr l'enfant.

Pour résumer ; dans toute ouverture de cadavre d'un fœtus ou enfant nouveau né, ordonnée par la loi, l'examen scrupuleux de l'état du cœur, de ses cavités, et des principales veines qui y aboutissent, ainsi que de

la veine-porte, est d'une nécessité absolue, et
pourra seul servir de base à une décision médico-légale.

Nous avons déjà avancé que les auteurs les
plus recommandables de Médecine légale in-
sistoient tous sur la nécessité de cet examen.
Les passages suivans en font foi. Il faudra, dit
Bohnius, rechercher, à l'aide de la dissection,
si les grands vaisseaux sont remplis de sang;
dans lequel cas il devient probable que le fœtus n'est point mort de la rupture et du défaut
de ligature du cordon ombilical : si on les
trouve vuides, c'est le contraire. Boehmer dit :
On doit juger que l'hémorrhagie a eu lieu par
les vaisseaux ombilicaux, par la vacuité des
grands canaux veineux et des cavités du cœur.
Les paroles suivantes d'Alberti sont comme
l'abrégé de tout ce que je viens de dire : *Quam
circonstantiam medici et chirurgi sectionem
administrantes accuratissimo studio annota-
re et denunciare debent, quoniam hujus ob-
servationis et relationis defectus casus præ-
sentes valdè confundere, et quoad cathego-
ricam decisionem impedire, potest. Admo-
nendi itaque sunt medici, ut datâ occasione
hanc circumstantiam probè observent, refe-
rantque præcipuè quantùm sanguinis in corde, vasis pulmonalibus, venâ cavâ, hepate,*

et capacioribus venis, invenerint. Ce médecin-légiste nous a transmis qu'un rapport fut
censuré par la Faculté de Médecine de Hall,
parce qu'on y attribuoit la mort du nouveau
né à l'omission de la ligature, sans spécifier
s'il y avoit des traces d'hémorrhagie, et si les
grands vaisseaux étoient vuides de sang ; qu'un
autre rapport le fut également par la même
Faculté, parce qu'on avoit tiré la même conclusion, quoiqu'on eût trouvé beaucoup de
sang dans le ventricule gauche du cœur. Il a
consigné, dans sa volumineuse collection,
d'autres consultations analogues, dans lesquelles on voit clairement que les compagnies
savantes de médecine exigent que l'on recherche dans les gros vaisseaux de toutes les parties du corps du fœtus, la preuve qu'il a péri
par l'hémorrhagie du cordon ombilical : et
elles regardent cette preuve comme incomplète, soit lorsque l'anatomiste a omis de son-
der tous ces réservoirs du fluide sanguin, soit
lorsque quelques-uns d'eux seulement ne présentent pas une vacuité très-caractérisée. Ce
dernier motif de suspendre son jugement est,
sans doute, fondé sur cette vérité physiolo-
gique, que, pour entretenir la vie dans un sujet, il suffit d'une très-petite quantité de sang
restée en circulation.

Au reste, la preuve la plus complète que
l'hémorrhagie par le cordon a été mortelle ;
n'est pas par elle-même une preuve que l'infanticide a été commis : et le médecin doit
chercher à découvrir et peser toutes les autres
circonstances relatives à son art, qui peuvent constater le crime ou l'innocence de l'accusée.

Ainsi, il arrive quelquefois, comme dans le
cas que nous avons rapporté d'après Héister ;
que le décollement entier ou partiel du placenta, lorsque le fœtus est encore dans la matrice, occasionne une perte de sang si considérable, que la mort survient nécessairement ;
avant ou durant, ou bientôt après l'accouchement. On trouve alors le cœur et tous les gros
vaisseaux vuides de sang. Dans ce cas, il est
évidemment hors du pouvoir de la mère d'arrêter l'hémorrhagie : et, conséquemment ;
l'infanticide, soit de propos délibéré, soit
même par ignorance ou négligence, ne sauroit lui être imputé.

De même, si le cordon ombilical s'embar-
rasse dans les membres de l'enfant, et que
celui-ci soit agité de convulsions, le cordon
peut se rompre, et l'hémorrhagie avoir lieu.

Dans ces deux cas, la mère éprouvera presqu'inévitablement des accidens semblables à

ceux

ceux du fœtus : cette considération doit servir encore à constater son innocence.

Un spasme violent de la matrice peut, ainsi que plusieurs observations en font foi, expulser tout-à-coup le fœtus, la mère étant debout ou marchant Alors, si le cordon est trop court, il se rompra, en laissant le placenta dans la matrice, ou bien le fœtus entraînera dehors avec violence tout l'arrière-faix. Cependant, la mère frappée du même spasme, ou saisie de terreur, tombera en syncope, et l'hémorrhagie du cordon fera périr son fruit, sans qu'on puisse la déclarer coupable d'aucune manière.

Enfin, une femme accouchant seule, au milieu des convulsions, peut fouler aux pieds son enfant, ou, en se roulant, déchirer le cordon par lequel il lui tient encore. Je demande si, dans des circonstances pareilles, dont l'histoire de l'art des accouchemens fournit des exemples, cette malheureuse mère n'est pas innocente ?

On a agité la question, si l'inspection du cœur et des gros vaisseaux pouvoit servir à faire connoître si le fœtus étoit sorti de la matrice encore vivant ou déjà mort. Quelques auteurs, regardant l'action du cœur et la circulation comme une cause nécessaire de l'hémorrhagie, ont cru que celle par le cordon ombilical prouvoit que le fœtus avoit vécu, puisque, disent-ils, les morts ne répandent point de sang. Le défaut d'hémorrhagie sera, par la raison contraire, un signe de la mort du fœtus avant sa naissance. Telle est l'opinion de Bohnius et d'Hébenstreit.

Mais ne pourroit-on pas leur objecter, d'une manière victorieuse, que le décollement entier ou partiel du placenta occasionne très-souvent une hémorrhagie qui devient mortelle pour le fœtus et même pour la mère, avant que l'accouchement se termine ? Nous rappellerons encore une fois l'observation concluante d'Héister. La proposition contraire est aussi très-susceptible d'être limitée dans son application, puisqu'on a quelquefois remarqué que le sang ne s'échappoit pas, ou ne s'échappoit qu'en très-petite quantité, par le cordon ombilical, abandonné à lui-même et sans ligature. Les expériences de Kaltsmicht donnent la plus grande force à notre objection.

L'inspection du cœur et des gros vaisseaux ne peut donc fournir que des présomptions, et concourir seulement à constater la vie ou la mort du fœtus, avant ou après sa sortie de la matrice, avec les autres indices que l'anato-

mie et la physiologie nous fournissent par
l'examen du poumon, des intestins, de la
vessie, etc.

DOCIMASIE PULMONAIRE.

Docimasia pulmonum. Les médecins-
légistes Allemands entendent communément
par docimasie pulmonaire , l'ensemble des
épreuves que l'on fait subir aux poumons d'un
enfant nouveau né , pour constater s'il est
sorti vivant du sein de sa mère , ou s'il étoit
mort avant l'accouchement.

On place les poumons avec ou sans le cœur ,
tout entiers ou divisés en plusieurs sections ,
dans un vase rempli d'eau bien pure et assez
grand pour que ces parties ne touchent point
aux bords. Alors il arrive que le poumon
va au fond de l'eau, ou qu'il surnage ; ou
qu'après avoir d'abord surnagé, il descend ensuite ; ou enfin que quelques portions surnagent , quoique d'autres , et même le poumon tout entier , dont elles faisoient partie ,
eussent gagné d'abord le fond.

Si les poumons se précipitent, il est évident
que leur gravité spécifique est plus grande
que celle de l'eau; et de ce que des poumons
sains, dilatés par de l'air qui y sera entré par

le mouvement de l'inspiration , où qu'on y
aura soufflé , surnagent constamment , on en
conclut que ceux qui se précipitent n'ont
jamais admis d'air dans leurs vésicules ; que
par conséquent l'enfant n'a point respiré et
n'a point eu vie hors la matrice.

Mais lorsque les résultats des expériences
sont contraires , c'est-à-dire , lorsque les
poumons surnagent dans toutes les épreuves ,
on en tire la conclusion opposée, que l'air les
a distendus, et les a rendus plus légers qu'un
pareil volume d'eau. Alors , en supposant que
l'air n'a point été introduit artificiellement ,
ou que le développement des poumons n'est
point dû à la putréfaction de ce viscère, où
enfin que cette plus grande légèreté spécifique
ne provient, ni d'une vomique considérable,
ni d'une espèce de décomposition muqueuse,
telle que Hueber et d'autres auteurs la con-
çoivent, on se croit autorisé à soutenir que
c'est par la respiration que cet air a pénétré
dans les vésicules pulmonaires, et, par une
conséquence nécessaire , que l'enfant a eu vie
hors du sein de sa mère.

S'il arrive que les parties du poumon qui
s'étoit précipité en entier, ne se précipitent pas.
toutes également, mais que quelques-unes
d'entr'elles surnagent , le médecin attribue

cette variété , soit à des ulcères qui ont leur siége dans certaines portions , soit à un commencement de respiration dans l'instant même de l'accouchement , soit à une insufflation partielle , soit enfin à quelques degrés de putréfaction. Les mêmes causes sont censées exister ; lorsque les poumons qui avoient d'abord surnagé, gagnent insensiblement le fond du vase.

Au reste cette legèreté qu'acquiérent les poumons , lorsque l'air les pénètre au moyen de la respiration , n'est que relative et nullement absolue. Ils ont réellement gagné du poids, bien loin d'en avoir perdu. C'est l'augmentation de leur volume qui cause cette différence dans la pesanteur spécifique qui ne peut être contrebalancée par le surcroit de matière qui est venue accroître la masse déja existante.

Galien est le premier qui ait fait ces expériences sur les poumons : mais ce ne fut que très-long-tems après lui qu'on en fit usage pour résoudre des questions de Médecine légale.

On a élevé des doutes sur la légitimité des conclusions qu'on en tiroit: et ces doutes ne sont pas dénués de fondement.

Si les poumons surnagent , dit-on , c'est un

signe que l'enfant a respiré, et conséquemment
qu'il a eu vie : s'ils se précipitent, c'est un
signe du contraire. Mais l'un et l'autre de ces
signes sont fort sujets à induire en erreur. En
effet, quand les poumons sont flottans, cela
ne peut prouver que la présence de l'air dans
leurs vésicules, et nullement que ce fluide y
ait pénétré par la respiration. Il ý a plusieurs
moyens par lesquels l'air peut entrer dans le
poumon, et produire, en conséquence, le phénomène de la flottaison.

Le premier est une introduction artificielle.
Il est vrai qu'Hébenstreit doute de sa possibilité, et que Roéderer ne la croit praticable que lorsque le fœtus a déja respiré
spontanément. Dans ce cas, elle ne sauroit
influer sur les recherches judiciaires ordonnées
pour constater l'existence ou la non-existence
de l'infanticide. Mais l'opinion contraire est
appuyée de l'autorité de Bohnius et de Teichmeyer. D'autres la croient également possible,
et les expériences exactes de Camper ont mis
la chose hors de doute. Beutner a aussi réussi
dans celles qu'il a tentées, et il cite même
l'exemple d'une mère qui pratiqua cette manœuvre. Si le succès ne répond pas toujours
aux tentatives, c'est parce que le poumon est
quelquefois rempli de squirrhosités, etc. : et

il faut convenir d'ailleurs que le mouvement spontané de la respiration fait pénétrer l'air bien plus complettement , parce que dans l'expiration les divisions des bronches se dégagent du mucus qui gêneroit l'admission du fluide lors d'une nouvelle inspiration.

Il est étonnant que quelques jurisconsultes, et même des médecins, tels que Eschenbach, Roéderer , Camper , et sur-tout Haller , cet ami de l'humanité, aient avancé qu'on ne doit pas présumer qu'une mère accusée d'infanticide, ait soufflé de l'air dans la poitrine de son enfant. Il faudroit donc présumer aussi que toute mère accusée d'infanticide est coupable. N'est-il pas très-possible qu'une femme ou une fille, cherchant à faire secrettement ses couches, dans le dessein de placer son enfant dans un hôpital, ou de le faire élever de toute autre manière , mette au monde un enfant mort, ou qui respire à peine; qu'elle tâche de le ranimer par tous les moyens qui sont en son pouvoir, et qu'elle n'y réussisse pas? Buttner, comme nous venons de le dire, rapporte un exemple qui prouve évidemment combien une pareille présomption seroit injuste et cruelle. Au reste, il est aisé de s'assurer jusqu'à un certain point, que ce moyen a été mis en usage, en interrogeant l'accusée sur la

manière dont elle s'y est prise. Car il y a des
précautions, faute desquelles il est impossible
de réussir : par exemple, celle de serrer les narines de l'enfant, lorsqu'on lui insinue l'air
par la bouche.

Les poumons peuvent encore recevoir de
l'air par l'effet d'un emphysème. Si les cas où
cela arrive ainsi sont très-rares, ils ne prouvent
pas moins que la présence de l'air ne sauroit
être attribuée exclusivement à la respiration.

Enfin est-il possible que la putréfaction produise ou développe le fluide aériforme dans les
poumons, au point que placés dans l'eau ils
surnagent ? Les uns le croient, les autres le
nient. Ludowic ne regarde pas non plus ce
phénomème comme capable de produire un
pareil effet. Bohnius est du même sentiment.
» Quoique, dit Wrisberg, toutes les parties
» du corps humain ne soient pas également
» susceptibles de surnager, comme les pou-
» mons, les intestins, la vessie urinaire,
» le thymus, etc.; cependant, si on en excepte
» les os, elles augmentent tellement de vo-
» lume par la putréfaction, l'air se dégageant
» de ses entraves, qu'elles s'élèvent graduelle-
» ment vers la surface de l'eau; et, si la pu-
» tréfaction parvient à un certain degré, elles
» surnagent tout-à-fait, et ne se précipitent

» plus, à moins qu'une décomposition com-
» plette n'entraîne au fond de l'eau les molé-
» cules terreuses qui faisoient partie de leur
» substance ». Haller rapporte qu'il s'étoit
procuré le poumon d'un enfant mort avant
l'accouchement. Le poumon, qui étoit d'un
rouge-noir, se précipitoit dans l'eau, soit
qu'on l'y jetât entier, soit qu'on l'y jetât par
parcelles. Une portion ayant été abandonnée
à la putréfaction dans de l'eau non renouvellée,
sa couleur devint simplement rouge, elle se
couvrit de bulles d'air, s'éleva par degrés et
lentement, à mesure que la putréfaction
avançoit, et enfin parvint à la superficie où
elle demeura constamment. Fabricius assure
avoir observé les mêmes phénomènes; et il
ajoute que les poumons se précipitèrent, lorsque la décomposition fut extrème, sans doute,
parce qu'alors les particules aériennes et volatiles se dégagèrent et se dispersèrent dans
l'athmosphère. Eschenbach et Torrézius ont
trouvé les mêmes résultats. Jœger et Mezger
ont fait de plus la remarque, que la plus légère
compression suffisoit pour faire enfoncer des
poumons que la putréfaction avoit fait d'abord
surnager.

Il y a cependant des observateurs, dignes
de foi, qui attestent que l'effet de la putréfac-

tion n'est pas constamment de faire surnager les poumons; et que ces organes, ainsi putréfiés, restent au fond du vase rempli d'eau. Jœger, que nous venons de citer, l'a observé quelquefois. Teichmeyer a vu des poumons de veau, livrés pendant trois jours, et même pendant huit jours entiers, à la putréfaction, gagner toujours le fond de l'eau dans laquelle on les jetoit. Il remarqua seulement qu'ils se précipitoient moins vite que des poumons frais. Cet illustre professeur crut donc pouvoir regarder comme un dogme de Médecine légale, que la putréfaction n'allégeoit pas les poumons autant que l'air introduit par le moyen de la respiration, et que des poumons putréfiés ne surnageoient jamais. Morgagni, Lieberkühn, Camper, et plusieurs autres, ont également observé que des poumons putréfiés restoient au fond de l'eau. Buttner rapporte six épreuves, dont les résultats ne furent pas les mêmes. Dans deux, il vit les poumons surnager; tandis que dans les quatre autres ils gagnoient le fond. Enfin, Mayer multiplia les expériences de toute manière et avec le plus grand soin. Il choisit des poumons d'enfans nouveaux-nés qui n'avoient pas donné le moindre signe de respiration, ni pendant l'accouchement, ni après. Ces poumons, avec ou sans le cœur, entiers ou par portions, furent abandonnés à la putréfaction, dans l'eau, à l'air, à l'ombre, au soleil. Ces expériences furent faites depuis le premier de juillet, jusqu'à la fin du mois suivant. On se servit d'eau de fontaine bien pure; et les vaisseaux étoient assez grands pour que les parties mises en expérience ne pussent toucher leurs bords. Voici quels résultats il obtint. Les poumons frais se précipitoient au fond de l'eau lorsqu'on les y plaçoit, tenant encore au cœur ou séparés de lui, entiers ou par portions. Après deux ou trois jours d'immersion, l'eau se troubloit; les poumons, qui étoient d'un rouge-noirâtre, acquiéroient un peu de volume; quelques bulles d'air (ou d'un fluide aériforme quelconque) s'élevoient à la superficie; on commençoit à sentir s'exhaler une odeur putride. Ces phénomènes croissoient d'un jour à l'autre : et le sixième, septième, ou le huitième jour au plus tard, les poumons entiers, ou divisés par portions, surnageoient tous. Lorsqu'ils tenoient au cœur, ils ne venoient à la surface de l'eau qu'au commencement du huitième jour. Transportés, avec de très-grandes précautions, de l'eau trouble où ils s'étoient putréfiés, dans de l'eau pure, ils continuoient de surnager : mais la plus légère com-

pression les fit précipiter tous. Les poumons
placés en expérience, dans l'eau et au soleil,
s'élevèrent dès le sixième jour. Ceux qui se
putréfièrent à l'air libre, le firent rarement
avant le dixième ou le onzième jour. Les poumons restoient à la superficie jusques au vingt-
unième et même jusques au vingt-cinquième
jour, acquérant, de plus en plus, du volume,
et répandant une odeur toujours plus forte :
mais alors il se précipitoient tous; et ils ne re-
montèrent point, quoiqu'on eût laissé écouler
sept semaines, et même par-delà.

Ces expériences de Mayer s'accordent avec
l'opinion de Fabricius et de Jœger : et il n'est
pas difficile de les concilier avec celle de leurs
adversaires. En effet, il est très-probable
que les expériences ou les poumons, qui
surnageoient dans leur première eau, se sont
précipités lorsqu'on les a placés dans une nouvelle eau, n'ont pas été faites avec toutes les
précautions convenables : car, pour produire
cette précipitation, il suffit de comprimer,
même légèrement, les poumons putréfiés.
C'est ce que Mayer, Buttner et Mezger, évi-
tèrent avec soin. Si tous les observateurs, que
nous avons cités, n'ont pas vu les poumons,
que la putréfaction avoit fait surnager d'a-

bord, gagner ensuite le fond de l'eau, c'est, sans doute, parce que quelques-uns d'eux n'ont pas poussé leurs épreuves assez loin, et n'ont pas eu assez de constance pour attendre cet effet d'une putréfaction extrême. Un fluide aériforme s'engendre dans le poumon, et principalement à la partie externe ; il élève en bulles la membrane qui le revêt ; et ces bulles, comme des espèces de vessies, entraînent l'organe auquel elles tiennent vers la surface de l'eau. Si une compression quelconque, ou l'excès de putrescence, fait évacuer ces vésicules, le poumon se précipite, et ne remonte plus.

Indépendamment des différens signes auxquels on reconnoît la putréfaction d'une substance animale quelconque, on ne doit point supposer qu'elle a lieu relativement aux poumons d'un enfant nouveau né, et qu'elle les fait surnager, à moins qu'il ne se soit écoulé au moins six jours dans une saison chaude, depuis l'accouchement jusqu'au moment de l'ouverture du cadavre : l'hiver, six semaines ne suffisent pas toujours pour produire la putréfaction, comme le prouve un fait cité par Buttner, d'un enfant né le 29 janvier, et dont au 11 mars les poumons, très-peu putréfiés, se

précipitoient. Dans les saisons intermédiai-
res, il faut ajouter un ou deux jours de plus
qu'en été.

Au reste, il ne sauroit y avoir sur cela
de règles fixes. La chaleur ou le froid qui ont
eu lieu, l'endroit où le corps de l'enfant aura
été déposé, les substances au milieu desquelles on l'aura trouvé, si c'est de l'eau, de la
terre, des immondices, etc., toutes ces choses doivent, sans doute, modifier les bases
d'une conclusion médico-légale.

Nous ne sommes entrés dans un détail aussi
circonstancié sur les effets de la putréfaction
sur les poumons, que parce que cet organe
est en quelque sorte le seul dont on puisse
retirer quelques lumières dans l'examen tardif que l'on est obligé de faire quelquefois
du cadavre d'un enfant nouveau né dont on
suspecte le genre de mort. En effet, si on en
excepte les os, toutes les autres parties du
corps se dénaturent bien plus rapidement, les
tégumens et les muscles, à raison de la grande
surface qu'ils présentent, les viscères de l'abdomen, parce qu'ils sont les instrumens de
celles de nos fonctions qui semblent ne s'exécuter que par des décompositions successives.
Les organes vitaux, c'est-à-dire, les poumons,
résistent davantage, parce qu'ils sont d'une

contexture plus solide, qu'ils sont ramassés contre eux-mêmes; qu'ils n'ont point encore commencé à exercer leurs fonctions, et qu'ils sont protégés par une cloison impénétrable. On peut donc encore, lors même que le reste du jeune sujet est affecté par la pourriture, au point de ne fournir aucun indice, faire sur les poumons diverses expériences, dont on est en droit de conclure, ou que le fœtus a eu vie soit pendant, soit après l'accouchement, ou qu'il étoit mort avant cette époque.

Le changement produit dans les poumons par l'air qui y pénètre n'influe pas seulement sur les vésicules, mais encore sur les vaisseaux par lesquels doit passer le sang fourni par le ventricule droit, c'est-à-dire, toute la masse du sang. L'air qui distend les vésicules dans l'inspiration, n'en sort pas en entier dans l'expiration ; de même le sang que le cœur lance dans les vaisseaux sanguins du poumon, lors de leur diastole, reste en partie dans cet organe, et leur dernière contraction, que la mort suit immédiatement, les laisse encore plus ou moins développés par ce fluide. C'est même l'expansion des parties propres du poumon, qui, en nécessitant celle des vaisseaux sanguins, doit favoriser, et l'abord du sang pendant la vie, et sa stase après la mort.

Aussi

Aussi en faisant l'ouverture du cadavre d'un fœtus qui a respiré, trouvera-t-on les vaisseaux plus dilatés, et plus de sang dans ces vaisseaux, que si ce fœtus fût mort avant d'avoir respiré. L'autopsie est une manière de vérifier ce phénomène, puisqu'en coupant le poumon, on en voit sortir beaucoup de sang. Mais, pour n'être pas induits en erreur par ce seul moyen, il seroit nécessaire d'étancher et de recueillir ce sang, pour en évaluer la quantité. Ce qui ne pourroit encore se faire que d'une manière fort inexacte.

Le moyen le plus sûr, et peut-être l'unique connu jusqu'à présent, pour parvenir à la vérité, en évaluant avec précision la quantité de sang que la respiration aura introduite dans le poumon, est celle qu'à proposé M. Ploucquet, la balance. En effet, le poids du sang introduit ne doit-il pas augmenter d'une manière notable le poids total de l'organe de la respiration? Mais on ne parviendra à ce but désiré, que par des épreuves multipliées, faites sur des enfans dont l'état ne pourra être douteux, c'est-à-dire, dont on saura avec certitude s'ils ont respiré, ou s'ils n'ont pas respiré. On comparera le poids total du corps avec celui du viscère dans l'un et dans l'autre cas : et les résultats donneront alors une règle sûre, qui dirigera les experts dans ces cas embarrassans de Médecine légale.

Voici ce que trois expériences bien faites ont appris à M. Ploucquet. Ayant pesé le corps d'un enfant nouveau né, qui avoit donné des signes de vie quelques heures avant l'accouchement, mais qui au moment même de l'accouchement étoit certainement mort et n'avoit jamais respiré, il trouva que le poids total étoit de 55,040 grains. Les poumons ramassés sur eux-mêmes, denses, et qu'aucun air n'avoit encore dilatés, pesoient 792 grains. Le rapport du poids total du corps, au poids des poumons, étoit donc à-peu-près comme de 67 à 1. Un autre fœtus, à terme, qui n'avoit point respiré non plus que le premier, donna le rapport de 70 à 1. Mais un troisième, qui, quoique non encore parfaitement à terme, avoit cependant respiré, offrit celui de 70 à 2.

M. Ploucquet conclut de ces faits, que le sang introduit dans les poumons par le mouvement alternatif de la respiration, double le poids de cet organe, et qu'ainsi dans les cas douteux cette augmentation si considérable, fournit un moyen sûr pour constater si le fœtus a respiré ou n'a pas respiré. Si le poids des poumons n'est que $\frac{1}{70}$ du poids total du corps, le fœtus n'a pas respiré; mais s'il équivaut à $\frac{2}{70}$, ou $\frac{1}{35}$, cette différence est un signe certain que la respiration a eu lieu.

Il est même aisé de prévoir qu'en multi-
pliant les observations, on en viendra au point
de déterminer le poids moyen du poumon
comparativement avec celui du corps pris en
entier, soit dans les enfans qui auront respiré, soit dans ceux qui seront morts avant
d'avoir exercé cette fonction; et qu'alors, en
soupesant seulement le viscère, on pourra
prononcer si la respiration a eu lieu, ou non.
Par exemple, si le poids ordinaire et moyen
des poumons d'un fœtus, à terme, qui n'a
pas respiré est de 12 à 15 gros; et que ceux
que l'on examine pèsent de 25 à 30 gros,
c'est-à-dire, le double : on sera suffisamment
fondé à croire et à décider que l'enfant auquel
ils appartenoient, a joui de la respiration, et
par conséquent qu'il a vécu après, ou, au
moins, pendant l'accouchement.

Cette méthode n'est point sujette à varier
dans ses résultats, ni par l'effet d'un commencement de putréfaction, ni par celui de l'air
soufflé dans les poumons après la mort, ni par celui d'un emphysème, ou de bulles remplies d'un
fluide aériforme adhérentes au viscère : reproche que l'on peut faire en général à la docimasie
pulmonaire hydrostatique. En effet, aucune
de ces causes n'est capable, lorsque la cir-

culation est éteinte par l'absence de la vie, de
faire que le sang aille remplir, même partiel-
lement, les vaisseaux du poumon. Il seroit
donc avantageux, vu sa certitude, et la facilité avec laquelle on peut l'employer, que
l'autorité publique la sanctionnât et en prescri-
vit l'usage.

Ce n'est pas qu'on ne puisse faire contre
elle plusieurs objections ; mais elles paroîtront
plus spécieuses que solides. En voici quelques-
unes :

1°. Le rapport qui existe entre le poids total
du corps et celui des poumons est-il constant ?
On sait qu'il n'y a pas une seule de nos parties qui n'ait varié quelquefois dans ses proportions avec le reste du corps. Ainsi on a trouvé des cœurs d'une grandeur énorme, et d'autres d'une petitesse extrême ; de grands et de
petits nez ; des poitrines larges, et d'autres
étroites, dimensions qui déterminoient nécessairement celles des poumons ; des viscères
abdominaux dont le volume immense, re-
poussant le diaphragme dans la cavité du thorax, opposoit un obstacle invincible à l'accroissement et au développement du double organe
de la respiration ?

Je répondrai que ces exceptions aux lois
ordinaires de la nature, ces organisations

contre nature, ne l'empêcheront jamais d'être regardée comme constante dans sa marche ; parce qu'elles sont peu communes , et que cette latitude, dont notre règle est susceptible, la rend applicable, avec sûreté , à presque tous les cas. En effet, ces aberrations ne sauroient aller du simple au double ; leur rapport ne sauroit être altéré que de quelques degrés seulement : autrement la nécessité de faire une exception seroit évidente , et forceroit alors de recourir à d'autres moyens. D'ailleurs , à moins que des enfans nouveaux nés ne soient décidément des monstres , ces erreurs de la nature se rencontrent bien plus rarement chez les enfans, que chez des adultes qui, pendant le cours de leur vie , ont été exposés à une infinité de causes capables de changer la constitution qu'ils avoient reçue en naissant.

2°. Si l'accroissement respectif du poumon et des autres parties du corps se fait inégalement aux différentes époques du séjour du fœtus dans la matrice , ne faudra-t-il pas une autre méthode pour les fœtus nés avant le terme prescrit par la nature, que pour les fœtus parfaits , ou venus à terme ?

Je demande à mon tour, si des observations ont prouvé la réalité de cet accroissement inégal , et si cette supposition n'est pas plutôt pu-

rement gratuite? Ce volume si énorme de la
tête de l'embryon, relativement au reste de
son corps, doit-il nous faire croire la même
chose du thorax? Quelle analogie peut nous
conduire à une pareille conclusion? D'ailleurs,
pourquoi ne détermineroit-on pas également
le poids moyen des poumons à une époque qui
ne seroit pas tout-à-fait celle d'une maturité
parfaite? Car, pour ce qui concerne les fœtus
non-viables, autrement dits avortons, la question est absolument oiseuse, et l'examen seroit inutile.

3°. Ne peut-il pas arriver qu'une congestion
excessive de sang dans les poumons d'un fœtus
qui n'a point respiré, les rende d'un poids égal
aux poumons d'un fœtus qui auroit respiré;
et que même, en les soufflant, on les fasse
ressembler à ceux-ci, au point qu'ils surnagent comme eux, et ne présentent plus aucune
différence à l'œil de l'observateur?

M. Ploucquet répond à cette objection,
qu'il est impossible qu'une pareille congestion
ait lieu dans des poumons qui n'ont point été
dilatés par le mouvement de la respiration;
parce que le trou ovale et le canal artériel offrent au cours du sang des routes assez faciles
pour que, même dans sa plus grande rapidité,
il fasse jamais un effort très-considérable vers

les vaisseaux pulmonaires. Il cite, à l'appui de son sentiment, deux observations frappantes de Roéderer. La première est celle d'un fœtus qui resta pendant huit heures dans le vagin, pressé violemment par l'orifice de la matrice, et qui, après l'accouchement terminé, ayant encore fait quelques mouvemens, ne tarda pas à périr. Tout le sang s'étoit porté vers la poitrine ; les vaisseaux du cœur étoient horriblement distendus, et, lorsqu'on ouvrit ses cavités, le fluide inonda la cavité du thorax ; les membranes, qui tapissent cette cavité, étoient aussi enflammées et très-rouges : on trouva, au contraire, les vaisseaux du cerveau et ceux de l'abdomen ou peu fournis de sang, ou entièrement vuides. Le sujet de la seconde observation est un enfant qui mourut après l'accouchement sans avoir respiré. Les oreillettes du cœur, les veines et les artères, étoient gorgées de sang à un point qu'il est impossible de rendre, et les membranes de la poitrine si enflammées et si rouges, qu'on auroit été tenté de les croire injectées.

Dans ces deux observations, Roéderer ne dit rien de l'état des poumons. C'est un preuve (négative) que ce grand homme, si versé dans les matières de Médecine légale et si soigneux de recueillir toutes les lumières qui peu-

vent guider dans l'étude et la pratique de cette
partie de notre art, n'a point vu cet organe gorgé
de sang, comme l'étoient les autres organes
contenus dans la cavité du thorax. Il n'auroit
certainement point passé sous silence une circonstance aussi essentielle et si féconde en
conséquences. L'on peut donc conclure, en
général, que la congestion sanguine ne sauroit avoir lieu dans les poumons d'un fœtus
qui n'a point respiré, et que tout ce que l'on
pourroit accorder, c'est que les orifices des
vaisseaux pulmonaires dilatés, admettent peut-
être quelquefois une certaine quantité de sang,
mais si modique, que le poids du poumon
n'en est point augmenté à beaucoup près
comme celui d'un poumon qui a été dilaté par
la respiration.

4°. La putréfaction du corps d'un fœtus et de
ses poumons, en diminuant leurs poids dans
une proportion différente, ne doit-elle pas
détruire le rapport que l'on suppose exister
entre eux d'une manière constante ? Oui, si
la putréfation est extrème; et alors ce fœtus
ne peut être le sujet d'un examen, propre à
servir de base à une décision médico-légale.
Mais si la putréfaction n'est pas très-avancée,
comme les poumons résistent à ses atteintes
plus long-temps qu'aucune autre partie, ou

confirmera , par l'application de la méthode
proposée , celles qui sont fondées sur l'hydrostatique.

Quelques médecins ont pensé que la submersion étoit un signe constant que la respiration n'avoit pas eu lieu ; mais cette conclusion
est précipitée et fausse. La preuve en est que
cela arrive quelquefois à des poumons d'a-
dultes , par exemple, de ceux qui périssent
d'un amas de mucus dans cet organe. Cette
matière remplit, ou comprime , les vésicules
pulmonaires, et augmente tellement la pesanteur spécifique du parenchyme du viscère ,
que plongé dans l'eau il en gagne le fond ,
entraînant avec lui la portion même qui n'est
pas altérée.

Norréen et de Haen ont observé le même
phénomène de la submersion des poumons
dans des personnes mortes d'un froid subit.
(Ratio med. tom. II, 123 , v. 50, IX, 29.)
De Haller (Opusc. Patholog. obs. XVI. his.
t. 2 , 3.) a trouvé que des poumons de pul-
moniques se précipitoient ; Stoll (Rat. med.
tom. I , 54 , 87 ,) que cela avoit lieu pareillement pour des poumons affectés d'une inflammation violente ; et Wrisberg dit même que
la chose n'est pas rare à la suite de la petite
vérole. L'existence des squirrosités et autres

indurations de la substance pulmonaire chez
les enfans nouveaux nés , est démontrée par
les observations de Wrisberg et du célèbre
Morgagni.

Au reste , toutes ces épreuves, qui constituent la docimasie pulmonaire, peuvent bien
servir à constater qu'un fœtus a respiré , et
conséquemment qu'il a vécu : mais elles ne
prouveront jamais qu'il n'a pas eu vie, puisque
la vie peut exister à cette époque sans respiration. C'est ce qu'a reconnu Hébenstreit ,
lors qu'il dit: » Un enfant qui vient de naître
» peut vivre comme avant de sortir du sein
» de sa mère , sans faire usage de ses pou-
» mons et sans le secours de l'air : les routes
» au moyen desquelles le sang évitoit de
» passer par les poumons, sont encore ou-
» vertes à ce fluide , je veux dire le trou
» ovale et le canal artériel. Bohnius a vu des
» petits chiens, nés vivans, vivre long-tems
» sans respirer, puisqu'on leur avoit serré la
» trachée-artère ; et tous les jours les ac-
» coucheurs sont témoins que des enfans qui
» ont paru long-tems comme morts sans
» aucun mouvement de respiration , en ont
» ensuite manifesté et ont vécu (1). »

_____

(1) Buffon a fait mettre des chiennes dans de l'eau

Il y a même des faits qui prouvent que des nouveaux nés ont respiré pendant un espace de tems assez prolongé, qu'ils ont même rendu des cris, sans que leurs poumons présentassent la moindre différence d'avec ceux d'un fœtus qui n'a jamais respiré. Tels sont ceux rapportés par Heister, Mauchars et Loder.

Les cris ou les sons rendus par ces enfans s'expliquent facilement par l'air qui étoit entré dans la trachée-artère et ses premières divisions seulement ; mais qui n'avoit point pénétré dans les ramifications ni dans les vésicules pulmonaires. M. de Haller dit avec beaucoup de justesse et de précision (a), que les poumons de certains fœtus se précipitent, parce qu'ils ont un peu respiré, *quia parum respirarunt.*

Il y a bien des causes qui rendent inutiles les efforts que font quelques nouveaux nés pour respirer, ensorte que chez eux la respiration est absolument nulle ou très-incomplète.

Outre qu'il est probable que naturellement l'air trouve moins de facilité à pénétrer dans le poumon gauche que dans le droit ; une

tiède, à l'instant où elles mettoient bas. Les petits chiens, après être restés plusieurs jours dans l'eau, ont vécu.

(a) Elém. Physiol., L. VIII., Sect. IV.

mucosité très-tenace obstrue souvent les narines, la bouche, la glotte, la trachée-artère,
les bronches, et les vésicules pulmonaires.
C'est même une des causes les plus fréquentes
de la mort des enfans, parce que un ou
plusieurs mouvemens respiratoires ne suffisent pas pour la dégager ; et qu'au contraire
ils l'entassent vers la glotte, où le passage est
plus étroit que dans la trachée-artère elle-
même.

La foiblesse du fœtus, en général ; son
état apoplectique, un spasme des organes de
la respiration ; l'imperforation, et autres
vices organiques, de ces mêmes parties ; l'ob-
turation de la glotte par la langue repliée ; la
compression de la trachée-artère par l'orifice
de la matrice, ou par le cordon ombilical,
ou par un polype ; celle des poumons par les
viscères abdominaux dont le volume monstrueux empêche le diaphragme de s'abbaisser,
par le gonflement excessif du thymus, par
des stéatomes et des hernies thorachiques,
par la grosseur du cœur, sa graisse environ-
nante, ou une disposition anévrismatique,
par le squirrhe du péricarde, par des anévrismes considérables de l'aorte ou de l'artère
pulmonaire, par l'hydropisie, l'empyème,
l'épanchement de sang, l'emphysème de poi-

trine ; l'existence de toutes ces causes et leurs
effets sont constatés par différentes observations qu'il seroit trop long de rapporter ici
en détail, et doivent empêcher le nouveau né,
de respirer.

Outre les causes spontanées morbifiques
capables d'empêcher la respiration dans un
fœtus d'ailleurs vivant, il en est d'autres qui
sont l'effet de la violence , soit fortuite , soit
préméditée. Par exemple une femme peut accoucher dans le bain. Alors, quoique l'enfant
puisse vivre dans l'eau commune comme il le
faisoit dans les eaux de l'amnios, c'est-à-dire ,
sans respirer : cependant cela ne peut avoir
lieu que pendant un certain tems , parce que la
circulation du sang qui étoit due en partie à la
mère, ne se fait plus que par la force du cœur
et des artères qui devient bientôt insuffisante,
n'étant pas secondée par le jeu de la respiration. Harvée, Stalpart, Vanderwiel, Camper
attestent qu'il n'est pas rare de voir des enfans
venir au monde enveloppés tout entiers ,
ou la tête seulement , dans une sorte de
membrane.

Telles sont les expériences nombreuses
et les faits de pratique multipliés, dont l'ensemble constitue la docimasie pulmonaire.
Cette partie de la Médecine légale a besoin

d'être confirmée, modifiée, par de nouvelles recherches, pour parvenir à ce point de certitude si desiré par e médecin honnête et ami de l'h manité, qui veut que ses décisions, dont dépendent si souvent la vie, l'honneur et l'intérêt des citoyens, soient toujours appuyées sur les bases les plus fermes et les plus inébranlables.

OUVERTURE DE FŒTUS.

L'OUVERTURE du cadavre d'un adulte dont on suspecte le genre de mort, doit être faite avec des précautions auxquelles on n'est pas obligé de s'asservir, lorsqu'il n'est question que d'acquérir des connoissances anatomiques, ou de déterminer quels ont été les ravages d'une maladie. Nous avons exposé en détail en quoi ces précautions consistoient. (*Voyez* l'article OUVERTURE DES CADAVRES.)

Mais, outre ces précautions générales, nécessaires dans tous les cas de Médecine légale, il en est de particulières et d'également indispensables, quand il s'agit de constater un infanticide. Celui de tous les crimes qui répugne le plus à la nature, semble, en effet, devoir être prouvé plus qu'aucun autre; et la moindre présomption en faveur d'une mère prévenue d'infanticide, doit, si elle a été négligée, tenir en suspens les ministres des lois, et les porter à croire plutôt au doux penchant qu'inspire la maternité, qu'à une férocité qui sera toujours inexplicable.

On trouve cependant, dans les nombreuses collections d'Alberti, de Valentini, etc., que la plupart des rapports faits sur des cas d'infanticide sont remplis de détails inutiles et d'épreuves ridicules ; qu'ils sont dépourvus de ces recherches et de ces faits solides, qui seuls peuvent faire juger, avec précision, à quel point de maturité le fœtus étoit parvenu ; s'il a vécu avant, pendant ou après l'accouchement ; et enfin quel a été le genre de sa mort. On seroit tenté de croire la plupart de ces rapports antérieurs à l'époque à laquelle les sciences se sont renouvelées, et où l'anatomie et la physiologie, qu'on peut appeler le flambeau de la Médecine légale, ont fait de si grands progrès. Mais, moins il est facile, même en réunissant tous les indices, de constater et le genre de mort, et si une légère étincelle de vie a brillé après la naissance, plus on doit s'efforcer de ne rien omettre de ce que l'examen du corps d'un nouveau né peut offrir aux yeux de l'anatomiste qui cherche à découvrir la vérité.

Discerner, dans les meilleurs auteurs, les signes qui caractérisent avec le plus de certitude le degré de maturité et de force, la présence ou l'absence de la vie du fœtus ; écarter ceux qui sont d'une fausseté palpable ; peser dans une balance exacte les signes douteux,

afin

afin de ne donner à chacun ni trop ni trop peu d'importance; voilà, dit M. Dreyer, ce qui reste encore à faire pour éclaircir certaines questions de Médecine légale, relatives à l'infanticide, en profitant des progrès que l'anatomie et la physiologie ont faits depuis un siècle.

L'ordre que l'on suit, lorsque ces deux sciences nous servent de guides, est celui à la faveur duquel les premières recherches laissent, dans toute leur intégrité, les parties qui doivent faire l'objet des recherches subséquentes.

Mais il y a une infinité de choses, étrangères par elles-mêmes au corps du nouveau né, dont la connoissance préliminaire porteroit un grand jour sur la question proposée, en conduisant naturellement le médecin chargé de faire l'ouverture d'un fœtus à l'examen plus attentif de certaines parties, et en le rendant soigneux et exact jusques dans les moindres détails. On doit compter, parmi ces diverses considérations, l'âge de la mère; sa santé avant et après l'accouchement; si sa grossesse a été exempte ou accompagnée d'incommodités; si c'est sa première couche, ou si elle en a déjà essuyé plusieurs; quel étoit l'état de la gorge, et quel il est; si lors des douleurs du travail il

TOME II.   G g

y a eu perte de sang, et si le placenta s'est détaché prématurément, ou si le contraire a eu
lieu; combien de tems l'arrière-faix est resté
dans la matrice; quelle quantité de sang a accompagné sa sortie; quelle marche a tenu cette
hémorrhagie, et quand la couleur du fluide
s'est altérée; si l'accouchée a eu ses douleurs
au moment où elle s'y attendoit le moins, et
si elles ont continué et augmenté jusqu'à la
sortie du fœtus; si le travail a été long; si, au
moment de la sortie, la mère étoit debout ou
assise, ou couchée; si l'enfant, étant hors de
la matrice, a poussé quelque cri, ou manifesté
quelque mouvement; si le cordon ombilical a
été lié, par qui, par la mère, ou par d'autres;
si on n'a fait qu'une ligature, ou si on en a fait
deux, une du côté de l'enfant et l'autre du côté
de la mère ou du placenta; si, quand on a lié
le cordon, il étoit encore entier ou déjà rompu; si on a procédé de bonne heure à la ligature; si on a soufflé de l'air dans la bouche de
l'enfant; si, en supposant que l'accouchement
ait été subit et instantané, le fœtus est tombé,
et de quelle hauteur; lorsque cette circonstance a lieu, que c'est une première couche,
et que l'enfant est venu à terme, il est presqu'impossible alors que la fourchette n'ait pas
été déchirée. Il est facile de s'en éclaircir, et

il ne faut pas même négliger de constater si l'endroit où l'enfant est tombé, en s'échappant de la matrice, étoit dur, anguleux, ou si le fœtus a été reçu, au contraire, sur une substance molle et incapable de le blesser?

On cherchera encore à savoir si on a laissé le fœtus exposé à l'action du froid, et pendant combien de tems on a négligé de lui donner les soins convenables ; si on lui a intercepté toute communication avec l'air, soit en le plaçant sous des couvertures, soit par tout autre moyen ; quelle étoit la température de l'athmosphère en général, et en particulier celle du lieu dans lequel il étoit ; quel étoit ce lieu, et combien de tems l'enfant y a été abandonné ; si ce lieu étoit rempli de son sang, la ligature n'étant pas faite ; si on l'y a retrouvé couvert de sang ou d'autres matières ; s'il étoit dans une position renversée complètement, ou inclinée, ou droite ; à quelles qualités de l'air le cadavre a été exposé, avant qu'on en fit l'ouverture ; avec quelles précautions a-t-il été conservé et gardé? Un ennemi de l'accusée ne peut-il pas avoir la scélératesse d'imprimer des signes d'une violence quelconque à son enfant, qu'une mort naturelle aura emporté?

Toutes ces circonstances, et plusieurs au-

tres encore que l'on pourroit appeler extrin-
sèques, relativement à l'examen anatomique
du cadavre, sont souvent constatées la plupart
dans les perquisitions faites par les ministres
de la loi; mais on en néglige quelquefois d'essentielles, dont la connoissance rendroit
beaucoup plus facile la découverte de la vérité.

Il n'est pas nécessaire d'insister sur de longues explications, pour faire sentir comment
chacune d'elles, en particulier, peut contribuer à faire parvenir à ce but si désirable. Ce
détail nous mèneroit trop loin; et d'ailleurs
nous aurons occasion, dans la suite de cet article, de revenir sur la plupart, ou au moins
sur les plus importantes.

L'arrière-faix fournit quelquefois des indices
qui ne sont point à négliger. Lorsqu'il est
d'une consistance inégale dans ses différentes
régions, qu'on y rencontre ou des duretés
squirrheuses, ou des concrétions graveleuses,
ou des hydatides, on est en droit de conclure,
sur-tout quand d'autres signes viennent à l'appui, non-seulement que le fœtus n'étoit pas à
terme, mais encore qu'il étoit privé de vie
dans la matrice. La consistance naturelle de
l'arrière-faix est déterminée, mais cependant
plus aisée à connoître par l'habitude que par

aucune définition. Elle diminue lorsque le fœtus meurt dans la matrice, et une teinte livide
et verdâtre remplace alors une couleur vive.
Au reste, ce signe est équivoque, puisque l'air
et un commencement de putréf ction peuvent
également lui donner naissance. Le placenta,
par sa partie convexe qui regarde l'utérus,
paroît comme composé de plusieurs petits pla-
centas réunis les uns aux autres. Il est possible
qu'un de ceux-ci étant quelquefois moins adhérent à la masse que dans l'état naturel, se
soit détaché de la totalité, soit au commencement du travail, soit lorsqu'il se prolonge, si
alors les vaisseaux ombilicaux qui alloient de
la masse au placenta partiel, se rompent nécessairement, et cet accident se manifeste par
l'hémorrhagie utérine, qui en est l'effet. Cette
hémorrhagie peut faire perdre au fœtus tout
son sang. On doit, par conséquent, faire une
grande attention à cette cause, parce qu'alors
la preuve de l'infanticide que l'on tire de l'o-
mission de la ligature et du vuide des vaisseaux
sanguins, est entièrement illusoire. (*Voyez*
CORDON OMBILICAL.)

On examinera encore si les vaisseaux ombilicaux du placenta sont flasques et vuides de
sang, quoique l'on ait trouvé la ligature faite.

G g 3

au cordon ombilical ; ou si, quoiqu'elle n'ait pas été pratiquée, ils contiennent plus ou moins un sang coagulé ?

Le tissu spongieux dans lequel sont renfermées les deux artères et la veine ombilicale, est rempli d'une humeur gélatineuse, dont la consistance et la quantité peuvent varier. Si c'est en moins, le cordon paroît grêle, et d'un rouge vif. Si c'est en plus, il est épais, et sa couleur, qui est fournie par le sang de ses vaisseaux, et sur-tout celui de la veine ombilicale, ne se manifeste point. Dans ce dernier cas, il se rompt aussi plus aisément : il faut encore noter sa longueur. L'ordinaire est d'une demi-aune. Plus considérable, elle peut occasionner des entortillemens autour des membres du fœtus. Alors, les vaisseaux ombilicaux se trouvant comprimés, le cours du sang y est interrompu, et la communication entre le fœtus et le placenta interceptée. Quelquefois, le cordon étant engagé autour du col du fœtus, celui-ci, dans les efforts de l'accouchement, le tire avec force, et s'étrangle lui-même. Un cordon trop long peut encore, dans certains cas d'accouchemens brusques et imprévus, laisser tomber le fœtus sur le plancher où il se blesse ; lorsqu'au contraire, il est trop court, ou il se casse, ou il entraîne le placenta. D'ailleurs, il gêne les mouvemens du fœtus pendant la grossesse, et complique le travail de l'accouchement.

Le cordon a-t-il été coupé, ou a-t-il été rompu? dans quelle portion de sa longueur? On croit, avec fondement, la rupture moins dangereuse que la section, sur-tout si la première a eu lieu à une plus grande distance de l'ombilic. Ainsi on attribueroit gratuitement la mort du fœtus à cet accident et à l'hémorrhagie qui en seroit résultée faute de ligature, s'il étoit constaté que le lieu où étoit le fœtus n'a point été rempli de son sang, et que les vaisseaux de l'enfant ne sont point vuides de sang. Enfin, il est bon d'observer que, quand le cordon d'un fœtus à terme, et qui n'est pas mort depuis un long espace de tems, casse, c'est toujours à une de ses extrémités. Au moins aucune observation exacte n'atteste qu'il se rompe dans son milieu. Lorsqu'il est flétri, ou qu'il appartient à un avorton, il se rompt dans tous ses points, et beaucoup plus aisément que celui que l'on nomme *sanguin*, par opposition avec celui que l'on appelle *gras*, à raison de la grande quantité de mucus contenu dans son tissu spongieux. Le cordon est censé flétri (*marcidus*), lorsqu'il est grêle, que le sang ne brille point à travers les mem-

brancs, qu'il a plutôt une couleur livide-ver-
dâtre, et que les vaisseaux ombilicaux sont
dépourvus de sang, ou en contiennent qui est
trop fluide et décomposé. Cet état du cordon
est toujours accompagné d'une très-grande
mollesse du placenta, du vuide de ses vaisseaux, etc. ; et si le concours prolongé de l'air
et de la chaleur n'est pas la cause de ces changemens que l'on observe, soit dans le cordon,
soit dans le placenta, on a droit de conclure
que le fœtus étoit mort dans la matrice long-
tems avant l'accouchement.

Nous avons exposé, à l'article *Cordon ombilical*, la manière de juger si l'omission de
la ligature avoit été la cause de la mort du
fœtus. Ainsi nous n'y reviendrons pas ici.
(*Voyez* ce mot.)

Lorsque le cordon n'a pas été coupé trop
près de l'ombilic, il est utile d'examiner cette
extrémité, soit la portion qui flotte au-delà de
la ligature, soit celle qui est entr'elle et l'ombilic. Si le corps spongieux de la portion flottante contient du sang, c'est un signe que le
cordon a été coupé avant que d'être lié, ou
que la ligature n'a pas été faite soigneusement.
La proposition contraire ne seroit pas exacte.
Si les vaisseaux de l'autre portion sont gorgés
de sang, on doit en conclure que le fœtus est

mort, ou lorsqu'il séjournoit encore dans la matrice, ou durant le cours d'un accouchement prolongé. En effet, quand on coupe le cordon ombilical d'un enfant nouveau né et vivant, ses vaisseaux se vuident du sang qu'ils contenoient, et laissent à peine quelques grumeaux. Il en sera de même si les vaisseaux qui partent du cordon, pour se distribuer au placenta, n'ayant point été liés, offrent à l'examen des grumeaux de sang contenus dans leurs capacités.

Le cordon ombilical noué est un accident fort rare, et qui n'a lieu quelquefois que lorsqu'il est l'effet d'une longueur tout-à-fait extraordinaire. Mauriceau et Smellie en ont reconnu la possibilité et l'existence. Si, une pareille disposition ayant lieu, le travail de l'enfantement se prolonge; il peut arriver, et il arrive en effet, que le fœtus s'éloignant du placenta pour sortir de l'utérus, et serrant ce nœud, s'intercepte lui-même la communication dont dépend son mode de vie (1). Mais il

---

(1) Baudelocque nie que les nœuds du cordon ombilical puissent influer sur la vie de l'enfant, il rapporte même des exemples, et sur-tout un, où le cordon étoit tissu presque comme une natte, par plusieurs nœuds.

(*Voyez* son Ouvrage, page 227 et suiv.)

ne faut pas confondre, avec un véritable nœud;
ces inégalités assez émineates qui lui ressemblent, et ne procèdent que du repliement tor-
tueux des vaisseaux, qui, étant variqueux et
plus pleins de sang en un endroit qu'en l'autre, font ces éminences. (Mauriceau, L. II,
p. 229.)

Lorsqu'un fœtus n'est pas parvenu, avant sa
naissance, à une maturité parfaite, l'omission des soins convenables suffit autant pour
anéantir le léger souffle de vie qui l'anime,
qu'une violence expresse pour faire périr celui
dont neuf mois entiers de séjour dans le sein
de sa mère ont rendu l'existence aussi ferme,
et assurée qu'elle peut l'être à un âge si tendre.
Nous croyons donc devoir commencer par
établir quels sont les signes de la perfection
d'un fœtus; parce qu'il arrive que des mères
cherchent à se disculper du crime dont on les
accuse, en alléguant l'impossibilité où elles
étoient de donner les soins nécessaires à l'être
imparfait qu'elles venoient de mettre au mon-
-de. Il faut, dans ces cas-là, constater l'imperfection du fœtus, afin que le seul défaut des
premiers soins puisse être regardé comme une
cause suffisante de sa mort.

Il n'est personne qui ne voie clairement
qu'un fœtus est mieux abrité dans le sein de sa

mère, où il éprouve une chaleur constante de
96 dégrés (du thermomètre de Fahrenheit),
que dans notre atmosphère, quoiqu'on le ga-
rantisse de ses vicissitudes marquées ; que le
sang qui arrive dans ses vaisseaux, par l'inter-
mède du placenta, lui fournit une matière nutritive, plus facile et plus proportionnée à ses
forces que le lait qu'il suceroit; qu'enfin, c'est
un grand travail de moins pour lui que de ne
pas exécuter, trente mille fois dans un jour,
le double mouvement de la respiration. Il suit
de-là, que ce mode de vivre lui est nécessaire
et indispensable, jusqu'au moment où l'accroissement du volume de son corps et celui
de ses forces le rendront capable de conserver
et d'entretenir lui-même sa chaleur naturelle,
de soutenir l'impression de la lumière et des
vibrations de l'air, de suffire aux mouvemens
répétés de la respiration, de sucer le lait, de
l'avaler, de le digérer, de le métamorphoser
en sang, et de chasser la matière de toutes les
excrétions. On regarde comme mûr l'enfant
qui peut exécuter ces diverses fonctions.

Mais combien de mois de gestation sont
nécessaires pour acquérir cette maturité? Et à
quels signes la reconnoîtra-t-on? La nature
semble avoir fixé le terme précis de la grossesse, pour la très-grande pluralité des mem-

bres de l'espèce humaine, à neuf mois accom-
plis, et l'avoir désigné comme le garant du
degré de perfection du fœtus nécessaire à sa
vitalité ; ensorte qu'à cette époque il n'a besoin
que des soins les plus ordinaires pour s'habi-
tuer à son nouveau genre de vie. Ainsi, moins
il est éloigné de ce point, lorsqu'il paroît à la
lumière dans le cours du dernier mois de la
gestation, plus il donne un espoir fondé que
ses forces, soutenues par des soins convenables, seront suffisantes pour lui faire surmon-
ter les premiers momens si critiques de sa
nouvelle carrière. Au contraire, plus il prévient cette époque, plus il y a à craindre que
les soins les plus multipliés et les mieux enten-
dus ne puissent prolonger long-tems sa frêle
existence. Lorsque le défaut de ces soins peut
être attribué à l'indigence dans laquelle une
mère est plongée, ou à son inexpérience, on
doit excuser celle-ci, à moins qu'on ne trouve
des preuves d'une négligence volontaire, ou
des signes évidens d'une violence exercée sur
le fœtus, tels que des blessures considérables,
des échymoses, des fractures, sur-tout au
crâne, des symptômes de suffocation, le vuide
des vaisseaux sanguins, et enfin l'absence des
indices d'une mort antérieure à l'accouchement. En général, les preuves de l'infanticide

que fournit la dissection, s'appliquent avec
plus de plénitude et de succès à un fœtus parfait, ou au moins à ceux qui sont venus dans
le courant du neuvième mois, que non pas
aux fœtus dont la naissance est prématu-
rée.

C'est principalement par l'habitude de voir
un grand nombre de nouveaux nés, que l'on
reconnoît un fœtus d'une maturité parfaite.
Quand on n'a pas cette habitude, on ne peut
guères que le distinguer d'un autre peu avancé, qui n'auroit, par exemple, que six ou sept
mois. Mais un fœtus de huit mois ressemble
beaucoup à un fœtus de neuf. La rougeur de la
peau est un signe *d'immaturité*. Dans les premiers mois qui suivent la conception, le fœtus,
dont les vaisseaux contiennent plutôt une lymphe que du sang, est d'une couleur pâle. Ensuite, lorsque le système de la circulation a
acquis une certaine énergie, le sang est plus
élaboré, plus riche en couleur, et les muscles
que recouvre la peau, et la peau elle-même,
brillent d'un rouge vif. Enfin, lorsque le fœtus est parfaitement à terme, les différentes
régions de son corps perdent successivement
cette teinte pourprée. La face, la paume des
mains, la plante des pieds, le scrotum et les
papilles des mamelles, s'en dépouillent les

dernières. Quelquefois ce rouge tire sur le livide. Il est très-probable que les fœtus non en
core à terme, qui ont un aspect livide, sont
ceux qui ont cessé de vivre, long-tems avant
l'accouchement, par une autre cause que le
défaut de nourriture, ou qu'un air chargé de
miasmes putrides a attaqué dans l'intervalle
qui s'est écoulé entre leur naissance et l'ouverture. On suppose alors que ces fœtus ne
sont point morts d'hémorrhagie : car, dans ce
cas, une teinte pâle prévaudroit sur toute autre. Au reste, ceci a d'autant plus besoin d'être
confirmé par des expériences, que des fœtus,
venus à terme, sont ordinairement livides,
lorsqu'ils ont péri dans le cours d'un enfantement laborieux. Des observateurs dignes de
foi ayant vu des fœtus de six mois qui avoient
déjà et des cheveux, à la vérité d'une couleur
argentine et brillante, et des ongles formés,
on ne peut croire que, quand ils manquent,
ce soit un signe certain que le fœtus que
l'on a sous les yeux est venu long - tems
avant le terme fixé par la nature. C'en
est un bien plus digne d'attention, que
de trouver la peau lâche et mobile sur les
os et sur les muscles. Ce défaut de tension
et ces rides qui la sillonnent annoncent que
long-tems avant l'accouchement elle a été pri-

vée de la portion de substance nutritive qui
lui étoit nécessaire.

Le poids et la longueur du corps d'un fœtus
peuvent encore servir à constater s'il est né étant
à terme ou avant terme. Les auteurs s'accordent
moins sur le premier moyen que sur le second.
Mauriceau dit (Aphor. 79) » qu'un enfant qui
» naît à neuf mois complets, et qui est d'une
» bonne proportion, pèse ordinairement onze
» ou douze livres de seize onces chaque livre;
» celui de huit mois n'en pèse que sept ou
» huit ; celui de sept que quatre ou envi-
» ron, etc. » Selon M. Augier, la pesanteur
du fœtus parfait est de sept ou huit livres,
tout au plus dix. Enfin Roéderer, un des
hommes les plus recommandables, soit dans
l'art des accouchemens, soit en Médecine légale, d'après cent treize observations faites
avec tout le soin qu'il pouvoit y mettre, regarde comme une règle rarement sujette à des
exceptions, que l'enfant à terme a un cinquième, et même plus, par delà le poids d'un
fœtus non à terme, et un sixième de plus en
longueur. Les dimensions ordinaires sont de
dix-huit à vingt pouces, et les deux extrê-
mes de seize à vingt-deux ou vingt-trois.
Toutes ces différences d'opinions prouvent
que l'on ne doit à-peu-près compter sur un

pareil moyen, que pour le faire servir de com-
plément aux autres que la physiologie nous
fournit. Les renseignemens que donneroit
l'ostéogénie seroient sans doute d'un grand
poids pour décider du tems qui se seroit
écoulé depuis le moment de la conception.
Mais il faudroit un si grand nombre d'observations ; il seroit si difficile qu'elles eussent
toutes les conditions requises pour servir de
base à des conclusions solides , que vraisemblablement l'art ne parviendra pas si-tôt à des
résultats tels qu'on peut les désirer.

La première chose que l'on remarque ordinairement dans un cadavre est la roideur
et l'inflexibilité : et on les trouve à un plus
haut degré , lorsque le sujet a péri d'hémorrhagie ou avec des convulsions; et sur-tout
s'il a été exposé au froid immédiatement après
sa mort. Le contraire a lieu, si à raison de
la température chaude de l'athmosphère , ou
de toute autre cause , il a perdu par degrés
sa chaleur naturelle. On pourroit conclure
delà , avec quelque vraisemblance , qu'un
enfant dont les membres sont roides, a cessé
de vivre ou presqu'au moment de naître , ou
après sa naissance, et que celui dont les membres sont flexibles , étoit mort assez long-tems
avant de sortir du sein où il étoit renfermé.

Mais

Mais un signe que tant de causes peuvent faire varier est bien incertain.

Un autre signe général est celui qui se tire de la couleur du corps et de ses différentes parties. Nous avons déjà vu l'usage qu'on en pouvoit faire pour juger de la maturité du fœtus. Les avortons sont pâles, ainsi que les fœtus qui sont morts de défaut de nourriture, ou d'hémorrhagie. La couleur livide est quelquefois l'effet de toute autre cause que de *l'immaturité*. La tête d'un enfant se sera trouvée enclavée dans le détroit du bassin, ou elle aura été pressée contre les parties dures de cette cavité, ou elle aura été comprimée fortement par le col de la matrice. Si on a placé un enfant dans une position complettement renversée, les humeurs se seront portées spontanément vers l'endroit déclive, comme on l'observe chez les adultes; les différentes parties de son corps peuvent être également pressées, froissées, meurtries avec plus ou moins de force. Le cordon ombilical peut aussi imprimer sur le col une zone livide. Mais ces accidens n'ont lieu que dans les accouchemens pénibles et laborieux. Car dans ceux qui se font avec facilité, malgré l'embarras qui naît du secret que l'on veut garder, on n'observe point de traces de pression violente, si ce n'est à la partie voisine postérieure de la fontanelle, qui appuie toujours avec force contre l'orifice interne de la matrice. Aussi les accusées ont-elles alors pour unique ressource de soutenir que les meurtrissures proviennent d'une chûte de l'enfant. Ainsi, à moins que la lividité ne reconnoisse évidemment pour cause ou *l'immaturité* du fœtus, ou l'abord spontané des fluides, et qu'elle n'occupe que les seuls tégumens par plaques larges et égales, ce qui arrive fréquemment, lorsque le fœtus chez lequel le sang abonde est mort, soit avant, soit après l'accouchement, on doit enlever la peau, et découvrir successivement les plans des muscles, pour constater jusqu'à quelle profondeur les parties qu'elle recouvre ont été échymosées, et quel délabrement en est résulté. Une tumeur contre-nature sollicite un examen semblable. Nous remarquerons toutefois avec Roéderer qu'on n'observe pas constamment la face livide dans les fœtus dont le col a été serré, ou par l'orifice interne de la matrice, ou par le cordon ombilical, au point même de les faire périr. Quoique les échymoses passent d'une teinte légère d'abord, à une autre d'un bleu qui semble tenir du mélange du rouge et du noir, et qu'on les distingue par là des taches de pu-

-tridité qui ont quelque chose de verdâtre ,
cependant lorsque la putréfaction a fait des
progrès , on ne peut plus les différencier , à
moins que la mollesse de la partie et un amas
de matière sanieuse ne mettent sur la voie.
En général la putréfaction portée à un point
extrême , ne permet plus de constater si un
fœtus a vécu après l'accouchement , ni comment il a péri. On peut cependant reconnoître
encore les fractures des os ; et les traces d'une
blessure profonde : mais si cette blessure a
été faite , l'enfant étant déjà mort et gâté ,
quelle réunion d'indices guidera convenablement l'observateur , pour établir l'espèce du
cas proposé ? On est bien certain que le fœtus
qui vient au monde avec des signes de putréfaction , étoit mort dans le sein de sa mère ;
mais on ne peut pas conclure, de l'absence de
ces mêmes signes, à l'existence de la vie.
L'homme de l'art examinera donc si l'épiderme se sépare facilement de la peau ; s'il n'y
a que l'abdomen qui présente un aspect livide, ou si le cadavre en entier , macéré et
ramolli par la putréfaction, échappe au scalpel.
Enfin on ne doit point omettre de spécifier si
le corps de l'enfant étoit souillé par le méconium , quoiqu'on ne puisse tirer de ce signe
que des inductions très-équivoques.

Lorsqu'on a observé une blessure, il faut en examiner scrupuleusement toutes les circonstances, si elle est simple, ou composée, ou compliquée ; quelle est sa longueur, sa direction, sa profondeur. On enlevera les tégumens ; on écartera les muscles les uns après les autres, en suivant l'ordre dans lequel la nature les a placés ; on fera une attention particulière aux grands vaisseaux et aux nerfs principaux ; et non-seulement on les désignera par leurs noms, mais on décrira leur origine et leur trajet autant qu'il sera nécessaire. On procédera avec cette méthode et cette facilité qui empêchent ceux qui ont quelqu'intérêt à ce que la vérité reste cachée, d'accuser l'anatomiste d'avoir aggravé la condition de la blessure par une mauvaise manœuvre. Les *marques* qui ressemblent à des piqûres d'aiguilles demandent à être examinées avec le plus grand soin, pour constater si l'aiguille ou stylet a pénétré profondément, et quelles parties ont été offensées. La fontanelle et l'articulation de la tête avec les vertèbres du col sont les deux endroits où la scélératesse dirige particulièrement ses attaques meurtrières.

On verra pareillement si l'enfant nouveau né n'est point un être monstrueux ; on spéci-

fiera à quel point il est éloigné des formes
qui caractérisent un individu de l'espèce humaine, sur-tout quant au cerveau et aux organes des sens : s'il y a imperforation de la
bouche ou des narines, ou de l'anus, ou de
l'uretre, ou du vagin, et si par sa nature
cette imperforation étoit inconciliable avec
l'existence ultérieure du sujet.

Après avoir ainsi considéré le corps de l'enfant
en général, on passera au détail de ses différentes
régions. On laissera la tête pour la dernière,
si on prévoit que le cerveau, par trop de mollesse, soit dans le cas de gêner l'anatomiste. En
commençant donc par le cou, on verra d'abord
s'il existe une zone livide à sa circonférence ;
ce qui seroit un signe qu'il auroit été serré ou
par une corde, ou par le cordon ombilical.
La nuque mérite sur-tout l'attention de l'anatomiste, parce que les infanticides se commettent
fréquemment au moyen d'une aiguille qui s'en-
fonce dans cette partie, et cause une lésion
mortelle à la moelle épinière. Ensuite on fera
tourner la tête, et on essaiera si le menton
peut aller beaucoup par delà les épaules. En
effet, quoique les articulations soient plus mo-
biles, et plus susceptibles d'extension chez les
enfans que chez les adultes, celle de la tête
ne l'est jamais naturellement, au point qu'elle

Hh 3

puisse faire le demi-tour complet. Ainsi, quand cet accident a lieu, on soupçonne avec fondement qu'on a tué le fœtus *en lui tordant le cou*, pour me servir d'une expression vulgaire. Alors il convient de mettre les muscles à découvert, et d'examiner les fibres qui les composent : on les trouvera certainement, ou rompues, ou au moins fortement échymosées, de l'un ou de l'autre côté du cou. En examinant pareillement les apophyses qui unissent la seconde, la troisième, la quatrième, et même la cinquième des vertèbres du cou entr'elles, on pourra les trouver ou brisées ou luxées, et tous leurs ligamens rompus. On pourra trouver aussi la moëlle épinière abreuvée de sang, et les nerfs cervicaux et accessoires, qui en tirent leur origine, cassés. L'état des gros vaisseaux, et particulièrement de la jugulaire interne (que l'on apperçoit lorsqu'on a disséqué le sterno-mastoïdien et écarté, avec un instrument quelconque, les autres couches musculaires) doit encore être noté. (1).

(1) Dans ce cas, il seroit, je crois, fort utile de s'informer si quelque personne n'a point aidé la femme pendant le travail, dans quelle position l'enfant s'est présenté, et si l'on n'a pas fait des tractions sur la tête, ou si on ne lui a point fait éprouver des mouvemens de torsions trop grands; car il seroit possible que l'on attribuât à la mère un crime

On termine l'examen des parties du cou par
celui de la trachée-artère. On la met à nud,
ensuite on l'ouvre dans sa longueur au dessous
du larynx. Si on en voit s'écouler de l'eau ou
pure ou bourbeuse, il en résulte la preuve
que l'enfant a péri suffoqué dans ce fluide.
Car il est certain qu'il n'entre rien dans la
trachée-artère d'un enfant que l'on jete mort
dans de l'eau ou dans de la bourbe. Mais,
quoiqu'on n'en voie rien sortir, il ne faut pas
croire que l'enfant n'a pu mourir par ce genre
de suffocation, puisque des expériences également certaines, attestent que des noyés n'ab-
sorbent pas toujours du fluide dans lequel ils
ont expiré. Si on trouve un grumeau de mucus
gluant, ou beaucoup d'un liquide quelconque
dans les bronches, c'est encore une cause
suffisante de mort. Du sang, ou une autre
humeur visqueuse et écumeuse contenue en
grande quantité dans les bronches, devroit
faire conclure que l'enfant a vécu, et qu'on
l'a fait périr en interceptant sa respiration;
à moins qu'on ne put attribuer, au moins
en partie, ce phénomène a l'action de la putré-

qui ne seroit qu'une mal-adresse de la personne qui, sans
connoître l'art des accouchemens, auroit voulu lui donner
des secours.

Hh 4

faction. (*Voyez* Docimasie pulmonaire.)
Cependant, est-il bien certain, comme le
pensent beaucoup de médecins-légistes très-
recommandables, que la plupart des mères infanticides cherchent à étouffer leurs nouveaux
nés? Regardant comme très-peu vraisemblable
qu'un enfant né d'une mère bien portante et
qui a eu un accouchement facile, après avoir
bien soutenu les premières épreuves de sa vie
nouvelle, périsse par sa seule foiblesse, ils
ont cru que la violence hâtoit sa perte, en
arrêtant par un moyen quelconque le jeu des
organes de la respiration. Si c'est la présence
d'une matière écumeuse dans les bronches
qui rend à leurs yeux cette présomption si
probable, ne peut-on pas leur objecter que
d'autres causes peuvent y donner lieu? On sait,
par exemple, combien les enfans sont susceptibles dans cet âge si tendre d'éprouver des accès d'épilepsie. Or, il est également constant
qu'un des signes et des effets de l'épilepsie est
l'écume qui sort de la bouche, et qu'en même
tems cette terrible maladie peut faire périr un
nouveau né, sans que sa mère soit coupable
en aucune manière. Roéderer assure de plus
avoir observé que des enfans ne commencèrent
à respirer, qu'après l'évacuation d'une humeur
qui farcissoit l'organe de la respiration : et il

vit clairement que le poumon et la trachée-
artère étoient le siége de cette humeur dans
un enfant qui mourut ayant d'abord remué
pendant un quart d'heure et l'abdomen et la
poitrine , ensuite rendu une quantité notable
de cette humeur muqueuse , et enfin joui
d'une respiration incomplète pendant douze
heures. Une humeur qui se trouve abondam-
ment et naturellement dans les poumons peut
donc mettre un obstacle à la respiration , devenir écumeuse , et, en fermant le passage
à l'air , suffoquer le nouveau né. Au reste
quelque valeur que l'on donne comme signe
à l'existence de cette écume dans les bronches,
elle cesse d'en avoir aucune, lorsque la putréfaction a agi fortement sur les poumons,
parce que ce viscère présente alors ce phénomène, quoiqu'il n'y soit certainement jamais
entré d'air ni par la respiration , ni par aucun
moyen artificiel.

Quand on veut procéder à l'examen de la
poitrine , on incise la peau et les muscles
qu'elle recouvre en commençant, dit Hébenstreit, à l'endroit ou la clavicule s'articule
avec le sternum , et en descendant latéralement pour couper les cartilages près de leur
union avec les côtes. On opère ainsi successivement à droite et à gauche sur un ou deux car-

tilages , en prenant les précautions nécessaires pour ne pas laisser pénétrer trop avant
le scalpel qui pourroit offenser les parties
contenues dans la cavité du thorax. Alors on
insinue un doigt, on soulève les autres côtes ,
et on coupe leurs cartilages , comme on a fait
pour les premières. S'il s'échappe un fluide ,
on note et ses qualités , et sa quantité. Si la
plèvre est adhérente aux poumons on la dé-
tache avec les doigts seulement. Ensuite on
examine la position des poumons ; s'ils remplissent la cavité de la poitrine, en embrassant la face postérieure du péricarde ; ou s'ils
sont tassés sur eux-mêmes , en occupant un
bien moindre espace.

Mais nous ne nous appesantirons point de
nouveau ici sur les épreuves multipliées que
l'on fait subir aux poumons , ni sur les inductions que l'on peut tirer du plein et du vuide
des cavités du cœur et des gros vaisseaux
contenus dans la poitrine. *Voyez* les articles
DOCIMASIE PULMONAIRE et CORDON OMBILICAL,
dans lesquels ces questions sont présentées et
traitées avec le plus grand détail. Nous allons
passer à ce qui concerne le bas-ventre.

Une échymose, ou une blessure vers cette
région , doit éveiller l'attention de l'anatomiste, et l'exciter à examiner, avec tout le

soin dont il est capable , les viscères contenus dans la capacité abdominale. Pour en faire l'ouverture convenablement , il pratiquera deux incisions qui , partant chacune de l'épine antérieure et supérieure de l'os des îles , viendront se réunir et former un angle au-dessus du nombril. Deux autres incisions iront du nombril vers la partie supérieure des reins. De cette manière on n'offensera point les artères ombilicales , et on constatera si elles sont remplies de sang avant leur passage par l'ombilic. Nous avons déja vu qu'elles inductions on pouvoit tirer de la portion flottante hors de l'ombilic , soit entre celui-ci et la ligature , soit après la ligature. Comme il arrive souvent que leurs canaux ne s'oblitèrent jamais chez les adultes , et que , dans le jeune sujet vivant , ils sont toujours remplis de sang , si on les trouve vuides dans un fœtus, on suspectera avec assez de fondement le genre de sa mort , c'est-à-dire, l'hémorragie par le cordon ombilical. Mais on peut , sans que cette même cause ait lieu , trouver la veine ombilicale dépourvue de sang: parce que le placenta ne lui en fournit plus, et que d'ailleurs dans les derniers momens où la circulation a été interrompue pour elle, elle aura chassé vers le foie celui qu'elle contenoit. On véri-

fiera donc alors si le sinus de la veine-porte
est rempli de sang. Si on le trouve vuide
également , les soupçons d'hémorrhagie se
confirmeront ; et ils se changeront en certitude par l'examen des autres vaisseaux de
l'abdomen s'ils sont dépourvus de sang , et
par l'aspect décoloré que présenteront les
divers organes qu'il contient. *Voyez* CORDON
OMBILICAL.

Quelquefois on trouve dans l'abdomen une
quantité assez considérable d'eau. Sa couleur,
qui est communément comme si on y eût
lavé de la viande , ne signifie pas plus , dans
un sujet qui n'est pas encore à terme , que le
fluide légèrement teint en rouge que fournissent la cavité du thorax et le sac du péricarde. Roéderer rencontra même ce fluide
dans un fœtus à terme , dont la tête avoit été
fortement comprimée au passage. Il suffit pour
cela qu'un vaisseau s'ouvre , soit par une véritable diœrèse , soit par une simple dilatation,
capable de laisser transuder le sang le plus
ténu. Une pareille lymphe sanguinolente ,
lorsque les vaisseaux des intestins et des
autres viscères du bas-ventre sont gorgés de
sang , et qu'il y a d'ailleurs des signes conco-
mitans, peut nous faire prononcer qu'un fœtus
à terme, que l'on suppose né sans avoir éprouvé

une trop forte compression et par un accouchement facile et prompt, a vécu après sa naissance, et a péri ayant eu la respiration gênée
et supprimée, peu-à-peu. Mais il n'est pas
prouvé pour cela que la mère soit criminelle,
puisqu'il y a plus d'une cause capable de sup-
primer ainsi la respiration. Si un sang pur est
épanché, les soupçons deviennent plus forts,
et sur-tout si on a remarqué des échymoses
aux tégumens. Il faut bien se garder cependant de les prendre pour des certitudes,
puisqu'il est possible qu'une diœrèse, ou une
dilatation des vaisseaux, portée plus loin
que celle qui ne produiroit qu'une lymphe
sanguinolente, laisse échapper le sang pur.
Et cette effusion est même totalement insigni-
fiante, lorsqu'il est constaté, par la dissection, non-seulement que les vaisseaux sont
gorgés de sang, mais encore que des globules
d'air sont entremêlés avec les globules sanguins. En effet, l'air que la putréfaction dégage
et qui rompt les vaisseaux sanguins du poumon
dans lesquels il est renfermé, en sorte que des
cadavres rendent en abondance du sang par la
bouche et par les narines, cet air ne peut-il
pas également briser les vaisseaux dans le
bas-ventre et produire un épanchement sanguin dans cette cavité ?

Dans l'examen des différens viscères de l'abdomen, on remarquera la couleur de chacun : les marques de lividité, les échy-moses, et les taches pétéchiales qu'il présente ; mais on n'oubliera pas que cette couleur est naturellement plus intense chez les enfans que chez les adultes. Celle du foie en particu-lier varie beaucoup, et le contact de l'air l'altère en fort peu de tems.

On trouve dans l'estomac des fœtus non à terme, un magma visqueux d'un roux écla-tant, mais moins que celui que contient la vésicule du fiel. Dans les fœtus à terme, c'est plutôt une espèce de suc d'un blanc cendré et épais. Si on rencontroit une humeur plus claire, et néanmoins tenace et filante, sans saveur ou tant soit peu salée, on attribueroit, avec raison, son origine à une partie des eaux de l'amnios que la compression de la matrice, au milieu des efforts pour l'accouchement, au-roit fait refouler dans le sac alimentaire. Le même refoulement peut aussi avoir lieu à l'égard de la trachée-artère et de ses premières divisions. Une pareille cause de mort, qui agit en mettant un obstacle invincible à la respiration, ne sauroit être imputée à la mère. Mais s'il est constaté que l'estomac contiént de l'eau ou pure et limpide, ou bourbeuse, il le sera aussi que le nouveau né est mort plongé dans ces matières. La conclusion inverse ne seroit pas toujours vraie, comme nous l'avons déja dit, puisqu'un enfant peut périr de cette manière, sans avoir ou avant d'avoir rien avalé.

Selon des auteurs très-recommandables, la quantité, plus ou moins grande, de méconium dans l'intestin rectum, ne peut faire connoître ni que le fœtus étoit mort avant sa naissance, ni qu'il a perdu la vie après cette époque. Il n'est pas inutile cependant d'observer dans quelle longueur cet intestin et la courbure sigmoïde sont remplies de cette espèce d'excrément.

L'état de la vessie mérite plus de considération. En effet, toutes les ouvertures de fœtus nous apprenant que rarement la vessie est entièrement pleine, mais qu'elle n'est le plus souvent qu'à moitie remplie, si on la trouve absolument vuide, ou ne contenant que quelques goutes d'urine, il paroîtra vraisemblable que l'enfant n'est pas né mort, et qu'il a vécu assez long-tems pour rendre ses urines par le mécanisme ordinaire, car la pression que la matrice et son orifice exercent sur l'abdomen du fœtus, lors de l'accouchement, est bien moins capable d'expulser les urines de la vessie, que le méconium de l'intestin. Le rectum

et la courbure sigmoïde présentent à la force
comprimante un volume bien plus étendu que
la vessie, qui, d'ailleurs, en est défendue par
sa position plus enfoncée dans le bassin. L'ouverture par laquelle le méconium peut s'échapper, c'est-à-dire l'anus, est aussi beaucoup
plus ample que celle qui permettroit la sortie
des urines ; et la longueur du canal de celles-
ci fait souvent qu'il se trouve comprimé avec
plus de force que ne l'est la vessie elle-même.
Mais ne peut-il pas arriver que les convulsions, au milieu desquelles un fœtus meurt
quelquefois dans le sein de sa mère, forcent
l'urine à sortir de la vessie, de même qu'elles
chassent le méconium du rectum ? L'observation a prouvé la possibilité d'une pareille
cause de l'évacuation des urines ; et qu'ainsi
cette circonstance ne doit pas être regardée
comme un argument sans réplique. Au reste,
comme il arrive souvent que des enfans naissent vivans, et meurent avant d'avoir rendu
leurs urines, la conclusion opposée que l'on
fondroit sur le plein de la vessie, seroit à son
tour une erreur.

L'examen de la tête d'un fœtus, dont on
suspecte le genre de mort, mérite toute l'attention du médecin. S'il la trouve souillée de
sang, il cherchera d'où cela provient : si c'est

un sang étranger, ou s'il a reçu lui-même quelque blessure. Quelquefois ce sang vient des poumons dans les enfans qui ont été noyés, ou suffoqués de toute autre manière, ou enfin qui ont été frappés avec violence vers la région de la poitrine, ce que l'on reconnoît facilement aux échymoses ou meurtrissures que l'on découvre à la partie externe. Nous avons déjà dit que lorsqu'il y a des signes de putréfaction avancée, les vaisseaux pulmonaires peuvent, en se rompant, par l'effort de l'air, laisser échapper du sang, même en grande quantité. On spécifiera si ce sang, ou tout autre fluide, sortoit de la bouche mêlé d'écume.

. Les diverses observations d'enfans qui avoient la bouche béante, et celles d'enfans qui l'avoient fermée, se détruisant réciproquement, nous n'attachons aucune valeur à ce signe. Quand la langue sort de la bouche, c'est autre chose. En effet, dans presque tous les nouveaux nés, on la trouve appliquée au palais ; et, puisque dans l'accouchement ordinaire, le menton est appuyé contre le sternum, on voit la difficulté qu'ils auroient à la tenir hors de la bouche. La structure anatomique des parties s'y oppose, et un adulte même auroit de la peine à exécuter cette position. Il doit donc paroître vraisemblable qu'un fœtus, dont la langue sort de la bouche, a vécu depuis sa naissance. Des mouvemens convulsifs, capables de produire un semblable phénomène, ont quelquefois lieu, le fœtus étant encore dans la matrice ; mais on peut assurer qu'ils n'arrivent que bien rarement. Au reste, leur possibilité suffit pour infirmer ce signe.

Pour bien connoître les lésions qui ont pu affecter le fond de la bouche, c'est-à-dire, le commencement du pharinx et du larinx, on divisera la mâchoire inférieure vers sa symphise, et on coupera les parties molles en conduisant l'instrument tranchant le long de sa face concave et de chacune de ses branches. Ensuite, en partant, de chaque côté, de la commissure des lèvres, on coupera le buccinateur, le temporal, et les ptérigoïdiens. Chaque partie de la mâchoire inférieure s'écartant alors facilement, on découvrira tout le fond de la gorge, et ce qui peut y exister d'hétérogène, soit un magma visqueux, soit un liquide moins épais, soit une matière bourbeuse, soit du sable, soit de l'étoupe, etc. : on examinera de même la glotte et le commencement de la trachée-artère, où les premiers mouvemens de respiration du fœtus ont pu

amasser un mucus tenace capable de le suffoquer. Les soupçons d'infanticide ou se confirmeront, ou s'évanouiront, selon la nature des
substances que l'on rencontrera.

La fontanelle, excessivement déprimée, est
regardée, avec fondement, comme un signe
que le fœtus a cessé de vivre long-tems avant
sa naissance.

On doit, enfin, examiner toutes les régions
de la tête pour constater si elles ne portent
pas quelques traces de violence exercée, soit
une plaie, soit une piqûre, soit une excoriation, soit une dépravation de forme;
s'il y a impression profonde, fracture d'os,
échymose.

L'échymose mérite la plus-grande considération; et il n'est pas aisé de déterminer la
valeur précise que l'on doit y attacher. La
région qu'elle occupe, sa largeur, sa profondeur, font perpétuellement varier son importance. Comme elle ne peut avoir lieu lorsque la vie et la circulation sont anéanties: (du
moins depuis un certain tems) elle atteste
que le fœtus vivoit au moment même de l'accouchement, si l'accouchement n'a pas été
laborieux: et alors on apperçoit vers la fontanelle, et sur-tout à la partie postérieure de
cette région, sinon une échymose bien carac-

térisée , du moins une tumeur quelconque.

» Il est rare, dit Roederer, qu'un fœtus
» naisse sans porter quelque tumeur à la tête,
» à moins qu'il ne soit mort avant l'accouche-
» ment. Mais il est bien plus vraisemblable
» que cette tumeur est l'effet d'une violence
» exercée sur le nouveau né, lorsqu'elle n'oc-
» cupe qu'un seul endroit très-circonscrit «.

J'ajouterai une restriction, dit M. Dreyer,
savoir, si cet endroit est éloigné du vertex,
parce que, dans un accouchement ordinaire,
l'enfant présente cette région à l'orifice de l'u-
térus, et que la circonférence de cet orifice
s'appuyant fortement sur celle du vertex, y
excite une tumeur échymosée. Mais si ces
échymoses sont éloignées du vertex, si elles
sont circonscrites dans des limites très-étroi-
tes, si elles sont profondes et pénétrantes
jusqu'à l'os, elles donnent lieu à de violens
soupçons, parce qu'elles ont pour cause, ou
l'obliquité de la matrice, ou la mauvaise position de la tête, ou des coups portés, ou une
chûte considérable. Mais l'obliquité de la matrice et la mauvaise position de la tête ne
formant point un obstacle bien difficile à sur-
monter, non-seulement avec le secours de
l'art, mais avec les seules forces de la nature,
il semble que ces échymoses ne doivent con-

tribuer à faire paroître la mère coupable,
qu'autant que les informations constateroient
que l'accouchement n'auroit point été accompagné de fausses douleurs d'un travail long-tems
inutile. Si elles ne sont que multipliées et circonscrites, sans être en même-tems profondes,
il est possible qu'elles ne proviennent alors
que de l'impression que les différens bords
des os du crâne, qui sont séparés les uns des
autres dans le fœtus, auront faite sur les parties molles contre lesquelles ils auront été
portés avec force par l'action de l'orifice de
la matrice. Les échymoses bornées dans l'espace qu'elles occupent, et isolées les unes
des autres, sont des signes de violence plus
concluans que celles qui sont larges, parce
que celles-ci, qui se rencontrent autour de
la fontanelle, ne sont que l'effet de la pression exercée par l'orifice de la matrice, au
lieu que la forme arrondie des autres annonce
qu'elles ont été produites par le choc d'un
corps dur. Lorsqu'elles sont profondes et
gorgées d'un sang pur et grumelé, il est bien
difficile de ne les pas attribuer à des manœuvres criminelles, dans la supposition que la
mère est accouchée avec facilité et promptitude. Une tumeur œdémateuse entre les tégumens communs et la coiffe aponévretique

qui revêt les os du crâne, est un foible indice de violence ; si elle contient une sérosité
sanguinolente, l'indice devient plus fort ; si
c'est du sang, il l'est encore plus ; si ce sang
est par grumeaux, encore davantage. Mais si
l'échymose affecte non-seulement la peau et
le tissu cellulaire qu'elle recouvre, mais encore la calotte aponévrotique, en rompant
ses connexions avec la boîte osseuse, les
soupçons doivent augmenter, toujours en supposant un accouchement prompt et facile. S'il
n'a pas été très-long et très-laborieux, et que
la substance diploïque des os du crâne soit
très-abreuvée de sang, c'est un signe de violence encore moins équivoque. Cependant ne
peut-on pas dire que la pléthore d'un sujet,
soit générale, soit partielle du côté de la
tête, la foiblesse du genre vasculaire, la
force avec laquelle la tête aura été pressée
contre les os du bassin, doivent modifier
singulièrement les inductions qu'une pareille
lésion porte à tirer ? Il en est de même de
celle de la table vîtrée ou interne, et des cas
où on trouveroit la dure-mère non adhérente
au crâne et du sang épanché dans l'intervalle.
La foiblesse naturelle des os du crâne du
fœtus, la dureté des os du bassin de la
mère, et peut-être quelque vice de confor-

mation non apparent , la force prodigieuse
avec laquelle l'enfant est expulsé hors de la
matrice, ajouteront sans doute un grand poids
à ces diverses considérations.

C'est dans l'examen successif de toutes ces
parties qu'il convient que l'anatomiste déploie
et ses connoissances et l'adresse de sa main.
Il faut qu'au moins il sache distinguer les lésions qui ne dépendent que d'une manipula-
tion défectueuse (souvent parce qu'elle est
fort difficile) de celles qui proviennent de
la disposition naturelle des parties, et du travail de l'accouchement , ou des manœuvres
criminelles qui ont été employées. Ainsi ,
après avoir noté la couleur de la peau, on
pratiquera une incision cruciale. On décrira
la quantité , la couleur et la consistance de
la matière de la tumeur ou de la meurtrissure ; ensuite on examinera si la calotte aponévrotique est adhérente ou non à la boîte
osseuse, et quelle est sa couleur ; dans quel
état est la substance diploïque , et, après elle,
la table vitrée. Pour mettre le cerveau à découvert, on enlèvera les pariétaux avec les
précautions convenables, c'est-à-dire , en évi-
tant d'ouvrir, soit l'artère épineuse de la dure-
mère qui se trouve à l'angle antérieur et inférieur , soit le sinus latéral situé à l'angle

postérieur et inférieur. On commencera donc l'incision dans la suture coronale ; et alors, avec le manche du scalpel seulement, on détachera peu à peu la dure-mère des pariétaux. On pourra ensuite diviser et enlever l'os frontal et l'os occipital. On recherchera avec le plus grand soin si la dure-mère est rouge et enflammée à sa portion qui correspond à l'endroit extérieur où il y avoit échymose. Ce rapport seroit l'indice le plus fort que l'un et l'autre sont l'effet de manœuvres criminelles. C'est à ce moment de la dissection, qu'il sera facile de constater s'il y a du sang épanché sous la dure-mère, ou même une lymphe sanguinolente. Nous avons déjà exprimé ce que l'on devoit penser de la présence de cette lymphe, et même de celle du sang dans les différentes cavités du corps d'un fœtus. Les inductions trop sévères que quelques-uns en tirent, perdent encore plus de leur force à l'égard du cerveau dont les vaisseaux plus délicats sont plus susceptibles de laisser échapper le fluide qu'ils contiennent, soit par *diœrese*, soit par *anastomose*. Ne voit-on pas tous les jours de ces épanchemens dans les ventricules, sans qu'aucune cause violente ait terminé les jours des sujets ? La couleur d'un rouge intense et manifestement inflam-

matoire de la substance corticale du cerveau,
accompagnée d'échymoses à l'extérieur de la
tête, est un signe très-défavorable à l'accusée.
Lorsqu'après avoir enlevé par lames le cerveau et le cervelet, en étanchant soigneusement le sang que l'ouverture des vaisseaux
fait répandre, on sera parvenu au berceau de
la moelle allongée et épinière, on examinera
si la torsion du cou suspectée d'avoir eu lieu,
ne l'auroit point inondé de sang, et en même-
tems arraché les nerfs cervicaux et les accessoires.

Enfin on constatera s'il y a des fractures
des os du crâne, le lieu qu'elles occupent,
leur grandeur, le nombre des esquilles ou
fragmens d'os, les dépressions, les fêlures et
leurs directions, etc., etc.

Nous finirons, en observant que les échymoses et les épanchemens de sang ou de
lymphe, dans quelque partie du corps qu'ils
aient lieu, et à toutes les époques de la vie,
ne sauroient conduire à des conclusions fondées, lorsque la putridité s'est manifestée à
un degré considérable, parce qu'un de ses
effets est d'affoiblir la texture des vaisseaux
et de rendre les humeurs plus fluides et plus
âcres. Si donc, en soumettant ou une portion
du cerveau, ou un viscère du bas-ventre à

l'épreuve de l'eau, on les voit surnager, il faut renoncer à porter une décision quelconque, qui compromettroit l'honneur et la vie des accusés

FIN DU SECOND VOLUME.

ERRATA.

PAGES 53 LIGNES 6 Ont été examinés, *lisez* ont été administrés.

79   2 En partie grumelée, *lisez* en partie grumelé.

89   10 Contractio, facilis, *lisez* contractio facilis.

147   5 Exigent-ils, *lisez* exigent-elles.

157   19 Sont-elles de nécessité, *lisez* sont-elles mortelles de nécessité.

162   21 Antérieures, *lisez* antérieurs.

178   28 Tons'apperçu, *lisez* on s'apperçut.

211   6 Et que souvent, *lisez* et souvent.

235   17 Antérieures, *lisez* antérieurs.

319   10 Le suc, *lisez* le sac.

386   8 A réellement, *lisez* est réellement.

395   18 Médico - légale, *lisez* médico-légales.

469   13 Si alors, *lisez* alors.

TABLE

DES ARTICLES

CONTENUS DANS LE SECOND VOLUME.

TABLE.

FIN DE LA TABLE.

CPSIA information can be obtained at www.ICGtesting.com
Printed in the USA
BVOW05s1419271015

424357BV00015B/199/P